ULRICH BRACKER

# Betriebsübergang und Betriebsverfassung

Schriften zum Sozial- und Arbeitsrecht

Band 48

# Betriebsübergang und Betriebsverfassung

Von

Dr. Ulrich Bracker

DUNCKER & HUMBLOT / BERLIN

Gedruckt 1979 bei Buchdruckerei Richard Schröter, Berlin 61
Printed in Germany

ISBN 3 428 04524 6

# Vorwort

Die Arbeit hat der juristischen Fakultät der Ludwig-Maximilians-Universität München im Sommersemester 1979 als Dissertation vorgelegen. Sie wurde im Januar 1979 abgeschlossen, in den Fußnoten ist sie auf den Stand vom 1. August 1979 gebracht.

Ich freue mich, an dieser Stelle meinem verehrten Lehrer, Herrn Prof. Dr. *Götz Hueck*, danken zu können, der mich auf vielfältige Weise gefördert hat. Auch die Mitarbeiter des Instituts für Handels-, Wirtschafts- und Arbeitsrecht der Universität München haben das Entstehen der Arbeit durch Kritik und Anregungen unterstützt. Zu Dank verpflichtet bin ich auch Herrn Prof. Dr. *Johannes Broermann* für die Aufnahme der Schrift in sein Verlagsprogramm.

Ich widme diese Arbeit meinen Eltern.

*Ulrich Bracker*

# Inhaltsverzeichnis

*Erster Teil*

**Voraussetzungen, Vollzug und individualarbeitsrechtliche Folgen des Betriebsübergangs**



*Zweiter Teil*

**Die Folgen des Betriebsübergangs für Betriebsrat und Betriebsvereinbarung**

*Dritter Teil*

**Die betriebsverfassungsrechtliche Bedeutung der Begleitumstände und -maßnahmen eines Betriebsübergangs**

## Abkürzungsverzeichnis

| | | |
|---|---|---|
| abl. | = | ablehnend |
| AcP | = | Archiv für die civilistische Praxis (Band, Jahr, Seite) |
| a.F. | = | alte(r) Fassung |
| AFG | = | Arbeitsförderungsgesetz vom 25. 6. 1969 |
| AktG | = | Aktiengesetz vom 6. 9. 1965 |
| AngKSchG | = | Gesetz über die Fristen für die Kündigung von Angestellten vom 9. 7. 1926 |
| AO | = | Abgabenordnung vom 16. 3. 1976 |
| AP | = | Arbeitsrechtliche Praxis |
| ArbGer | = | Arbeitsgericht |
| AR-Blattei | = | Arbeitsrecht-Blattei |
| ArbRdGgnw | = | Das Arbeitsrecht der Gegenwart (Band, Jahr, Seite) |
| ARS | = | Arbeitsrechtssammlung (Band, Seite) |
| ARSt | = | Arbeitsrecht in Stichworten (Jahr, Seite) |
| AuR | = | Arbeit und Recht (Jahr, Seite) |
| AZO | = | Arbeitszeitordnung i. d. Fassung v. 30. 4. 1938 |
| BAG | = | Bundesarbeitsgericht |
| BB | = | Der Betriebsberater (Jahr, Seite) |
| BetrAVG | = | Gesetz zur Verbesserung der betrieblichen Altersversorgung vom 19. 12. 1974 |
| BetrVG 52 | = | Betriebsverfassungsgesetz vom 11. 10. 1952 |
| BetrVG | = | Betriebsverfassungsgesetz vom 15. 1. 1972 |
| BGB | = | Bürgerliches Gesetzbuch |
| BGH | = | Bundesgerichtshof |
| BGHZ | = | Entscheidungen des Bundesgerichtshofes in Zivilsachen (Band, Seite) |
| BKartA | = | Bundeskartellamt |
| Bl. | = | Blatt |
| BlStSozArbR | = | Blätter für Steuerrecht, Sozialversicherung und Arbeitsrecht (Jahr, Seite) |
| BRG | = | Betriebsrätegesetz vom 4. 2. 1920 |
| BSG | = | Bundessozialgericht |
| BT-Dr. | = | Bundestagsdrucksache (Legislaturperiode / Nummer, Seite) |
| BUrlG | = | Bundesurlaubsgesetz vom 8. 1. 1963 |
| BUV | = | Betriebs- und Unternehmensverfassung (Jahr, Seite) |
| DB | = | Der Betrieb (Jahr, Seite) |
| Diss. | = | Dissertation |
| EzA | = | Entscheidungssammlung zum Arbeitsrecht |

| | | |
|---|---|---|
| Fn. | = | Fußnote |
| GG | = | Grundgesetz vom 23. 5. 1949 |
| GWB | = | Gesetz gegen Wettbewerbsbeschränkungen i. d. Fassung vom 4. 4. 1974 |
| HGB | = | Handelsgesetzbuch vom 10. 5. 1897 |
| h. L. | = | herrschende Lehre |
| h. M. | = | herrschende Meinung |
| i. d. R. | = | in der Regel |
| i. S. v. | = | im Sinne von |
| JZ | = | Juristenzeitung (Jahr, Seite) |
| KO | = | Konkursordnung vom 10. 2. 1877 |
| KSchG | = | Kündigungsschutzgesetz vom 25. 8. 1969 |
| KTS | = | Konkurs-, Treuhand- und Schiedsgerichtswesen (Jahr, Seite) |
| LAG | = | Landesarbeitsgericht |
| LS | = | Leitsatz |
| m. | = | mit |
| MitbestG | = | Mitbestimmungsgesetz vom 4. 5. 1976 |
| MitbestGspr | = | Mitbestimmungsgespräch (Jahr, Seite) |
| MuSchG | = | Mutterschutzgesetz i. d. Fassung vom 18. 4. 1968 |
| m. w. N. | = | mit weiteren Nachweisen |
| NJW | = | Neue Juristische Wochenschrift (Jahr, Seite) |
| NZfA | = | Neue Zeitschrift für Arbeitsrecht (Jahr, Spalte) |
| OHG | = | Offene Handelsgesellschaft |
| PatG | = | Patentgesetz i. d. Fassung vom 2. 1. 1968 |
| R | = | Rückseite |
| RAG | = | Reichsarbeitsgericht |
| RdA | = | Recht der Arbeit (Jahr, Seite) |
| RegE | = | Regierungsentwurf |
| RG | = | Reichsgericht |
| RGZ | = | Entscheidungen des Reichsgerichts in Zivilsachen (Band, Seite) |
| RVO | = | Reichsversicherungsordnung i. d. Fassung vom 15. 12. 1924 |
| S. | = | Seite (bei §§: Satz) |
| SAE | = | Sammlung arbeitsrechtlicher Entscheidungen (Jahr, Seite) |
| SchwbG | = | Schwerbehindertengesetz i. d. Fassung vom 29. 4. 1974 |
| StGBl | = | Staatsgesetzblatt (Österreich) |
| UmwG | = | Umwandlungsgesetz i. d. Fassung vom 6. 11. 1969 |
| UWG | = | Gesetz gegen den unlauteren Wettbewerb vom 7. 6. 1909 |
| VVG | = | Versicherungsvertragsgesetz vom 30. 5. 1908 |
| ZFA | = | Zeitschrift für Arbeitsrecht (Jahr, Seite) |
| ZHR | = | Zeitschrift für das gesamte Handelsrecht (Band, Jahr, Seite) |

*Erster Teil*

# Voraussetzungen, Vollzug und individualarbeitsrechtliche Folgen des Betriebsübergangs

## I. Einleitung

### *1. Problemstellung*

Der Betriebsübergang steht auch nach der Einführung des § 613 a BGB im Rampenlicht der rechtswissenschaftlichen Diskussion, die diese Vorschrift gerade beenden sollte. Unter die Kontroverse, ob ein Betriebserwerber zur Übernahme bestehender Arbeitsverhältnisse verpflichtet ist oder nicht, hat sie zwar einen Schlußstrich gezogen, jedoch ist das Schrifttum zur Auslegung der einzelnen Tatbestandsmerkmale des § 613 a BGB schon jetzt fast unübersehbar. Nach wie vor in den Hintergrund treten daneben kollektivrechtliche Fragestellungen, auf die der Gesetzgeber keine Antwort gegeben hat. Dies gilt in besonderem Maß für das Betriebsverfassungsrecht. Zwar bestehen nach fast einhelliger Meinung Betriebsrat und auch Betriebsvereinbarungen nach einem Betriebsübergang fort, doch findet sich selten der Versuch einer Begründung dieser Auffassung. Sie erscheint auf den ersten Blick naheliegend und sinnvoll, doch kann dies eine rechtliche Begründung nicht ersetzen. Schon bei der vielerörterten Betriebsveräußerung durch einen Konkursverwalter wird das Ergebnis fraglich. Soll der Erwerber, falls er nach § 613 a BGB in sämtliche Arbeitsverhältnisse eintreten muß[1], nicht wenigstens einiges von dem meist durch Betriebsvereinbarung festgeschriebenen „sozialen Ballast“[2] abwerfen können, wenn vielleicht gerade dadurch das in Konkurs gefallene Unternehmen insolvent geworden ist?

Ein neuer Betriebsinhaber führt selten einen Betrieb unverändert fort, sondern der Betriebsübergang ist regelmäßig Anlaß tiefgreifender Umgestaltungen, seien es Verlegung, Änderung des Betriebszweckes oder Zusammenschluß mit anderen Betrieben im Unternehmen des Erwerbers. Auch wenn der neue Inhaber zur Übernahme der Arbeitsverhältnisse verpflichtet ist, muß es nicht sinnvoll sein, auch Betriebsrat

---

[1] Vgl. dazu unten, IV. 2. c).

[2] Ein Wort von *Uhlenbruck*, Anm. zu ArbGer Rendsburg, 28. 1. 75, KTS 75 S. 251 (254).

und Betriebsvereinbarungen in dieser veränderten Situation beizubehalten.

Die Übertragung nur eines Teils eines Betriebes, entsprechend die Herausnahme einzelner ursprünglich betriebszugehöriger Wirtschaftsgüter aus der Veräußerung wirft eigene Probleme der Zuständigkeit des Betriebsrats und des Geltungsbereiches von Betriebsvereinbarungen auf.

Betrifft ein Betriebsübergang nur einen von mehreren Betrieben eines Unternehmens oder ist ein veräußertes Unternehmen konzernangehörig gewesen, so stellen sich ähnliche Fragen, bezogen auf Gesamt- und Konzernbetriebsrat, Gesamt- und Konzernbetriebsvereinbarung. Indem er die Zahl unternehmensangehöriger Arbeitnehmer beeinflußt, kann der Betriebsübergang sich auch auf bestimmte Rechte, z. B. nach §§ 106, 110 BetrVG, 1 ff. MitbestG auswirken. Die einhellige Ansicht, der Betriebsübergang sei keine mitbestimmungspflichtige Tatsache i. S. v. §§ 111 ff. BetrVG[3], erscheint unter diesem Gesichtspunkt bedenklich.

### 2. *Gegenstand*

Gegenstand dieser Arbeit sind die Auswirkungen eines Betriebsübergangs auf das bestehende betriebsverfassungsrechtliche System. Drei Fragen gilt es zu beantworten: Ob der Betriebsrat im Amt bleibt, ob Betriebsvereinbarungen weitergelten und ob Mitwirkungsrechte für Arbeitnehmervertretungen entstehen. Zunächst beschränkt sich die Untersuchung im zweiten Teil auf den unverändert übertragenen Betrieb ohne über ihn hinausgreifende Zusammenhänge; sodann wird im dritten Teil das Umfeld, in dem sich ein Betriebsübergang regelmäßig abspielt, daraufhin erforscht, ob durch die Einbettung in einen größeren Unternehmens- oder Konzernbereich oder durch hinzutretende betriebsändernde Maßnahmen Abweichungen vom allgemeinen Ergebnis hingenommen werden müssen. Vor der eigentlichen betriebsverfassungsrechtlichen Fragestellung soll im ersten Teil geklärt werden, welche tatbestandlichen Voraussetzungen an einen Betriebsübergang zu stellen sind und in welchem Umfang die auch im Betriebsverfassungsrecht bedeutungsvolle Vorschrift des § 613 a BGB Anwendung findet.

### 3. *Fallgruppen*

Um den Gegenstand der Arbeit anschaulich zu machen, lassen sich grob folgende Fallgruppen möglicher tatsächlicher Gestaltungen bilden[4]:

---

[3] Vgl. dazu ausführlich unten, III. 2. und 3. Teil, 1. Kapitel, III.

[4] Vgl. auch *v. Hoyningen-Huene / Windbichler*, RdA 77 S. 329.

a) Die Veräußerung eines Betriebes, der mit dem ganzen — konzernungebundenen — Unternehmen identisch ist, und den der Erwerber unverändert wie er geht und steht mit dem gleichen Betriebszweck fortführt. Diese Konstellation liegt den Ausführungen des zweiten Teils zugrunde[5].

b) Aus einem Unternehmen mit mehreren Betrieben wird einer veräußert und vom Erwerber für sich als ganzes Unternehmen oder als weiterer Betrieb innerhalb eines bestehenden Unternehmens fortgeführt. Hier tritt als Problem hinzu, daß die Einbettung in ein Unternehmen aufgelöst wird. Entsprechendes gilt für ein veräußertes konzernangehöriges Unternehmen[6].

c) Aus einem bestehenden Betrieb wird ein Betriebsteil herausgelöst und veräußert, um als selbständiger Betrieb oder aber eingegliedert in einen anderen Betrieb weitergeführt zu werden. Aus- und Eingliederung können hier betriebsverfassungsrechtliche Folgen haben, die eigentliche Übertragung aber nur dann, wenn der Betriebsteil eigene betriebsverfassungsrechtliche Bedeutung hat, in ihm also zumindest die Betriebsvereinbarungen des ursprünglichen Betriebes weitergelten[7].

d) Bisheriger oder neuer Inhaber führen neben der Veräußerung eine Betriebsänderung durch, um den Betrieb an die besonderen Bedürfnisse des Erwerbers anzupassen. Die Auswirkungen der Betriebsänderung auf die Betriebsverfassung ergeben die zusätzliche Problematik[8].

e) Keiner weiteren Erörterung bedarf die Veräußerung einzelner Betriebsmittel, also aus dem Betriebsganzen herausgebrochener Gegenstände. Da diese keinen eigenen Arbeitnehmerbezug mehr haben, scheidet neben dem Übergang von Arbeitsverhältnissen auch jede betriebsverfassungsrechtliche Bedeutung dieses Vorganges aus. Jedoch bildet die Abgrenzung zur Betriebsteilveräußerung eines der Hauptprobleme des § 613a BGB. In diesem Zusammenhang wird darauf zurückzukommen sein.

## II. Der Betriebsübergang

### *1. Begriffsbildung*

Für den Wechsel in der Inhaberschaft eines Betriebes werden nebeneinander die Begriffe Betriebsübergang[9], Betriebsübernahme[10], Betriebs-

---

[5] Vgl. dazu unten, 2. Teil.

[6] Vgl. dazu unten, 3. Teil, 1. Kapitel.

[7] Vgl. dazu unten, 3. Teil, 3. Kapitel.

[8] Vgl. dazu unten, 3. Teil, 2. Kapitel.

[9] So die nichtamtliche Überschrift des § 613 a BGB und die Titel der Arbeiten von *Borngräber; Hess; Krejci*.

inhaberwechsel[11], Arbeitgeberwechsel oder, mit teilweise abweichendem Inhalt, Betriebsnachfolge[12] gebraucht.

a) Das Nebeneinander verschiedener Begriffsbildungen ist verwirrend und überflüssig. In dieser Arbeit soll daher Arbeitgeberwechsel nur verwendet werden für die heute von § 613 a BGB erfaßte individualarbeitsrechtliche Vertragsübernahme. Zwar bezeichnet der Begriff Arbeitgeber auch den durch das BetrVG berechtigten und verpflichteten Betriebsinhaber als Gegenüber des Betriebsrats[13], aber diese Position gilt es hier gerade zu klären. Solange die Frage nicht beantwortet ist, ob neben den Arbeitsverhältnissen auch die kollektiven Rechtsbeziehungen auf den Betriebserwerber übergehen, erscheint es berechtigt, ihn nur in seiner individualvertraglichen Stellung als Arbeitgeber zu bezeichnen.

b) Betriebsübergang wird dagegen als allgemeine Bezeichnung für den Vorgang verwendet, daß eine andere als die bisherige natürliche oder juristische Person die Inhaberschaft eines Betriebes übernimmt, sei es aufgrund Singular- oder Universalsukzession, mit oder ohne Übernahme der Arbeitsverhältnisse oder betriebsverfassungsrechtlichen Positionen. Auswirkungen dieses Vorgangs können sich außer im Arbeitsrecht auch im Zivil-, Wettbewerbs- oder Gesellschaftsrecht ergeben.

c) Der Begriff Betriebsinhaberwechsel soll hier lediglich Fälle der Einzelrechtsnachfolge erfassen, auf die sich die Arbeit später beschränken wird. Diese Einschränkung ist zwar nicht zwingend, entspricht aber doch der geläufigen Vorstellung eines Wechsels, der sich zwischen unabhängig von ihm fortbestehenden Partnern vollzieht, während die Gesamtrechtsnachfolge charakterisiert wird vom Untergang des früheren Berechtigten, und allein der andere Teil als möglicher Rechtsträger des übergegangenen Gegenstandes fortbesteht.

d) Betriebsnachfolge soll hier nicht verwendet werden, da dieser Begriff mit einem bestimmten Inhalt belastet ist, der auf einer unzutreffenden Auffassung des Betriebsübergangs beruht. Besonders in der früheren Literatur wird scharf unterschieden zwischen Betriebsinhaberwechsel einerseits und Betriebsnachfolge andererseits[14]. Jener soll all-

---

[10] So der Titel der Diss. von *Wiese*.

[11] So die Titel der Arbeiten von *Gaul; Grell; Posth; Seiter*, AR-Blattei.

[12] So die Titel der Aufsätze von *Galperin*, BB 52 S. 322; *Kirschner*, DB 64 S. 1061.

[13] Vgl. zu den verschiedenen Verwendungen des Begriffes im BetrVG *Galperin / Löwisch*, vor § 1 Anm. 30 ff.; *Kraft* in GK-BetrVG, § 1 Anm. 25; *Fitting / Auffarth / Kaiser*, § 1 Anm. 30.

[14] *Galperin*, DB 62 S. 1078 (1079); *Gaul*, S. 36 ff.; *Grell*, S. 45 ff.; *Kirschner*, DB 64 S. 1061 f.; neuerdings auch *Fuchs*, S. 22 ff. (anders aber S. 27).

gemein den Übergang eines Betriebes auf einen anderen Inhaber bezeichnen, diese erfordert als zusätzliche Voraussetzung die Weiterführung des Betriebes unter Aufrechterhaltung seiner Identität oder unter Übernahme der Arbeitsverhältnisse[15].

Diese Unterscheidung beruht auf der verfehlten Annahme, während oder durch den Betriebsübergang könne sich der Betrieb derart verändern, daß der Erwerber Inhaber eines neuen, mit dem ursprünglich übertragenen nicht mehr identischen Betriebes wird. Dabei werden die rechtlich verschieden zu behandelnden Vorgänge einer Betriebsänderung mit dem Betriebsübergang in einen Topf geworfen und Rechtsfolgen der einen als solche des anderen ausgegeben[16]. Die Betriebsidentität wurde z. B. ausgeschlossen, wenn der Erwerber den Betrieb von Holz- auf Kunststoffproduktion umstellt[17], Elektro- statt Geschirrporzellan herstellt[18] oder aus übernommenen Bestandteilen eines geraume Zeit vorher stillgelegten Betriebes einen neuen Betrieb gleicher Produktionsrichtung aufbaut[19]. In allen Fällen berührt aber in Wirklichkeit nicht der Betriebsübergang allein die Identität des Betriebes, sondern erst hinzutretende Maßnahmen des Veräußerers oder Erwerbers, nämlich Stillegung oder Zweckänderung.

Auch auf die Übernahme der Arbeitsverhältnisse kann es heute für einen Sonderbegriff der Betriebsnachfolge nicht mehr ankommen. Sie ist durch § 613 a BGB sichergestellt[20]. Betriebsinhaberwechsel und Betriebsnachfolge können daher nicht als Tatbestände mit unterschiedlichen Rechtsfolgen angesehen werden[21], insbesondere ist eine Untersuchung der Betriebsidentität im Rahmen des Betriebsübergangs verfehlt[22].

### 2. *Das Kriterium der Betriebsidentität*

Der Erhalt der Betriebsidentität nach einem Betriebsübergang wird auch unabhängig von der Begriffsbildung als Voraussetzung bestimmter

---

[15] *Galperin*, BB 52 S. 322; *Gaul*, S. 37; *Grell*, S. 49; *Fuchs*, S. 22; *Kirschner*, DB 64 S. 1061; LAG Frankfurt, 18. 2. 52, SAE 52 S. 151 m. Anm. *Beitzke*.

[16] Beispiele für mangelhafte Unterscheidung finden sich in neuerer Zeit auch bei *Erdmann / Jürging / Kammann*, § 1 Anm. 4; *Kehrmann*, MitbestGspr 75 S. 88 (91); *Becker-Schaffner*, BlStSozArbR 75 S. 305; *Säcker / Joost*, DB 78 S. 1078; *Posth*, S. 183 f.

[17] So *Gaul*, S. 39.

[18] RAG, 3. 7. 29, ARS Bd. 6 S. 331.

[19] So LAG Frankfurt, 18. 2. 52, SAE 52 S. 151 m. Anm. *Beitzke*.

[20] Vgl. zu den Problemen dieser Vorschrift im einzelnen unten, IV.

[21] Eine besondere rechtliche Bedeutung der Betriebsnachfolge lehnt auch *Seiter*, AR-Blattei, unter A I 2 b ab.

[22] Kritisch auch *Birk*, Anm. zu BAG, 2. 10. 74, EzA Nr. 1 zu § 613 a BGB, S. 14; *Seiter*, AR-Blattei, unter B IV 3 c; *Posth*, S. 77 f.

Rechtsfolgen eines Veräußerungsvorganges aufgestellt. Nur die in einem auch nach dem Betriebsübergang identischen Betrieb verbrachte Zeit soll zählen, wenn die Dauer der Betriebszugehörigkeit Tatbestandsmerkmal bestimmter Rechte ist[23]. Daneben wird auch die Kontinuität der Betriebsverfassung im Betriebsübergang an diese Bedingung geknüpft[24], und sogar als Tatbestandsmerkmal des § 613 a BGB wird sie verlangt[25].

Auch diese Stimmen beachten aber nicht genügend, daß Gleichzeitigkeit von Betriebsübergang und Betriebsänderung, die allein identitätsaufhebend für den Betrieb sein kann, nicht möglich ist, sondern letztere immer während der Inhaberschaft eines der beiden am Betriebsübergang Beteiligten durchgeführt werden muß. Der Veräußerungsvorgang erfaßt die betriebliche Einheit von Sachen und Rechten in der Gestalt, die sie im Zeitpunkt seines Vollzuges hat. Diese mag von der Form abweichen, in der der Betrieb bisher geführt wurde, dann hat aber der Veräußerer den Betrieb dahingehend verändert. Der Betriebsübergang mag nicht alle Betriebsteile umfassen, dann hat der alte Inhaber vorher die zurückzubehaltenden aus dem betrieblichen Ganzen herausgelöst. Der Betrieb mag auch vom Erwerber anders geführt und verwendet werden als bisher, dann muß er ihn entsprechend umgestalten.

Wenn ein Betrieb demgegenüber allein durch den Übergang auf einen anderen Inhaber seine Identität verlieren könnte, würde dies bedeuten. daß er die Rechtssphäre des Veräußerers verläßt, sich in einer „logischen Sekunde" im rechtsfreien Raum umwandelt und in neuer Form. wie ein Phönix aus der Asche beim neuen Inhaber eintrifft. Es bedeutet eine rechtslogische Unmöglichkeit, daß der Erwerber etwas erhält, was der Veräußerer gar nicht gehabt hat bzw. dieser etwas überträgt, was der andere Teil nicht erhält. Deshalb kann ein Betriebsübergang nur einen Betrieb in seiner gegenwärtigen funktionsfähigen Ausgestaltung betreffen, oder aber eine Veräußerung bezieht sich nur auf einzelne Wirtschaftsgüter, wenn vorher diese aus einem bestehenden Betrieb ausgeschieden waren oder dieser stillgelegt wurde[26].

---

[23] So z. B. *Nikisch*, I, § 18 II 5, S. 153; ähnlich *Hess*, S. 18 f.; Beispiele finden sich in §§ 8 I BetrVG, 7 III, 10 IV MitbestG, 622 II BGB, 1 I KSchG, 1 I BetrAVG, 21 III SchwbG.

[24] LAG Düsseldorf, 20. 9. 74, DB 75 S. 454; ArbGer Paderborn, 5. 2. 74, BB 74 S. 786; *Dietz / Richardi*, § 77 Anm. 146; *Kunze*, RdA 76 S. 31 (32); wohl auch *Fitting / Auffarth / Kaiser*, § 21 Anm. 29, § 77 Anm. 45; aus der älteren Literatur *Säcker* in Hueck / Nipperdey, II 2, § 57 A I, § 66 C VI, S. 1173 f., 1287; *Nikisch*, III, § 98 III 1, S. 119; *Dietz*, § 22 Anm. 30; *Schwarz*, S. 69.

[25] So LAG Frankfurt, 15. 12. 76, AuR 78 S. 281; *Hasford*, BB 73 S. 526 (528); *Roemheld*, Anm. zu BAG, 29. 10. 75, SAE 76 S. 196 (199).

[26] So wäre der Sachverhalt in RAG, 3. 7. 29, ARS Bd. 6 S. 331 zu beurteilen gewesen.

Eine andere Frage sind die Folgen einer als wirtschaftlich einheitliches Geschehen mit dem Betriebsübergang verbundenen Betriebsänderung durch Erwerber oder Veräußerer für Betriebsrat, Betriebsvereinbarungen und Arbeitsverhältnisse[27]. Ihnen soll weiter unten nachgegangen werden, und in diesem Zusammenhang läßt sich möglicherweise berechtigt nach der Betriebsidentität differenzieren[28].

Daß lediglich der Wechsel des Betriebsinhabers ohne weitere Änderungen im Betrieb nicht dessen Ende bedeuten kann — gleichbedeutend mit dem Verlust seiner Identität —, wird allgemein anerkannt. Es sei nur erforderlich, daß die Betriebsinhaberschaft als Funktion und Position erhalten bleibe, ohne Rücksicht auf den Wechsel der sie ausfüllenden Personen; die Betriebsidentität verlange zwar Einheit des Inhabers, aber nicht seine Identität durch die Zeit[29].

Ein anderes Ergebnis müßte auch befremden, bedeutete es doch die Unsinnigkeit des § 613 a BGB. Ein Betriebsübergang wäre unmöglich, weil jeweils ein anderer Betrieb durch den Inhaberwechsel entsteht[30]. Jedoch sind dort Zweifel angebracht, wo der Inhaber nicht allein Träger der Funktionen Unternehmer und Arbeitgeber ist, in denen ihn jeder andere vertreten kann, sondern in erster Linie seine Eigenleistung nachgefragt wird, und der Betrieb nur Hilfsfunktionen ausführt, wie in der Arztpraxis, der Rechtsanwaltskanzlei oder dem Künstleratelier[31]. Zwar können die meisten dieser Betriebe schon deshalb aus dieser Untersuchung ausscheiden, weil sie nicht betriebsratsfähig nach § 1 BetrVG sind oder jedenfalls keinen Betriebsrat gebildet haben. Aber auch wo dies der Fall ist, sind solche Betriebe nicht für eine Sonderbehandlung geeignet. Sie haben einen eigenen, vom jeweiligen Inhaber ablösbaren Zweck — und sei es auch nur, Hilfsdienste zu leisten —, der einem Nachfolger ebenso zugute kommen kann. Das Arbeitsrecht hat ausschließlich die Innenbeziehungen zwischen Arbeitgeber und Arbeitnehmern zum Gegenstand, auf die die Marktstellung des Unternehmens — von der Ausnahme des § 118 BetrVG hier einmal abgesehen — keinen Einfluß hat. Persönlichkeitsbezogene Strukturen solcher Betriebe mögen sich nach einer Veräußerung regelmäßig ändern, jedoch nicht allein durch sie. Eine betriebsverfassungsrechtliche Ungleichbehandlung ist ebensowenig ge-

---

[27] Im Sinne einer genauen Unterscheidung wie im Text auch *Borngräber*, S. 44; aus der Rechtsprechung vgl. BSG, 18. 5. 76, BB 76 S. 979.

[28] Vgl. unten, 3. Teil, 2. Kapitel, III. 1. a).

[29] *Dietz / Richardi*, § 1 Anm. 72; *Gaul*, S. 39 f.; im Ergebnis ebenso *Kraft* in GK-BetrVG, § 4 Anm. 12; *Säcker* in Hueck / Nipperdey, II 2, § 57 A I 1, S. 1174; *Grell*, S. 17; RAG, 8. 2. 28, ARS Bd. 2 S. 71 (75); RAG, 30. 11. 29, ARS Bd. 7 S. 397 (399); ArbGer Passau, 19. 3. 74, ARSt 75 S. 65.

[30] Ähnlich *Krejci*, S. 36.

[31] Vgl. *Krejci*, S. 36, Fn. 40.

rechtfertigt wie die Herausnahme aus dem Anwendungsbereich des § 613 a BGB.

### 3. *Der Betrieb als Übertragungsgegenstand*

a) Auch als Objekt eines Betriebsübergangs hat der Gesetzgeber, wie in zahlreichen anderen Rechtsnormen[32], die tatbestandliche Klärung des Betriebsbegriffes Rechtsprechung und Literatur überlassen. Auf der Grundlage der von *Erwin Jacobi* entwickelten Definition[33], die allerdings die Arbeitnehmer noch als Betriebsmittel einordnete, eine mit heutigen Verfassungsgrundsätzen unvereinbare Meinung, hat sich heute eine einhellige Auffassung gebildet[34], die den Betrieb definiert als „organisatorische Einheit räumlich verbundener sächlicher und immaterieller Mittel, innerhalb derer ein Unternehmer allein[35] oder mit Hilfe von Arbeitnehmern einen bestimmten arbeitstechnischen Zweck fortgesetzt verfolgt“[36].

Die Rechtsnatur oder Rechtsqualität des Betriebes ist mit dieser tatbestandsausfüllenden Definition nicht entschieden. Sie ist Gegenstand lebhafter Diskussion und bedarf eingehender Auseinandersetzung im Rahmen dieser Arbeit, denn von ihr hängt ab, wie die Betriebsverfassung in den Betrieb einbezogen ist und auf Veränderungen reagiert[37].

Die betriebsverfassungsrechtliche Fragestellung dieser Arbeit erfordert außerdem die Beschäftigung von mindestens 5 Arbeitnehmern, § 1 BetrVG, und weiterhin die Existenz eines Betriebsrats, zumindest die Einleitung des Wahlverfahrens. In Betrieben ohne Betriebsverfassung, in denen sie auch nicht im Entstehen ist, kann ihr Fortbestand nicht fraglich sein.

b) Gegenstand des Betriebsüberganges ist allein der derzeitige Bestand an organisatorisch und räumlich zusammengefaßten Betriebsmitteln. Die innerhalb dieser Einheit tätigen Personen sind keine definitorischen Elemente des Betriebsbegriffes, sondern durch ihre gemeinsame

---

[32] Vgl. neben § 613 a BGB z. B. §§ 1, 4 und öfter BetrVG, 1, 17, 23 KSchG, 18 MuSchG, 10 SchwbG, 1 AZO, 245, 637 RVO, 12 UWG, 7 PatG.

[33] *Jacobi*, Rechtsbegriffe, 1926.

[34] Vgl. die Literaturhinweise bei *A. Hueck* in Hueck / Nipperdey, I, § 16, S. 91 Fn. *; *Nikisch*, I, § 18, S. 148 und die Kommentare zum BetrVG zu §§ 1 bzw. 4.

[35] Ob es zweckmäßig ist, im Arbeitsrecht per definitionem einen Arbeitnehmer zu verlangen, so *Hessel*, RdA 51 S. 450 (451); *Galperin / Löwisch*, § 1 Anm. 3, 4; ausdrücklich a. A. *Nikisch*, I, § 18 I 2, S. 149, kann hier dahingestellt bleiben, s. u. sofort.

[36] So und ähnlich BAG, 3. 12. 54, AP Nr. 1 zu § 88 BetrVG 52, Bl. 2; *A. Hueck* in Hueck / Nipperdey, I, § 16 II, S. 93; *Nikisch*, I, § 18 I 5, S. 150 f.; *Dietz / Richardi*, § 1 Anm. 57; *Kraft* in GK-BetrVG, § 4 Anm. 5.

[37] Vgl. dazu unten, 2. Teil, 2. Kapitel.

zweckgerichtete Tätigkeit wird aus der sachlichen Grundlage zusammengefaßter Produktionsmittel ein arbeitsrechtlich bedeutsamer Betrieb. Tatsächliche Folge der Übertragung dieser Betriebsmitteleinheit ist der Austausch des zweckbestimmenden Unternehmers, rechtliche Folge der Übergang der Arbeitsverhältnisse gemäß § 613 a BGB, wenn dessen sonstige Voraussetzungen erfüllt sind[38].

Ein Betriebsübergang erfordert also ohne Rücksicht auf die Eigentumsverhältnisse allein, daß der Veräußerer die betriebliche Einheit aus der Hand gibt, in der sich die Arbeitsgemeinschaft zwischen ihm und den beschäftigten Arbeitnehmern entfaltet hat. Dadurch verliert er die Möglichkeit, sie angemessen zu beschäftigen. Daß dies nur noch der neue Inhaber kann, stellt den eigentlichen rechtspolitischen Grund für die Einführung des § 613 a BGB dar; die Vorschrift konkretisiert die Sozialpflichtigkeit der Betriebsinhaberschaft[39]. Nach der amtlichen Begründung dient § 613 a BGB einmal dem Zweck zu verhindern, daß Mitbestimmungsrechte unterlaufen werden, vor allem aber dazu, „allgemein die Rechtsfolgen eines Betriebsübergangs für die Arbeitsverhältnisse zu regeln“[40], also auszuschließen, daß die an der Betriebsveräußerung Beteiligten allein durch diesen Vorgang Arbeitsplätze beseitigen können; diese sollen den betroffenen Arbeitnehmern solange gesichert werden, bis andere — mitbestimmungspflichtige — Maßnahmen des Veräußerers oder Erwerbers hinzutreten[41].

c) Ein Betriebsübergang löst deshalb nur dann arbeitsrechtliche Folgen aus, wenn zur Zeit seines Vollzuges eine funktionsfähige Betriebseinheit besteht, innerhalb derer die Erbringung von Arbeitsleistungen möglich ist, also Arbeitsplätze betroffen sein können[42]. Diese Voraussetzung ist vor allem bedeutsam für die in der Rechtsprechung schon zahlreich behandelte Frage, wann ein Veräußerungsvorgang einen Betrieb, Betriebsteil oder nur einzelne Wirtschaftsgüter betrifft[43], bei denen keine Arbeitsverhältnisse angesiedelt werden können. Von Betriebsübergang zu sprechen, ist selbst dann ausgeschlossen, wenn der alte Betrieb stillgelegt und die Belegschaft vollständig entlassen ist, ein anderer Unternehmer sämtliche Betriebsmittel aufkauft, die Arbeitnehmer

---

[38] Vgl. dazu unten, IV.

[39] Vgl. *Steckhan* in Festschrift für Schnorr v. Carolsfeld, S. 463 (480).

[40] Vgl. Begründung zu § 123 RegE eines BetrVG, BT-Dr. VI/1786, S. 59.

[41] Vgl. zu deren Auswirkungen unten, 3. Teil, 2. Kapitel, II., III.

[42] Vgl. zur Bedeutung des Betriebes als Stätte der Arbeitsleistung im Zusammenhang mit dem Betriebsübergang auch *Brecher*, Festschrift für Schmidt-Rimpler S. 181 (184 f.); *Seiter*, AR-Blattei, unter B IV 3 c; *Schwarz*, S. 135.

[43] z. B. BAG, 29. 10. 75, AP Nr. 2 zu § 613 a BGB; LAG Schleswig-Holstein, 19. 3. 76, BB 76 S. 1369; LAG Frankfurt, 17. 8. 76, ARSt 77 S. 95 (LS); ArbGer Herford, 30. 9. 76, AuR 77 S. 347 (LS); vgl. dazu unten, 3. Teil, 3. Kapitel, I.

wieder einstellt und die nämliche Produktion aufnimmt[44]. Ein solcher Ablauf wird aber im Zweifel, weil geplant und abgesprochen, als unzulässiges Umgehungsgeschäft anzusehen sein und behandelt werden müssen[45].

Ausschlaggebendes Kriterium bei der Abgrenzung von Betrieb/Betriebsteil und einzelnen Wirtschaftsgütern muß im Interesse des von § 613 a BGB angestrebten Arbeitsplatzschutzes die Weiterbeschäftigungsmöglichkeit bei altem bzw. neuem Inhaber sein[46]. Doch soll darauf erst weiter unten näher eingegangen werden, dies ist nicht so sehr ein Problem des Betriebsübergangs wie der Folgen betriebsändernder Maßnahmen des Veräußerers vor dem Betriebsübergang[47].

### 4. *Unternehmen und Betrieb*

a) Der Betriebsübergang als thematischer Anknüpfungspunkt dieser Arbeit bedeutet nicht, daß die Veräußerung eines ganzen Unternehmens die behandelten Rechtsfragen nicht aufwerfen kann. Denn diese ist gleichzeitig ein Wechsel in der Inhaberschaft der das Unternehmen bildenden Betriebe. Der Begriff Betriebsübergang erfaßt also im Rahmen dieser Untersuchung den Einzelbetrieb, sei es, daß er allein ein Unternehmen bildet, sei es, daß er aus einem solchen herausgelöst wird, wie auch jeden der von der Übertragung des gesamten Unternehmens betroffenen Einzelbetriebe.

Durch die Unterscheidung von Betrieb und Unternehmen kann ausgedrückt werden, daß in dieser Arbeit nicht gesellschafts-, unternehmens- oder kaufrechtliche Folgen von Veräußerungsgeschäften behandelt werden, die alle der Unternehmenssphäre zuzurechnen wären[48], sondern allein kollektivarbeitsrechtliche. Dies ist für alle Fallgestaltungen einheitlich möglich, wenn auf den Einzelbetrieb mit seiner abgeschlossenen, eigenen Betriebsverfassung abgestellt wird, unabhängig von der Unternehmenseinheit, der er zugeordnet ist.

b) Die Unterscheidung zwischen Betrieb und Unternehmen wird allerdings neuestens von *Wahsner* vehement angegriffen[49]. Er leugnet

---

[44] Ein instruktives Beispiel bietet LAG Hamm, 10. 1. 75, DB 75 S. 604.

[45] So auch *Seiter*, AR-Blattei, unter B IV 3 d; *Borngräber*, S. 45.

[46] Ähnlich BAG, 29. 10. 75, AP Nr. 2 zu § 613 a BGB.

[47] s. unten, 3. Teil, 2. Kapitel; zur Notwendigkeit genauer Unterscheidung von Betriebsübergang und vorhergehenden bzw. nachfolgenden Maßnahmen vgl. oben, II. 2.

[48] Vgl. zum Gewährleistungsrecht *Hommelhoff*, Die Sachmängelhaftung beim Unternehmenskauf, 1975, passim; aus der Rechtsprechung zuletzt BGH, 25. 5. 77, BGHZ 69 S. 53; zur Vertragsgestaltung *Lauprecht*, Zivilrechtliche Probleme bei der Veräußerung von Betrieben ...., 1976; außerdem das Schrifttum zu §§ 23 ff. GWB.

einen sachlichen Unterschied, hält die einzelne Produktionsstätte eines Mehrbetriebs-Unternehmens vielmehr für eine ausdifferenzierte Teilorganisation und wirft der herrschenden Auffassung vor, die nach der arbeitstechnischen und wirtschaftlichen Zwecksetzung unterscheidet, sie verschleiere, daß innerhalb aller Produktionsbereiche wirtschaftliche Ziele verfolgt werden[50].

Die Kritik *Wahsners* geht in ihrem ersten Ansatzpunkt schon deshalb fehl, weil im neueren Schrifttum ganz allgemein anerkannt ist, daß Betrieb(en) und Unternehmen dieselben sachlichen Substrate zugrundeliegen. Die Unterscheidung beruht in tatsächlicher Hinsicht auf einer Fiktion[51]. Die nach den Vorschriften des BetrVG jedoch notwendige Unterscheidung in rechtlicher Hinsicht vermag auch *Wahsner* nicht besser als durch die Zweckformel zu leisten[52]. Regelungsgegenstand der betrieblichen Mitbestimmung ist der interne, Produktionsmittel und Personal organisatorisch zusammenfassende Arbeitsprozeß, der ohne Außenwirkung bleibt und an den das gesamte Arbeitsrecht anknüpft. Die Verwertung des Ergebnisses eines oder mehrerer solcher Arbeitsprozesse obliegt dem Unternehmen, das über den Unternehmer (= Unternehmensträger oder Unternehmensinhaber) den Kontakt nach außen herstellt, und das allein auf Umwelteinflüsse reagieren kann, unter anderem durch Betriebsänderungen, deren Auswirkungen auf den Arbeitsprozeß dann wieder im Betrieb anzusiedeln sind, so daß sie dort der Mitbestimmung des Betriebsrats unterliegen können. Diese Aufspaltung in den Arbeitsprozeß einerseits und das Wirtschaften mit dem Arbeitsergebnis andererseits innerhalb derselben soziologischen Organisation wird vom BetrVG — auch aus verfassungsrechtlichen Gründen — gefordert und ist auch durch die Polemik *Wahsners* nicht wegzudiskutieren[53].

### 5. *Der Vollzug des Betriebsübergangs*

a) Ein Betriebsübergang ist der Vollzug einer gesetzlichen Anordnung oder das Erfüllungsgeschäft einer vorausgehenden rechtlichen Verpflichtung, also tatsächliche Folge eines dahinterstehenden rechtlichen Grundes. Erbfall, Verkauf, Enteignung, Fusion oder Schenkungsversprechen sind Beispiele aus einem bunten Strauß von Möglichkeiten.

---

[49] *Wahsner*, S. 22 ff.; er beruft sich dabei auf *Th. Raiser*, S. 128 ff.; ders., ZRP 73 S. 16.

[50] *Wahsner*, S. 23 f.

[51] *Dietz / Richardi*, § 1 Anm. 50; *Fitting / Auffarth / Kaiser*, § 1 Anm. 23; *Kraft* in GK-BetrVG, § 4 Anm. 7; so schon *Huber*, S. 473; vgl. auch *Brecher*, S. 145 f.

[52] Vgl. den Versuch von *Wahsner*, S. 27 f.

[53] Ähnlich *Thiele* in GK-BetrVG, Einleitung Anm. 23 f.; *Fitting / Auffarth / Kaiser*, § 1 Anm. 23 a.

*Galperin* teilt die Nachfolgegründe in drei Gruppen ein, die Gesamtrechtsnachfolge (z. B. Erbschaft), die Sonderrechtsnachfolge (die Fälle der §§ 419 BGB, 25 HGB, Umwandlung und Fusion) und die Einzelrechtsnachfolge (z. B. Verkauf, Nießbrauchsbestellung)[54]. Jedoch gibt es keine überzeugende Begründung für die von der im Zivilrecht gebräuchlichen Unterscheidung allein in Einzel- und Gesamtrechtsnachfolge[55] abweichende Dreiteilung. Die §§ 419 BGB, 25 HGB knüpfen nur weitere Rechtsfolgen an besonders gelagerte Tatbestände der Einzelrechtsnachfolge[56], und Umwandlung und Fusion gehören in den Bereich der Gesamtrechtsnachfolge[57], in dem der bisherige Vermögensträger wegfällt und in einen anderen übergeht bzw. ein anderer in sämtliche Rechte und Pflichten eintritt. Daher ist neben dem Betriebsübergang aufgrund Einzelrechtsnachfolge (Verkauf, Schenkung, Verpachtung, Enteignung, Einbringung in eine Gesellschaft, Nießbrauchsbestellung, Überlassung durch atypischen Vertrag) und Gesamtrechtsnachfolge (Erbschaft, Fusion, Umwandlung, Vereinbarung der Gütergemeinschaft) eine besondere Gruppe der Sonderrechtsnachfolge nicht notwendig; sie schafft nur vermeidbare Verwirrung.

b) Der Betriebsübergang aufgrund Gesamtrechtsnachfolge vollzieht sich ausschließlich auf Unternehmensebene, da immer das Gesamtvermögen des Unternehmers betroffen ist. Er kann aus der weiteren Untersuchung sogleich ausscheiden. Ziel dieser Arbeit ist herauszufinden, ob die Betriebsverfassung eines Betriebes kraft Gesetzes einen Rechtsträgerwechsel mitvollzieht, der unmittelbar nur das sachliche Substrat des Betriebes erfaßt. Hängt die betriebsverfassungsrechtliche Arbeitgeberstellung allein an der Betriebsinhaberschaft, so wäre sie von den jeweiligen Personen unabhängig. Wird dagegen der Betriebsinhaber persönlich aus dem BetrVG und aus Vereinbarungen mit dem Betriebsrat verpflichtet, so fallen betriebsverfassungsrechtlicher Arbeitgeber und neuer Betriebsinhaber nach dem Betriebsübergang auseinander. Der bestehenden Betriebsverfassung wäre mit Abgabe des Betriebes die Grundlage entzogen, weil der bisherige Inhaber keinen Einfluß mehr auf den Betrieb hat, innerhalb dessen allein er seine betriebsverfassungsrechtliche Stellung ausfüllen könnte. Im übergegangenen Betrieb müßte dann eine neue Betriebsverfassung aufgebaut werden, gemäß §§ 1, 13 II Nr. 6 BetrVG. Durch eine Gesamtrechtsnachfolge rückt der Betriebserwerber aber kraft Gesetzes in jede Rechtsstellung des Vorgängers — abgesehen

---

[54] *Galperin*, BB 52 S. 322; *Galperin / Siebert*, § 1 Anm. 50; ihm folgend *Fuchs*, S. 19 f.

[55] *Baur*, § 28 II, S. 263 f.; *Grell*, S. 46 f.; Palandt / *Heinrichs*, § 221 Anm. 1 a. E.

[56] Palandt / *Heinrichs*, § 419 Anm. 3 a; *Baumbach / Duden*, § 26 Anm. 2 A.

[57] Für alle *Baumbach / Hueck*, AktG, § 339 Anm. 3; *Kraft* in Kölner Kommentar zum AktG, § 339 Anm. 36, 57.

von höchstpersönlichen Rechten als Ehegatte u. ä. und Besonderheiten bei der ehelichen Gütergemeinschaft — ein, der wiederum ersatzlos wegfällt. Der Nachfolger stellt, vom Ergebnis her gesehen, den alten Betriebsinhaber in neuer Gestalt dar, sämtliche Rechtsbeziehungen setzen sich mit ihm fort[58]. Auch im Bereich des kollektiven Arbeitsrechts wird er, zumindest betriebsverfassungsrechtlich, berechtigter und verpflichteter Partner. Streitig ist dagegen wegen § 38 BGB die Bindung des Betriebserwerbers in Gesamtrechtsnachfolge an einen geltenden Verbandstarifvertrag[59], eine Frage, die den Rahmen dieser Arbeit sprengt.

c) Die weiteren Untersuchungen beschäftigen sich daher nur mit dem Betriebsinhaberwechsel aufgrund Einzelrechtsnachfolge. In der Regel wird er den Vollzug eines Veräußerungs- oder Überlassungsvertrages bilden. Auch die Enteignung nach Art. 15 GG gehört hierher. Sie hat jedoch bisher keine praktische Bedeutung erlangt[60]. Art. 15 GG erfaßt seinem Wortlaut nach nicht eigentlich hier behandelte Wirtschaftsbetriebe jeder Art, sondern — neben Grund und Boden und Naturschätzen — nur die einzelnen, der Gütererzeugung dienenden Arbeitsmittel innerhalb der Betriebe, die allein von Privat- in Gemeineigentum überführt werden können. Zur praktischen Anwendbarkeit ist es aber erforderlich, die Vorschrift auf Sachgesamtheiten in Unternehmens- oder Betriebsform anzuwenden[61]. Arbeitsrechtliche Folgen einer Sozialisierung, die dem Wortlaut nach von § 613 a BGB nicht erfaßt würde, weil ihr kein Rechtsgeschäft zugrundeliegt, sind nicht erörtert oder gesetzlich geregelt[62].

d) Nach welchen sachen- oder schuldrechtlichen Vorschriften die Übertragung im Einzelnen abzuwickeln ist, braucht hier nicht näher beleuchtet zu werden[63]. Der Betrieb geht unabhängig von den Eigentumsverhältnissen über, sobald der Erwerber die Stellung des Unternehmers der allgemeinen Betriebsdefinition erhält[64]. Wenn ihm die im Betrieb er-

---

[58] Vgl. §§ 1922, 1416 II BGB, 346 III, IV, 353 V, VI, 365, 368, 372, 381, 385, 385c, h, p, 387, 391 AktG, 5 UmwG.

[59] Dazu BAG, 4. 12. 74, AP Nr. 2 zu § 3 TVG m. Anm. *Wiedemann* = SAE 76 S. 81 m. abl. Anm. *Martens; Wiedemann / Stumpf,* § 3 Anm. 78 — 83 m. w. N.

[60] *Maunz* / Dürig / Herzog / Scholz, Art. 15 Anm. 8.

[61] Vgl. *Maunz* / Dürig / Herzog / Scholz, Art. 15 Anm. 14 ff.; *v. Mangoldt / Klein,* Art. 15 Anm. III, V 3, 4.

[62] Vgl. unten, IV. 3. c); im Gegensatz dazu bestimmt § 19 II des österreichischen Gesetzes über das Verfahren bei der Enteignung von Wirtschaftsbetrieben vom 30. 5. 1919, StGBl 308/1919: „Die mit den Arbeitern und Angestellten mündlich oder schriftlich abgeschlossenen Dienst- und Arbeitsverträge gehen unter Aufrechterhaltung aller hieraus entsprechenden Rechte und Pflichten auf den Übernehmer über".

[63] Vgl. dazu *Baur,* § 28 II 2, S. 264; *Hommelhoff,* S. 14 ff.

[64] Siehe oben, II. 3.

brachte Arbeitsleistung zugute kommt, er also das Betriebsergebnis für sich unternehmerisch verwerten kann[65], so ist er bereits Betriebsinhaber und tritt — die übrigen Voraussetzungen der Vorschrift hier unterstellt[66] — gemäß § 613 a BGB in die Arbeitsverhältnisse ein. Über die Position des betriebsverfassungsrechtlichen Arbeitgebers ist damit aber noch nicht entschieden. Nach einer Einzelrechtsnachfolge bleibt der bisherige Betriebsinhaber als mögliche Partei kollektiver Rechtsbeziehungen erhalten; um diese auf den Erwerber zu übertragen, bedarf es also eines besonderen Rechtsgrundes. Dabei erscheint es sehr fraglich, ob die Parteien den Übergang der Stellung als verpflichteter und berechtigter Partner des Betriebsverfassungs-Rechtsverhältnisses in den Betriebsveräußerungsvertrag mit aufnehmen könnten. I. d. R. werden sie daran aber auch nicht denken oder die Frage für gesetzlich geregelt halten.

Nicht in den Rahmen dieser Arbeit gehört die „Veräußerung" einer juristischen Person, die ein Unternehmen mit den dazugehörigen Betriebsstätten betreibt, durch Übertragung ihrer Anteile; denn die juristische Person bleibt dieselbe, sie ist vor und nach der Transaktion Betriebsinhaberin und Arbeitgeberin, auch i. S. d. BetrVG, so daß sich für ihre Betriebe nichts ändert. Dasselbe muß gelten, wenn Gesellschafter einer Personengesellschaft wechseln. Die Gesellschaft als Sondervermögen der Gesellschafter bleibt davon unberührt, lediglich die rechnerischen Anteile daran werden innerhalb der Gesamthandsgemeinschaft neu verteilt[67].

e) Über Anzahl und Motive für Betriebsübergänge der hier behandelten Form gibt es keine zuverlässige Statistik. Strukturveränderungen dieser Art sind, sei es aus Altersgründen, zur Expansion oder Sanierung notleidender Unternehmen, in einer lebendigen Volkswirtschaft eher an der Tagesordnung[68] als die in den Schlagzeilen erscheinenden Unternehmensverbindungen. VW — Audi NSU, VEBA — Gelsenberg, Thyssen — Hüller Hille und Neckermann — Karstadt sind Beispiele aus neuerer Zeit. Diese wurden jeweils durch Anteilserwerb an juristischen Personen vollzogen und werden deshalb hier nicht erörtert.

Anhaltspunkte für die tatsächliche Bedeutung des Betriebsübergangs geben aber die Tätigkeitsberichte des Bundeskartellamtes gemäß § 50 GWB. Außer Unternehmenszusammenschlüssen durch Anteilserwerb sind dort auch solche durch Vermögenserwerb erfaßt, die, soweit sie

---

[65] So *Birk*, Anm. zu BAG, 2. 10. 74, EzA Nr. 1 zu § 613 a BGB, S. 14.

[66] Vgl. dazu unten, IV.

[67] Vgl. *A. Hueck*, Das Recht der OHG, S. 392 ff., 446 f.; *Borngräber*, S. 52.

[68] Vgl. die Eingangsbemerkung der Arbeit von *Hartmann*, S. 16: „Der Betriebsinhaberwechsel ereignet sich täglich".

unter §§ 23 ff. GWB fallen, einen Ausschnitt der Betriebsübergänge bilden, die hier behandelt werden[69].

## III. Beteiligungsrechte beim Betriebsübergang

### *1. Beteiligung des Betriebsrats*

a) Der Betriebsinhaberwechsel — säuberlich geschieden von anderen mit ihm als wirtschaftlich einheitliches Geschehen verbundenen Maßnahmen — unterliegt nach ganz herrschender Meinung keinem Mitbestimmungs- oder Mitwirkungsrecht des Betriebsrats nach den allein in Frage kommenden §§ 111 f. BetrVG[70]. Betrachtet man den Katalog des § 111 S. 2 BetrVG als abschließend, so folgt dies schon daraus, daß der Betriebsübergang nicht genannt ist[71]. Die Anhänger der gegenteiligen Auffassung[72] folgern das gleiche Ergebnis daraus, daß nach Einführung des § 613 a BGB der Betriebsinhaberwechsel keine wesentlichen Nachteile für die Belegschaft oder erhebliche Teile der Belegschaft haben kann, da die Rechtsstellung der Arbeitnehmer umfassend erhalten bleibt[73].

Immer dann ist die allgemeine Ansicht richtig, wenn ein konzernungebundenes Unternehmen insgesamt veräußert wird und der Erwerber alle den Arbeitnehmern zugute kommenden Positionen mit übernimmt. Dazu zählt auch der betriebsverfassungsrechtliche status quo. Ob er für den Betriebserwerber verbindlich ist, kann erst am Ende des zweiten Teils dieser Arbeit feststehen. Die Auswechslung des Vertragspartners kraft Gesetzes ist für die weitaus überwiegende Zahl der Arbeitnehmer nicht mehr von Bedeutung, wenn die rechtliche und tatsächliche Umgebung unverändert bleibt, in die ihre Arbeitsleistung eingebunden ist. Die konkrete Person des Arbeitgebers hat ihre Bedeutung für das Arbeitsverhältnis, wie sie noch der Gesetzgeber des BGB bei der Schaffung des § 613 voraussetzte, heute schon durch die Einschaltung zahlreicher anweisungsbefugter Zwischenpersonen verloren, die nach

---

[69] Vgl. zuletzt Tätigkeitsbericht des BKartA für 1977, BT-Dr. VIII/1925, insbesondere S. 16 ff., Tabellen 12, 13 (S. 118), Übersicht S. 119 ff

[70] *Fitting / Auffarth / Kaiser*, § 111 Anm. 13; *Dietz / Richardi*, § 111 Anm. 28; *Hanau*, ZFA 74 S. 89 (99); *Seiter*, AR-Blattei, unter B VI 2 a; *Posth*, S. 178 ff.; a. A. LAG Baden-Württemberg, 11. 10. 78, DB 79 S. 114; andeutungsweise auch *Fabricius* in GK-BetrVG, § 111 Anm. 118.

[71] So ausdrücklich LAG Düsseldorf, 14. 8. 73, DB 73 S. 2453; LAG Düsseldorf, 29. 3. 78, DB 79 S. 114.

[72] Zu dem Meinungsstreit ausführlich unten, 3. Teil, 1. Kapitel, III. 1.; vgl. *Dietz / Richardi*, § 111 Anm. 8 f.; *Galperin / Löwisch*, § 111 Anm. 19; *Rumpff*, S. 229 ff.

[73] *Rumpff*, S. 250; *Seiter*, AR-Blattei, unter B VI 2 a; zweifelnd *Fabricius* in GK-BetrVG, § 111 Anm. 98.

einem Betriebsinhaberwechsel ohnehin zumindest vorerst dieselben bleiben. Dies gilt erst recht, wenn am Betriebsübergang juristische Personen beteiligt sind; die Auswirkungen für die Arbeitnehmer sind dann ebenso gering, wie wenn deren Anteilseigner wechseln[74].

b) Dieses Ergebnis wird jedoch schon dann zweifelhaft, wenn für einen veräußerten Betrieb Sozialeinrichtungen bestanden. Sie gehören nicht zu den Betriebsmitteln, sondern stehen regelmäßig, sachlich und organisatorisch von ihnen getrennt, in alleiniger Verfügungsgewalt des bisherigen Arbeitgebers, der zur selbständigen Durchführung betrieblicher Vereinbarungen verpflichtet ist, § 77 I BetrVG[75]. Der Übergang solcher Sozialeinrichtungen auf den Erwerber des Betriebes bedarf einer besonderen Vereinbarung und wird in vielen Fällen deshalb ausgeschlossen sein, weil sie für den Bereich eines ganzen Unternehmens bestehen, aus dem nur ein Betrieb herausgelöst und veräußert wird. Von einer schuldrechtlichen Verpflichtung zur Betriebsübertragung nach § 433 I BGB werden Sozialeinrichtungen nicht — etwa als Zubehör über § 314 BGB — erfaßt[76]. Dem neuen Arbeitgeber ist es dann nicht möglich, dieselben Einrichtungen zur Verfügung zu stellen wie der alte Inhaber.

Sozialeinrichtungen dienen dem Betriebsinhaber jedoch lediglich dazu, Verpflichtungen und Zusagen gegenüber der Belegschaft zu erfüllen. Stehen sie für die Arbeitnehmer eines übergegangenen Betriebes nicht mehr zur Verfügung, so muß der Erwerber diesen von ihm übernommenen Pflichten auf andere Weise nachkommen, z. B. durch Direktleistungen[77]. Den Arbeitnehmern entsteht daraus kein Nachteil, da sie die Leistung auf jeden Fall erhalten.

Bestand aber auf die durch Sozialeinrichtung gewährte Leistung kein Anspruch, so konnte auch der alte Inhaber sie widerrufen, und in der Einstellung der Leistung nach dem Betriebsübergang liegt kein durch den Inhaberwechsel verursachter Nachteil, sondern der konkludente Widerruf durch den Erwerber, mit dessen Möglichkeit die Arbeitsverhältnisse immer schon belastet waren.

---

[74] *Herschel*, ZFA 77 S. 219 (237); *Seiter*, AR-Blattei, unter B I; *Palme*, BlStSozArbR 77 S. 386 (388).

[75] Es handelt sich um uneigennützige Einrichtungen des Arbeitgebers zugunsten seiner Arbeitnehmer wie Werkmietwohnungen, Kindergarten, Sportplatz, Unterstützungskassen. Ihre Errichtung ist nicht erzwingbar, hängt also — anders als die Ausgestaltung im einzelnen — vom „guten Willen" des Arbeitgebers ab; vgl. §§ 87 I Nr. 8, 88 Nr. 2 BetrVG und *Fitting / Auffarth / Kaiser*, § 87 Anm. 45, 47.

[76] BAG, 5. 5. 77, DB 77 S. 1803.

[77] BAG, 5. 5. 77, DB 77 S. 1803; im entschiedenen Fall war eine betriebliche Unterstützungskasse nicht zusammen mit dem Betrieb übertragen worden, weshalb das Gericht den neuen Inhaber für persönlich verpflichtet hielt, den Arbeitnehmern die betriebliche Altersversorgung zu leisten.

c) Entscheidenden Anlaß, die Verneinung des Beteiligungsrechts aus §§ 111 f. BetrVG für den Betriebsübergang zu bezweifeln, geben Konstellationen, in denen aus einem weiterbestehenden Unternehmen ein Betrieb veräußert wird, bzw. aus einem Konzern ein abhängiges Unternehmen. Allein durch den Betriebsübergang werden dann Rechte und Vorteile der Arbeitnehmer hinfällig, sei es daß die Belegschaft des übertragenen Betriebes die Vertretung durch den Gesamtbetriebsrat, Aufstiegsmöglichkeiten innerhalb des Unternehmens oder Rabatte beim Erwerb von Unternehmenserzeugnissen verliert, sei es daß durch die Herauslösung des Betriebes die Beschäftigtenzahl des Unternehmens unter die Grenzen von §§ 1 MitbestG, 106 oder 110 BetrVG sinkt.

Auf diese Folgen soll im dritten Teil eingegangen werden, wenn die innerbetrieblichen Auswirkungen geklärt sind und das Umfeld des Betriebsübergangs behandelt wird[78].

### 2. *Beteiligung des Wirtschaftsausschusses*

Neben der Beteiligung des Betriebsrats ist auf Unternehmensebene auch an die Unterrichtung des Wirtschaftsausschusses zu denken, sofern die Zahl der Arbeitnehmer im Unternehmen 100 übersteigt, § 106 I BetrVG. Zur Unterrichtung über wirtschaftliche Angelegenheiten i. S. v. § 106 II, III BetrVG gehört neben den auch der Beteiligung des Betriebsrats unterliegenden Angelegenheiten auch der Betriebs- oder Unternehmensinhaberwechsel[79]. Er zählt zu den sonstigen Vorgängen, die die Interessen der Arbeitnehmer berühren, § 106 III Nr. 10 BetrVG. Berührung von Interessen ist ein ungleich weiterer und öfter einschlägiger Begriff als der der wesentlichen Nachteile in § 111 S. 1 BetrVG.

### 3. *Alleinentscheidungsrecht des Unternehmers*

An dieser Stelle sollte festgehalten werden, daß auch eingreifende betriebsverfassungsrechtliche Beteiligungsrechte eine unternehmerische Maßnahme rechtlich nicht verhindern können[80]. Sinn insbesondere der §§ 111 ff. BetrVG ist es nicht, die alleinige Organisations- und Verfügungsmacht des Arbeitgebers zu unterbinden, sondern deren soziale Folgen kontrollierbar zu machen und für die Belegschaft meist finanziell abzumildern[81]. Durch die dadurch bedingte Verteuerung sind allerdings

---

[78] Siehe unten, 3. Teil, 1. Kapitel, III.

[79] Allgemeine Meinung, z. B. *Fitting / Auffarth / Kaiser*, § 106 Anm. 24; *Galperin / Löwisch*, § 106 Anm. 73.

[80] Begründung zum RegE eines BetrVG unter A II, BT-Dr. VI/1786, S. 33; *Fabricius* in GK-BetrVG, vor § 106 Anm. 29; *Dietz / Richardi*, § 111 Anm. 2.

[81] Begründung zum RegE eines BetrVG unter A II, BT-Dr. VI/1786, S. 33.

faktische Beschränkungen freier unternehmerischer Entscheidung möglich. Aber allein durch Mitbestimmung in Entscheidungsebenen des Unternehmens — in Kapitalgesellschaften heute durch MitbestG, Montan-MitbestG, MitbestErgG, BetrVG 52 verwirklicht — gewinnen Arbeitnehmer bestimmenden Einfluß auf solche Entscheidungen, deren soziale Implikationen die betriebsverfassungsrechtliche Beteiligung behandelt.

## IV. Der Arbeitgeberwechsel nach § 613 a BGB

Die Rechtsprobleme des Betriebsübergangs werden heute nahezu ausschließlich im Zusammenhang des § 613 a BGB erörtert, dessen Anwendungsbereich und Rechtsfolgen Gegenstand ausführlicher Diskussion sind. Ohne Anspruch auf Vollständigkeit soll diese Vorschrift auch hier untersucht werden, weil Übergang oder Verbleiben der Arbeitnehmerschaft beim ursprünglichen Arbeitgeber im Zuge einer Betriebsveräußerung von größter Wichtigkeit ist.

### *1. Entstehungsgeschichte*

Vor dem BetrVG 1972, dessen § 122 in das BGB den neuen § 613 a einfügte, muß der Streit darüber als unentschieden angesehen werden, ob unter bestimmten Voraussetzungen der Erwerber eines Betriebes kraft Gesetzes in die dort bestehenden Arbeitsverhältnisse eintrete, oder ob nur eine von seinem guten Willen abhängige rechtsgeschäftliche Übernahme möglich sei[82]. Als geringfügig überwiegend kann man wohl die einen gesetzlichen Arbeitgeberwechsel ablehnende Auffassung betrachten, zumal auch das BAG ihr zuneigte[83]. Große praktische Bedeutung hatte das Problem bereits unmittelbar nach dem 2. Weltkrieg, als viele Betriebe, deren Inhaber verschollen waren oder sich abgesetzt hatten, ebenso manche vormals staatliche Produktionsstätte von tatkräftigen Unternehmern übernommen und oft ohne rechtsgeschäftlichen Übertragungsakt fortgeführt wurden. Es entstand dann in vielen Fällen Streit um den arbeitsrechtlichen Status der dort bis Kriegsende Beschäftigten[84].

---

[82] Für gesetzlichen Übergang u. a. *Nikisch*, I, § 46 II 3, 4, S. 659 ff.; *Kaskel / Dersch*, S. 41; *Brecher* in Festschrift für Schmidt-Rimpler, S. 181 (234 f.); *Grell*, S. 163 ff.; *Dietz*, § 1 Anm. 69; einschränkend auch *Bötticher* in Festschrift für Nikisch, S. 3 (18 ff.); dagegen, meist verbunden mit dem Hinweis auf vermutete rechtsgeschäftliche Übernahme u. a. *A. Hueck* in Hueck / Nipperdey, I, § 54 III 2, S. 515 ff.; Staudinger / *Nipperdey* / *Mohnen*, § 613 Anm. 22; *Galperin* / *Siebert*, § 1 Anm. 50a; *Gaul*, S. 87 ff.; *Bobrowski* / *Gaul*, K II 14, S. 614 f.; wohl auch *Schnorr v. Carolsfeld*, S. 299; neuerdings für das österreichische Recht *Krejci*, S. 82 ff.

[83] „Bedenken" äußerte BAG, 20. 3. 58, AP Nr. 2 zu § 419 BGB Funktionsnachfolge; für leitende Angestellte ausdrücklich und verallgemeinerungsfähig ablehnend BAG, 18. 2. 60, AP Nr. 1 zu § 419 BGB Betriebsnachfolge; BAG, 29. 11. 62, AP Nr. 6 zu § 419 BGB Betriebsnachfolge.

Erst 1972 entschloß sich der Gesetzgeber, in die offene rechtswissenschaftliche Diskussion einzugreifen. Jedoch ist es nicht gelungen, dem Betriebsübergang eine sichere rechtliche Grundlage zu geben; der neugeschaffene § 613 a BGB ist Ausgangspunkt zahlreicher alter und neuer Streitfragen[85].

### *2. Geltungsbereich des § 613 a BGB*

a) Bereits vor Inkrafttreten des BetrVG 72 machte insbesondere *Galperin* gegen die Einführung eines gesetzlichen Arbeitgeberwechsels verfassungsrechtliche Bedenken geltend[86]. Er stellte eine zu weitgehende Einschränkung der Privatautonomie des potentiellen Betriebserwerbers fest, die er als fragwürdig im Lichte verfassungsrechtlich gewährleisteter unternehmerischer Freiheit empfand, ohne allerdings ausdrücklich die Verfassungswidrigkeit der Vorschrift zu folgern. Ein Betriebsübernehmer ist — das ist *Galperin* zuzugeben — nicht mehr frei im unbelasteten Erwerb beliebiger Produktionsmittel, sondern an sein Handeln wird als Folge der Übergang der Arbeitsverhältnisse geknüpft. Diese ist aber gerechtfertigt durch die Sozialstaatsklausel des Art. 20 I GG, der solche gesetzgeberischen Maßnahmen stützt, die den Bestand von Arbeitsverhältnissen sicherstellen[87]. Der Erwerber ist weiterhin frei in der Entscheidung, den Betrieb zu übernehmen; daß an diese Entscheidung dann sozial erwünschte Folgen gebunden sind, findet seine Entsprechung in zahlreichen anderen Eintritts- und Haftungsnormen des Zivilrechts, z. B. §§ 419, 571 BGB, gegen die nie verfassungsrechtliche Einwände vorgetragen wurden.

Auf das vom BAG ebenfalls aus verfassungsrechtlichen Gründen bejahte Widerspruchsrecht der Arbeitnehmer gegen den gesetzlichen Übergang ihrer Arbeitsverhältnisse wird weiter unten noch einzugehen sein[88].

---

[84] z. B. LAG Frankfurt, 2. 12. 47, DB 48 S. 228; 1. 6. 49, BB 49 S. 741; 15. 3. 51, BB 51 S. 419; 18. 2. 52, SAE 52 Nr. 59; LAG München, 20. 12. 49, BB 51 S. 418; LAG Heidelberg, 28. 4. 50, AP 50 Nr. 300; LAG Hamm, 29. 4. 50, AP 50 Nr. 247; LAG Kiel, 19. 10. 50, AP 51 Nr. 153; LAG Mannheim, 30. 11. 51, BB 52 S. 258; LAG Düsseldorf, 28. 6. 57, DB 57 S. 948; weitere Nachweise bei *Grell*, S. 1 Fn. 1, S. 48 Fn. 93 und 94.

[85] Vgl. schon vorausschauend *Steckhan* in Festschrift für Schnorr v. Carolsfeld, S. 463 (470 ff.); ähnlich *Zöllner*, S. 173; *Lieb*, S. 17; *Kraft*, BAG-Festschrift, S. 299 (302, 314).

[86] *Galperin*, Regierungsentwurf, S. 11.

[87] So auch *Seiter*, AR-Blattei, unter B III 1; *Posth*, S. 44 f.; *Neumann-Duesberg*, BB 71 S. 969 (971); *Becker-Schaffner*, BlStSozArbR 75 S. 305 (310); *Schmidt*, BB 71 S. 1199 (1200 ff.) leitet aus Art. 20 und 1 GG sogar — zur Auffassung *Galperins* völlig entgegengesetzt — den automatischen Übergang von Arbeitsverhältnissen schon vor Einführung des § 613 a BGB her.

[88] Vgl. unten, 4.

b) Die Einfügung des § 613 a in das BGB durch § 122 BetrVG 72 hat manche veranlaßt, die Anwendung der Vorschrift auf den Geltungsbereich des BetrVG zu beschränken. *Krejci* folgert die Geltung des § 613 a BGB nur für die betriebsverfassungsrechtlich relevanten Arbeitnehmer und Betriebe bzw. Betriebsteile daraus, daß er das bestehende Kündigungsschutzsystem ergänze, kommt zu diesem Ergebnis aber aufgrund der falschen Beschränkung des Kündigungsschutzes auf den Bereich des BetrVG[89]. Die Einfügung des § 613 a BGB durch das BetrVG allein hält er dagegen nicht für ausschlaggebend[90], im Gegensatz zu *Küchenhoff*, der daraus die Unanwendbarkeit für leitende Angestellte nach § 5 III BetrVG herleitet[91]. *Mayer-Maly* will die Geltung der Vorschrift für Tendenzbetriebe gemäß § 118 I BetrVG einschränken[92].

Gegen die Auslegung des § 613 a BGB im Sinne des BetrVG spricht jedoch, daß dieses lediglich Anlaß zur Regelung des Betriebsübergangs war, der gerade nicht innerhalb der Betriebsverfassung geregelt werden sollte, sondern allgemein für alle Arbeitnehmer[93]. Systematisch ist § 613 a BGB aus seiner Stellung im BGB heraus auszulegen, in dessen Zusammenhang er hineingestellt ist[94]. Für diese Auslegung spricht auch die Entscheidung von Streitigkeiten im Urteilsverfahren und nicht im betriebsverfassungsrechtlichen Angelegenheiten vorbehaltenen Beschlußverfahren[95].

§ 613 a BGB als betriebsverfassungsrechtliche Norm aufzufassen, ist auch unzumutbar gegenüber dem Rechtsanwender späterer Jahre, der über die Herkunft der Norm, möglicherweise nur gelegentlich mit ihr befaßt, nicht Bescheid wissen kann, da er sie nur innerhalb ihres Zusammenhangs im BGB auffindet.

Auch inhaltlich kann die Anwendung der in Frage kommenden Normen des BetrVG nicht überzeugen. §§ 1 und 4 BetrVG verstehen unter den Begriffen Betrieb und Betriebsteil[96] nicht nur solche, die auch die

---

[89] *Krejci*, S. 246.

[90] *Krejci*, S. 244 f.

[91] Erman / *Küchenhoff*, § 613 a Anm. 8.

[92] *Mayer-Maly*, BB 73 S. 761 (769); *ders.*, AR-Blattei (D) Tendenzbetrieb I unter H III 6.

[93] Vgl. Begründung zu § 123 des RegE eines BetrVG, BT-Dr. VI/1786, S. 59.

[94] So auch die ganz herrschende Meinung, z. B. Palandt / *Putzo*, § 613 a Anm. 1a; *Herschel*, ZFA 77 S. 219 (220); *Schwerdtner*, Anm. zu BAG, 24. 3. 77, SAE 78 S. 57 (61); BAG, 7. 11. 75, AP Nr. 3 zu § 99 BetrVG m. Anm. *Kraft* / *Geppert* = AR-Blattei (D) Betriebsinhaberwechsel, Entsch. 12 m. Anm. *Seiter* = SAE 77 S. 35 m. Anm. *Meisel;* LAG Hamm, 19. 1. 77, BB 77 S. 296.

[95] Vgl. die *Urteile* des BAG, 2. 10. 74, AP Nr. 1 zu § 613 a BGB; 29. 10. 75, AP Nr. 2 zu § 613 a BGB; 21. 7. 77, AP Nr. 8 zu § 613 a BGB; *Brecht*, § 122 Anm. 5.

weiteren Tatbestandsmerkmale dieser Vorschriften erfüllen, sondern setzen sie als allgemein im Arbeitsrecht bekannt voraus, geben ihnen aber lediglich dann die Betriebsratsfähigkeit, wenn die weiteren Voraussetzungen erfüllt sind. § 613 a BGB dagegen verlangt keine Betriebsratsfähigkeit, sondern gebraucht Betrieb und Betriebsteil in umfassendem Sinn, so daß schon deshalb eine Beschränkung auf den §§ 1 und 4 BetrVG entsprechende Veräußerungsobjekte ausscheiden muß[97].

Die Begründung *Küchenhoffs* dafür, § 613 a BGB auf leitende Angestellte i. S. v. § 5 III BetrVG nicht anzuwenden, ist in sich widersprüchlich und nicht einleuchtend. Einerseits nimmt er an, § 613 a BGB sei aus dem organisatorischen System des BetrVG herausgelöst[98]; andererseits soll die Bestimmung auf leitende Angestellte nicht anwendbar sein, weil sie nicht ausdrücklich „etwas anderes" i. S. v. § 5 III BetrVG bestimme, wozu sie aber wieder Vorschrift des Gesetzes sein müßte. Die vollständig unterbleibende Anwendung des BetrVG gemäß seinen §§ 118 II, 130 empfindet er als weniger schwerwiegend als nach § 5 III BetrVG die Anwendung wenigstens soweit es ausdrücklich bestimmt ist; denn nur letzteres verdient für § 613 a BGB Beachtung[99]. Die Argumentation *Küchenhoffs,* der den leitenden Angestellten sogar als Partner eines Arbeitsvertrages ausscheiden will[100], eine durch den Vergleich von § 5 II und III BetrVG leicht widerlegbare Ansicht, widerspricht dem Sinn und Zweck der Vorschrift, die nach dem Willen des Gesetzgebers gleichmäßig alle Arbeitnehmer erfaßt[101]. Das Bestandsschutzinteresse auch der leitenden Angestellten an ihrem Arbeitsverhältnis erkennt auch das KSchG an, in dessen Geltungsbereich sie seit 1969 einbezogen sind. Ein sachlicher Grund, für § 613 a BGB anders zu entscheiden, ist nicht ersichtlich[102].

Der von § 613 a BGB bezweckte Bestandsschutz für alle Arbeitsverhältnisse verhindert auch eine Herausnahme von tendenzbezogenen Betrieben und solchen öffentlich-rechtlicher Träger aus seinem Anwen-

---

[96] Vgl. zur Problematik nur teilweiser Betriebsübertragung ausführlich unten, 3. Teil, 3. Kapitel.

[97] Das BAG, 2. 10. 74, AP Nr. 1 zu § 613 a BGB lehnt es ausdrücklich ab, § 613 a BGB nur auf Betriebsteile anzuwenden, die unter § 4 BetrVG fallen.

[98] Erman / *Küchenhoff,* § 613 a Anm. 5.

[99] Erman / *Küchenhoff,* § 613 a Anm. 8; *Küchenhoff,* Anm. zu BAG, 22. 2. 78, AP Nr. 11 zu § 613 a BGB, Bl. 3 f.

[100] Erman / *Küchenhoff,* § 613 a Anm. 9.

[101] Vgl. Begründung zu § 123 RegE eines BetrVG, BT-Dr. VI/1786, S. 59.

[102] Ebenso BAG, 22. 2. 78, AP Nr. 11 zu § 613 a BGB m. Anm. *Küchenhoff* = SAE 79 S. 84 m. Anm. *Hadding / Häuser; Borngräber,* S. 61; *Becker-Schaffner,* BlStSozArbR 75 S. 305 (306); *Palme,* BlStSozArbR 77 S. 386; *Lepke,* BB 79 S. 526 (527 f.); Palandt / *Putzo,* § 613 a Anm. 1c; vgl. auch *Seiter,* Anm. zu BAG, 7. 11. 75, AR-Blattei (D) Betriebsinhaberwechsel, Entsch. 12.

dungsbereich nach §§ 118, 130 BetrVG. Sinn der Beschränkung des Betriebsverfassungsrechts auf private Betriebe ist das Sonderrecht der Personalvertretung, das jedoch im Falle eines Betriebsübergangs nicht einschlägig ist, so daß eine Kollision verschiedener Organisations- oder Beteiligungsnormen ausscheidet[103]. Für § 118 I BetrVG fehlt es am Tendenzbezug des Betriebsübergangs, der an der Eigenart des Betriebes nichts ändert. Auf die „Tendenz" des Erwerbers kommt es nicht an[104], da er den Betrieb so übernimmt, wie der Veräußerer ihn eingesetzt hatte, und erst durch eine Veränderung seiner bisherigen Ausrichtung der eigenen Weltanschauung anpassen kann; für diese Anpassung kann § 118 I BetrVG dann einschlägig sein[105].

c) Ein weiterer Streitpunkt, in dem sich das BAG bisher nicht entschieden hat, ist die Anwendung des § 613 a BGB auf Betriebsveräußerungen durch Konkursverwalter[106]. Die vorwiegend von Konkursrechtlern vertretene Auffassung, daß eine Betriebsübertragung im Konkurs nicht unter § 613 a BGB falle, stützt sich auf das begriffliche Argument, der Konkursverwalter nehme dabei eine Verwertungshandlung i. S. v. § 117 I KO vor und kein Rechtsgeschäft, wie es § 613 a BGB erfordert[107]. Der Schein der Plausibilität wird dieser Begründung aber schon dadurch genommen, daß an anderer Stelle selbstverständlich davon ausgegangen wird, der Konkursverwalter könne die Massegegenstände durch Verkauf, Veräußerung und Übertragung verwerten, also durch rechtsgeschäftliches Handeln. Ein Alternativverhältnis zwischen Verwertung und Rechtsgeschäft besteht nicht[108].

Vom Wortlaut her ist § 613 a BGB im Konkurs also durchaus anwendbar. Dagegen wird aber eingewandt, der Konkurs sei abschließendes

---

[103] Offengelassen wurde die Anwendung des § 130 BetrVG auf den Betriebsübergang gemäß § 613 a BGB von BAG, 18. 2. 76, AP Nr. 1 zu Saarland Universitätsgesetz m. Anm. *Crisolli;* wie hier LAG Hamm, 19. 1. 77, BB 77 S. 296; LAG Berlin, 24. 10. 77, BB 78 S. 153; *Borngräber,* S. 35 f.; Erman / *Küchenhoff,* § 613 a Anm. 5; im Ergebnis auch *Stratmann,* Anm. zu BAG, 2. 10. 74, SAE 76 S. 74 (80), deren Bedenken nicht recht einleuchten.

[104] So aber wohl *Mayer-Maly,* BB 73 S. 761 (769).

[105] Im Ergebnis wie hier BAG, 7. 11. 75, AP Nr. 3 zu § 99 BetrVG; *Borngräber,* S. 36; Palandt / *Putzo,* § 613 a Anm. 2a; Erman / *Küchenhoff,* § 613 a Anm. 6; vgl. zum Erfordernis des „Tendenzbezuges" einer Maßnahme im Rahmen des § 118 I BetrVG BAG, 22. 4. 75, AP Nr. 2 zu § 118 BetrVG m. Anm. *Mayer-Maly; Fitting / Auffarth / Kaiser,* § 118 Anm. 22a, 24a.

[106] Offengelassen von BAG, 26. 1. 77, AP Nr. 5 zu § 613 a BGB m. Anm. *Seiter* = EzA Nr. 11 zu § 613 a BGB m. Anm. *Birk* = SAE 77 S. 296 m. Anm. *Roemheld;* BAG, 15. 11. 78, EzA Nr. 21 zu § 613 a BGB.

[107] So *Uhlenbruck,* KTS 74 S. 1 (5); *Böhle-Stamschräder,* § 1 Anm. 3 (anders noch in der 11. Aufl., § 1 Anm. 3 a. E.).

[108] Vgl. *Böhle-Stamschräder,* § 117 Anm. 4; *Mentzel / Kuhn,* § 117 Anm. 11; wie hier *v. Stebut,* DB 75 S. 2438 (2439); *Hess,* DB 76 S. 1154; *Birk,* Anm. zu BAG, 26. 1. 77, EzA Nr. 11 zu § 613 a BGB, S. 62a.

Schuldenbereinigungsverfahren, das vom Grundsatz der Gläubigergleichbehandlung beherrscht sei. Dieser dulde keine Bevorzugung einer Gruppe von Gläubigern dadurch, daß ihre Forderungen zusätzlich einem Dritten, dem Betriebserwerber gegenüber geltend gemacht werden könnten. Für die Konkursmasse sei andernfalls keine Gegenleistung des Betriebsübernehmers zu erwarten, so daß die übrigen Gläubiger leer ausgingen, während die Arbeitnehmer voll befriedigt werden. Deshalb sei eine Parallele zu ziehen zur Nichtanwendung der §§ 419 BGB, 25 HGB im Konkurs [109]. Diese Argumentation könnte allenfalls für die Haftungsfolge des § 613 a BGB zutreffen, nicht aber für den Übergang als solchen. Übersehen wird auch, daß nach der Änderung der §§ 59, 61 KO durch das Gesetz über Konkursausfallgeld die grundsätzliche Gläubigergleichbehandlung heute weitgehend aufgegeben ist, so daß die Bevorzugung von Arbeitnehmern nicht als systemwidrig erscheint[110]. Weiterhin fehlt es am Nachweis einer Gesetzmäßigkeit, mit der § 613 a BGB zur Benachteiligung anderer Gläubiger führt. Wenn ein Mehrerlös dadurch entsteht, daß der Erwerber nicht alle Arbeitnehmer übernehmen muß, so wird er regelmäßig aufgezehrt durch die Ansprüche der zurückbleibenden Arbeitnehmer, die während der Kündigungsfrist zu entlohnen sind und Abfindungen nach § 22 II KO beanspruchen können[111].

Mit §§ 419 BGB, 25 HGB ist § 613 a BGB unvergleichbar, da er nicht wie diese allein Haftungsnorm ist, sondern in erster Linie den Bestand von Arbeitsverhältnissen sichern will. Dieser Normzweck ist durch das Konkursverfahren nicht berührt, dessen Eröffnung weder Stillegung noch automatisches Tätigkeitsende betroffener Betriebe bedeutet. Erhalt der betriebsverfassungsrechtlichen Beteiligungsrechte und allgemeiner Arbeitsplatzschutz waren die Motive zur Einführung des § 613 a BGB, beide sind im Konkurs nicht weniger wichtig als außerhalb. Auch eine teleologische Auslegung der Vorschrift kann daher nicht zu ihrer Unanwendbarkeit im Konkurs führen[112].

---

[109] *Uhlenbruck*, KTS 74 S. 1 (3 f.); *ders.*, Anm. zu ArbGer Rendsburg, 28. 1. 75, KTS 75 S. 251 (254); *Martens*, DB 77 S. 495; *Mentzel / Kuhn*, § 1 Anm. 80 a. E., § 134 Anm. 5; LAG Baden-Württemberg, 22. 11. 76, DB 77 S. 826; beschränkt auf den Ausschluß des Übergangs unverfallbarer Ruhegeldanwartschaften, weil diese mit Konkurseröffnung auf den Pensionssicherungsverein übergegangen seien, auch ArbGer Köln, 29. 7. 77, DB 77 S. 2146; ArbGer Kaiserslautern, 29. 9. 77, DB 78 S. 593.

[110] *V. Stebut*, DB 75 S. 2438 (2439).

[111] Vgl. *Borngräber*, S. 53 f.; *Birk*, Anm. zu BAG, 26. 1. 77, EzA Nr. 11 zu § 613 a BGB, S. 62a, b.

[112] Ebenso die überwiegende arbeitsrechtliche Literatur: ArbGer Rendsburg, 28. 1. 75, KTS 75 S. 251; LAG Schleswig-Holstein, 19. 3. 76, BB 76 S. 1369; LAG Düsseldorf, 30. 12. 77, DB 78 S. 702; LAG Hamm, DB 79 S. 1365; *Seiter*, AR-Blattei unter B IV 2a; *v. Stebut*, DB 75 S. 2438; *Riedel*, NJW 75 S. 765; *Heilmann*, NJW 75 S. 1758 (1761); *Richardi*, Sozialplan, S. 37; *ders.*, RdA 76

Auch der Gesetzgeber teilt die Auffassung, daß die Verwertung des Betriebes im Konkurs eindeutig unter den Begriff Betriebsübergang fällt. Das zeigt § 75 II AO, der diesen Fall ausdrücklich ausnimmt von der grundsätzlichen Haftung des Betriebserwerbers für rückständige Steuern. Jedoch ist mit diesem Ergebnis nicht ausgeschlossen, daß die Rechtsfolgen des § 613 a BGB im Konkurs nur beschränkt eingreifen. Eine Parallele zu §§ 25 HGB, 419 BGB läßt sich insoweit ziehen, als § 613 a BGB den Betriebserwerber auch für rückständige, schon vor dem Übergang fällige Schulden haften läßt. Diese sind im Zeitpunkt des Arbeitgeberwechsels bereits in das Konkursverfahren einbezogen, in dem in gesetzlich festgelegter Rangfolge sämtliche Gläubiger zu vergleichbaren Bruchteilen befriedigt werden sollen. Diesem Zweck dient auch die Betriebsveräußerung, die zwar kein Grund ist, den Arbeitnehmern ihre Arbeitsplätze zu nehmen, aber ebensowenig rechtfertigt, sie aus dem umfassenden Schuldenbereinigungsverfahren wieder herauszunehmen. Der Erlös für den Betrieb wird merklich geringer ausfallen, wenn der Erwerber für rückständige Forderungen haften muß, so daß im Ergebnis die Arbeitnehmer mit ihren Konkursforderungen voll befriedigt, die übrigen Gläubiger aber über das vom Gesetz nach §§ 59, 61 KO gewollte Maß hinaus benachteiligt werden. Da § 613 a BGB in erster Linie den Erhalt von Arbeitsplätzen und Beteiligungsrechten bezweckt, als Haftungsnorm dagegen weniger starkes Gewicht hat, erscheint es angemessen, die Arbeitnehmer mit rückständigen fälligen Forderungen allein auf die Konkursquote zu verweisen, zumal sie durch das Gesetz über Konkursausfallgeld, §§ 141 a ff. AFG, heute existentiell weitgehend gesichert sind[113].

### *3. Tatbestand des § 613 a BGB*

Der Arbeitgeberwechsel setzt nach dem Tatbestand des § 613 a BGB voraus, daß ein Betrieb oder Betriebsteil durch Rechtsgeschäft übergeht. Weil die Abgrenzung des Betriebsteiles erst später behandelt werden soll[114] und zum Betriebsübergang schon oben Stellung genommen wurde[115], bleibt hier allein das Problem des rechtsgeschäftlichen Übergangs zu untersuchen.

---

S. 56; *Derleder*, AuR 76 S. 129; *Hess*, DB 76 S. 1154; *Everhardt*, BB 76 S. 1611; *Palme*, BlStSozArbR 77 S. 386; *Säcker / Joost*, DB 78 S. 1078 (1082); *Schmitt*, BB 78 S. 1724; *Kraft*, BAG-Festschrift, S. 299 (305); unklar Palandt / *Putzo*, § 613 a Anm. 1c (wie hier noch 37. Aufl. 1978); unentschieden *Heilmann*, S. 100 f.

[113] Ähnlich *Riedel*, NJW 75 S. 765 (766 f.); *Richardi*, RdA 76 S. 56 (57); *Schwerdtner*, Anm. zu BAG, 24. 3. 77, SAE 78 S. 57 (61); *Zeuner*, AuR 79 S. 20; wohl auch Palandt / *Putzo*, § 613 a Anm. 1c; ausdrücklich a. A. *Schmitt*, BB 78 S. 1724 (1725 ff.).

[114] Vgl. unten, 3. Teil, 3. Kapitel, I. 2.

[115] Vgl. oben, II. 3.

a) Der Gesetzgeber wollte mit dem Merkmal „durch Rechtsgeschäft“ erreichen, daß die Vorschrift nur auf Fälle der Einzelrechtsnachfolge anwendbar ist. Für die Gesamtrechtsnachfolge hielt er eine Regelung nicht für erforderlich[116]. Den Bereich der Singularsukzession glaubte er mit dem Wortlaut abdecken zu können. Von daher drängt sich eine weite Auslegung der Voraussetzung rechtsgeschäftlichen Übergangs auf, so daß kein gegenseitiger Vertrag zwischen altem und neuem Inhaber nötig ist, sondern jeder Wechsel in der Inhaberschaft ausreicht, der durch ein beliebiges Rechtsgeschäft vollzogen oder veranlaßt wird. Dazu zählen auch lediglich eine Ermächtigung oder Duldung der Betriebsfortführung[117]. Direkter rechtsgeschäftlicher Kontakt zwischen bisherigem Inhaber und Übernehmer ist nicht erforderlich, dafür läßt sich auch aus dem Wortlaut nichts herleiten[118]. Deshalb fällt nach dem Ende der Pachtzeit eines Betriebes ebenso die Weiterverpachtung durch den Verpächter an einen Dritten unter § 613 a BGB[119], wie die Weiterführung durch den Verpächter selbst[120]. Das erforderliche Rechtsgeschäft findet sich jeweils in einem Pachtvertrag, durch den Rückgabe an den Verpächter bzw. Überlassung an einen neuen Pächter veranlaßt sind. Bei der Weiterverpachtung geht der Betrieb unmittelbar vom alten auf den neuen Pächter i. S. v. § 613 a BGB über — veranlaßt durch das Rechtsgeschäft des neuen Pachtvertrages —, wenn dem Verpächter nicht zwischenzeitlich das Arbeitsergebnis des Betriebes zustand[121]; andernfalls ist er Arbeitgeber während des Zeitraums, in dem er die Betriebsinhaberschaft ausübte, und § 613 a BGB greift beim Übergang auf den neuen Pächter ein zweites Mal ein[122].

Dabei muß aber beachtet werden, daß von einem Betriebsübergang nur gesprochen werden kann, wenn der Betrieb als funktionierende Einheit erfaßt wird[123]. Wenn daher nach dem Auslaufen eines Pachtvertra-

---

[116] Begründung zu § 123 des RegE eines BetrVG, BT-Dr. VI/1786, S. 59: „In Fällen der Universalsukzession ... ist eine derartige Vorschrift nicht erforderlich“.

[117] Ebenso ArbGer Köln, 29. 7. 76, DB 76 S. 2021 (2022); Erman / *Küchenhoff*, § 613 a Anm. 20 ff.; wohl auch LAG Hamm, 10. 1. 75, DB 75 S. 604; irgendein Rechtsgeschäft verlangt § 613 a BGB aber, vgl. BAG, 6. 9. 78, AP Nr. 13 zu § 613 a BGB

[118] So aber LAG Baden-Württemberg, 21. 6. 76, BB 76 S. 1607; ähnlich *Hadding / Häuser*, Anm. zu BAG, 18. 8. 76, SAE 78 S. 52 (56 f.).

[119] Offengelassen von BAG, 12. 5. 76, AP Nr. 3 zu § 613 a BGB; wie hier LAG Berlin, 1. 8. 78, DB 79 S. 608; ArbGer Berlin, 18. 8. 75, BB 75 S. 1253; ArbGer Lörrach, 6. 12. 76, DB 77 S. 501; ArbGer Wuppertal, 11. 4. 78, DB 79 S. 220; *Posth*, S. 80 f.

[120] Ebenso ArbGer Bamberg, 31. 7. 73, ARSt 75 S. 89; *Seiter*, AR-Blattei, unter B IV 2 c.

[121] Vgl. oben, II. 5. d).

[122] So auch *Borngräber*, S. 51; *Kraft*, BAG-Festschrift, S. 299 (306 f.).

[123] Vgl. oben, II. 3. c).

ges der Pächter nur die ihm überlassenen Betriebsmittel zurückgibt, ohne daß der Verpächter die betriebliche Arbeitsleistung selbst nutzen, also die Inhaberschaft übernehmen[124] oder sie durch Weiterverpachtung einem Dritten überlassen kann und will, so findet kein Betriebsübergang statt, sondern der alte Pächter legt mit Rückgabe der Betriebsmittel den Betrieb still[125]. Die Arbeitnehmer sind dann allein auf ihre Ansprüche aus §§ 111 f. bzw. 113 BetrVG und ihren Arbeitsverträgen gegen den bisherigen Arbeitgeber angewiesen.

b) Der Wortlaut des § 613 a BGB sagt nichts darüber aus, ob das dem Betriebsübergang zugrundeliegende Rechtsgeschäft wirksam sein muß. Da das Hauptgewicht der Tatbestandsseite auf der tatsächlichen Übernahme der Betriebsleitung liegt und den Arbeitnehmern eine Kontrolle der rechtsgeschäftlichen Grundlage unzumutbar ist, genügt auch ein anfechtbares oder nichtiges Rechtsgeschäft für den Arbeitgeberwechsel, wenn es nur vollzogen wurde. Sowohl der Übergang auf den Erwerber wie die Rückabwicklung gemäß §§ 812 ff. oder 346 ff. BGB sind veranlaßt durch dieses Rechtsgeschäft und unterfallen § 613 a BGB[126].

c) Auch bei der hier vertretenen, dem umfassenden Bestandserhaltungszweck des § 613 a BGB angemessenen weiten Auslegung der Vorschrift kann sie zwei Fallgestaltungen der Singularsukzession nicht erfassen. Die erste Lücke ergibt sich bei rein faktischer Betriebsübernahme ohne jede, auch nur konkludente rechtsgeschäftliche Grundlage. Diese in der ersten Nachkriegszeit bedeutsame Fallgruppe[127] ist heute unerheblich und kann daher vernachlässigt werden. Die zweite zeigt sich in den Fällen hoheitlichen Handelns, das — durch Enteignung oder Zwangsversteigerung — einen Betriebsübergang veranlaßt[128].

Die Zwangsversteigerung betrifft aber nicht einen Betrieb als Ganzes, sondern einzelne Gegenstände oder Grundstücke, auf denen er steht. Hier fehlt es also an der Übertragung einer funktionierenden Einheit durch den Hoheitsakt, so daß nicht von einem Betriebsübergang gesprochen werden kann[129]. Will der Ersteher des Grundstücks oder einzelner Betriebsmittel den Betrieb weiterführen, so bedarf dies einer zusätz-

---

124 Vgl. oben, II. 5. d).

125 Vgl. auch *Borngräber* S. 50 f.; einen Grenzfall stellt der von 2. und 3. Instanz unterschiedlich beurteilte Sachverhalt LAG Hamm, 10. 1. 75, DB 75 S. 604; BAG, 18. 8. 76, AP Nr. 4 zu § 613 a BGB m. Anm. *Mayer-Maly* = SAE 78 S. 52 m. Anm. *Hadding / Häuser* dar.

126 Ebenso *Seiter*, AR-Blattei unter B IV 2 c; *Posth*, S. 82 f.; *Becker-Schaffner*, BlStSozArbR 75 S. 305 (306); *Kehrmann*, MitbestGspr 75 S. 88 (89); *Schaub*, § 118 II 3.

127 Vgl. die Nachweise oben in Fn. 3.

128 Vgl. ebenso *Krejci*, S. 244.

129 *Richardi*, RdA 76 S. 56 (59 f.); vgl. auch ArbGer Lübeck, 17. 8. 78, BB 79 S. 989.

lichen Vereinbarung mit dem bisherigen Inhaber, die Rechtsgeschäft i. S. v. § 613 a BGB ist. Will er nicht und wird dem Vollstreckungsschuldner durch das Versteigerungsverfahren die weitere Betriebsführung unmöglich, so ist er zur Stillegung gezwungen, die die Rechte aus §§ 111 ff. BetrVG auslöst, allerdings ein schwaches Geschütz gegen einen bereits in solchem Umfang der Zwangsvollstreckung ausgesetzten Arbeitgeber.

Die Enteignung einzelner Gegenstände oder Grundstücke für öffentliche Zwecke ist ebenso zu beurteilen. Deshalb ist ein Betriebsübergang durch Enteignung nur im Rahmen des Art. 15 GG zum Zwecke der Überführung in Gemeineigentum denkbar. Auf eine eingehende Untersuchung muß hier verzichtet werden[130], jedoch erscheint die analoge Anwendung des § 613 a BGB naheliegend, da der Gesetzgeber nicht bedacht hat, daß außer durch Rechtsgeschäft eine Singularsukzession in ganze Betriebe auch auf diesem Weg möglich ist.

### 4. *Rechtsfolgen des § 613 a BGB*

Ist der Tatbestand des § 613 a BGB erfüllt, so legt unbefangene Lektüre der Vorschrift die Rechtsfolge automatischen Arbeitgeberwechsels nahe, ohne daß sie von den Beteiligten — Veräußerer, Erwerber und Arbeitnehmer — beeinflußt werden könnte. Allerdings hat das BAG eine solche Automatik ausgeschlossen, indem es den betroffenen Arbeitnehmern das Recht zubilligte, dem Übergang ihres Arbeitsverhältnisses zu widersprechen und dadurch weiterhin in arbeitsvertraglicher Beziehung zum bisherigen Betriebsinhaber zu bleiben[131]. Jedoch kann in dieser Frage dem BAG nicht gefolgt werden. § 613 a BGB ist zwingendes Recht, dessen Eingreifen weder alter noch neuer Arbeitgeber noch betroffene Arbeitnehmer verhindern können[132].

---

[130] Vgl. dazu schon oben, II. 5. c).

[131] Grundlegend BAG, 2. 10. 74, AP Nr. 1 zu § 613 a BGB m. zust. Anm. *Seiter* = EzA Nr. 1 zu § 613 a BGB m. abl. Anm. *Birk* = SAE 76 S. 74 m. abl. Anm. *Stratmann* = AuR 75 S. 379 m. abl. Anm. *Herschel;* bestätigt von BAG, 13. 3. 75, AP Nr. 167 zu § 242 BGB Ruhegehalt mit insoweit zust. Anm. *Reuter;* BAG, 21. 7. 77, AP Nr. 8 zu § 613 a BGB; BAG, 21. 7. 77, AP Nr. 1 zu § 128 HGB m. Anm. *Wiedemann* = SAE 78 S. 117 m. Anm. *Beitzke;* BAG, 17. 11. 77, AP Nr. 10 zu § 613 a BGB = DB 78 S. 1083; ebenso schon früher *Brecht,* § 122 Anm. 2; Erman / *Küchenhoff,* § 613 a Anm. 38—40; dem BAG folgend, teilweise beschränkt auf den Betriebsteilübergang ArbGer Rosenheim, 5. 5. 76, BB 76 S. 1369; *Schaub,* § 118 II 4; *Hanau / Adomeit,* S. 203; *Zöllner,* S. 173 f.; Palandt / *Putzo,* § 613 a Anm. 2e; *Schlüter,* ZFA 75 S. 437 (476); *Kehrmann,* MitbestGspr 75 S. 88 (89 f.); *Becker-Schaffner,* BlStSozArbR 75 S. 305 (306); *Säcker/Joost,* DB 78 S. 1030; *Posth,* S. 45 ff.

[132] Ebenso LAG Berlin, 24. 10. 77, EzA Nr. 15 zu § 613 a BGB = BB 78 S. 153 m. zust. Anm. *Kaestel; Seiter,* AR-Blattei, unter B II 2 c bb (aufgegeben in Anm. zu BAG, 2. 10. 74, AP Nr. 1 zu § 613 a BGB); *Birk,* Anm. zu BAG, 2. 10. 74, EzA Nr. 1 zu § 613 a BGB; *Stratmann,* Anm. zu BAG, 2. 10. 74, SAE 76 S. 74; *Herschel,* Anm. zu BAG, 2. 10. 74, AuR 75 S. 379; *Roemheld,*

a) Das BAG nimmt an, der Wortlaut der Vorschrift sei offen und auslegungsfähig[133]. Jedoch verbindet § 613 a BGB lediglich einen ganz bestimmten Tatbestand mit einer ganz bestimmten Rechtsfolge. Wenn er dabei über die Mitwirkung der Arbeitnehmer schweigt, so kann dies nur heißen, daß sie ausgeschlossen ist, da der Gesetzgeber unschwer ein Zustimmungs- oder Widerspruchsrecht in den Wortlaut hätte aufnehmen können[134]. Auch die parallelen, den Übergang von Dauerschuldverhältnissen regelnden §§ 571 BGB, 69, 151 VVG werden nicht so verstanden, daß eine Mitwirkung des Mieters bzw. Versicherungsnehmers erforderlich wäre[135]. Das BAG nimmt daher eine teleologische Reduktion der Norm vor, für die besonders gewichtige Gründe sprechen müßten, um ihr folgen zu können[136].

b) Seine einschränkende Auslegung leitet das BAG aus §§ 613 S. 2 und 415 I S. 1 BGB her, die ohne Zustimmung des Arbeitnehmers weder die Übertragung des Anspruchs auf die Arbeitsleistung noch den Wechsel des Lohnschuldners zulassen. Insoweit habe der Gesetzgeber nichts geändert[137]. Jedoch läßt sich aus der systematischen Stellung des § 613 a BGB eher schließen, daß er zu § 613 S. 2 BGB eine Ausnahme schaffen sollte[138]; dem Gesetzgeber steht es frei, von allgemeinen Regeln Ausnahmen zu bestimmen, wenn dies sachlich gerechtfertigt ist oder auch nur politisch gewünscht wird. Bei einem Betriebsübergang liegt eine solche Ausnahme vom Grundsatz der Unübertragbarkeit des Anspruchs auf die Arbeitsleistung deshalb nahe, weil die persönliche Arbeitgeber-Arbeitnehmer-Beziehung in der heutigen industriellen Arbeitswelt weitgehend verloren ist[139]. In erster Linie werden Arbeitnehmer daher unabhängig von der Person des Arbeitgebers im Regelfall daran interessiert sein, ihren Arbeitsplatz in einem konkreten Betrieb zu behalten[140]. Diesem Interesse hat der Gesetzgeber mit der Schaffung des § 613 a BGB

---

BB 76 S. 845; *ders.*, Anm. zu BAG, 29. 10. 75, SAE 76 S. 196 (200); *Hess*, BB 77 S. 501; *Palme*, BlStSozArbR 77 S. 386; *Schwerdtner*, Anm. zu BAG, 24. 3. 77, SAE 78 S. 57; *Ziege*, BB 78 S. 203; *Lieb*, S. 18; *Borngräber*, S. 108 ff.; *Gitter*, BAG-Festschrift, S. 133; *Kraft*, BAG-Festschrift S. 299 (307 ff.); *Zeuner*, AuR 79, S. 20.

133 BAG, 2. 10. 74, AP Nr. 1 zu § 613 a BGB, Bl. 2 R; so auch *Krejci*, S. 249; *Posth*, S. 45 f.

134 Ebenso *Seiter*, Anm. zu BAG, 2. 10. 74, AP Nr. 1 zu § 613 a BGB, Bl. 6; *Schwerdtner*, Anm. zu BAG, 24. 3. 77, SAE 78 S. 57 (61).

135 Vgl. LAG Berlin, 24. 10. 77, EzA Nr. 15 zu § 613 a BGB, S. 81 f.

136 Vgl. dazu *Larenz*, Methodenlehre, S. 377 ff.

137 BAG, 2. 10. 74, AP Nr. 1 zu § 613 a BGB, Bl. 2; BAG, 21. 7. 77, AP Nr. 8 zu § 613 a BGB, Bl. 3 R; ausschließlich darauf stützt sich *Posth*, S. 53 ff.

138 *Roemheld*, BB 76 S. 845; *Ziege*, BB 78 S. 203; *Gitter*, BAG-Festschrift, S. 133 (142).

139 Vgl. dazu *Krejci*, S. 231; *Posth*, S. 56.

140 Dies räumt auch BAG, 2. 10. 74, AP Nr. 1 zu § 613 a BGB, Bl. 4 R ein; vgl. auch *Kraft*, BAG-Festschrift, S. 299 (309).

entsprochen und dadurch die Massenerscheinung des Arbeitsvertrages vom personenbezogenen Dienstvertrag, den § 613 S. 2 BGB im Auge hat, deutlich abgehoben, ohne abweichende Interessenlagen im Einzelfall zu berücksichtigen. Auch wirtschaftlich ist den Arbeitnehmern am Übergang ihrer Arbeitsverhältnisse gelegen, da über das Betriebsergebnis als Grundlage der Lohnzahlungsmöglichkeit nur der neue Betriebsinhaber verfügt. Der bisherige Arbeitgeber dagegen kann sich mit der Gegenleistung aus dem Veräußerungsgeschäft in der Hand ohne weiteres unerreichbar zurückziehen und fällt dann als solventer Lohnschuldner weg[141].

Ebenso spricht die Interessenlage von altem und neuem Betriebsinhaber für den unbeeinflußbaren gesetzlichen Arbeitgeberwechsel. Dieser will mit der ganzen eingearbeiteten Belegschaft rechnen können, wenn er schon zum Eintritt in die Arbeitsverhältnisse verpflichtet ist und nicht den ihm genehmen Teil der Arbeitnehmer aussuchen kann. Für den Erwerber ist es unzumutbar, auf einige Widersprechende zu verzichten, die regelmäßig anspruchsvolle, für den Betriebsablauf schwer entbehrliche Tätigkeiten verrichten. Jenem stehen die betrieblichen Arbeitsplätze nicht mehr zur Verfügung, so daß er widersprechende Arbeitnehmer, die weiter in einem Arbeitsverhältnis zu ihm stehen, nicht mehr beschäftigen kann. Zumindest während der Kündigungsfrist, wenn es sich nicht um unkündbare Arbeitnehmer handelt, bleibt er zur Lohnzahlung verpflichtet, ohne die synallagmatische Arbeitsleistung verwerten zu können.

Wenn das Gesetz nun entsprechend den im Normalfall übereinstimmenden Interessen aller Beteiligten den Arbeitgeberwechsel anordnet ohne die Möglichkeit für die Arbeitnehmer, ihn zu verhindern[142], so kann ein Widerspruchsrecht nicht darauf gestützt werden, daß ausnahmsweise die Interessenlage Einzelner anders ist, zumal das BAG in den ihm vorgelegten Fällen das gleiche Ergebnis meist auch hätte anders begründen können[143].

Die Anerkennung eines Widerspruchsrechtes beeinträchtigt auch die Praktikabilität und Sicherheit der Rechtsanwendung, da sich nicht absehen läßt, welche Belegschaftsangehörigen sich gegen einen Arbeitgeberwechsel aussprechen werden. Im Extremfall kann der derart unsicher

---

[141] Vgl. die übereinstimmende Interessenbewertung auch für Ruhegeldempfänger bei *Säcker / Joost*, DB 78 S. 1030 (1031), die trotzdem ein Widerspruchsrecht annehmen und dadurch den Ruheständlern ermöglichen, den solventeren Schuldner auszuwählen.

[142] Ebenso *Borngräber*, S. 110 ff.; *Lieb*, S. 18; *Roemheld*, BB 76 S. 845 (847); *Birk*, Anm. zu BAG, 2. 10. 74, EzA Nr. 1 zu § 613 a BGB, S. 16 f.; *Stratmann*, Anm. zu BAG, 2. 10. 74, SAE 76 S. 74 (78 ff.).

[143] Vgl. unten, d).

gewordenen Betriebsveräußerung sogar eine Stillegung vorgezogen werden, was dem Zweck des § 613 a BGB eindeutig zuwiderliefe. Die Arbeitnehmer haben es in der Hand, durch geschlossenen oder selektiven Widerspruch den Betriebsübergang zu verhindern oder diese Möglichkeit als Druckmittel einzusetzen und so auf Umwegen Einfluß auf die unternehmerische Veräußerungsentscheidung zu nehmen[144].

Andererseits wird auch dem Betriebserwerber eine Möglichkeit eröffnet, die Übernahme der gesamten Belegschaft zu umgehen. Er kann durch Rundschreiben oder Aushang die ausdrückliche Zustimmung der Arbeitnehmer bis zu einem bestimmten Zeitpunkt verlangen und diejenigen ablehnen, die dem nicht nachgekommen sind, weil sie „konkludent widersprochen" haben.

c) Das bisherige Ergebnis der Auslegung des einfachen Gesetzes wird durch verfassungsrechtliche Überlegungen, insbesondere die Betonung der „personalen Würde der Arbeitnehmer" eher gestützt als umgeworfen[145].

Wenn das BAG feststellt, ein erzwungener Übergang verstoße gegen die personale Würde der Arbeitnehmer schlechthin[146], so intendiert es damit wohl eine Verletzung des Art. 1 GG, eine Behandlung der Arbeitnehmer als Objekt, als Zubehör des Betriebes. Sie sind aber nicht Objekt eines Verkaufes[147], sondern durch § 613 a BGB gerade geschützt vor unbeeinflußbarer Objektstellung, vor der Degradierung durch den Verkauf der Betriebsmittel, der sie bisher ihre Arbeitsplätze verlieren ließ — jedenfalls waren sie auf den guten Willen des Betriebserwerbers angewiesen —, während ihnen diese jetzt von Gesetzes wegen erhalten bleiben[148]. Die personalen Elemente des Arbeitsverhältnisses berühren neben dem Betriebsinhaberwechsel auch ein Betriebsübergang kraft Gesamtrechtsnachfolge, der Wechsel eines Vorgesetzten oder personelle Veränderungen innerhalb von Organen der Betriebsinhaber-Gesellschaft, ohne daß dagegen verfassungsrechtliche Bedenken laut werden oder die „personale Würde" der betroffenen Arbeitnehmer als tangiert angesehen wird, obwohl insbesondere ein Austausch der Person des unmittel-

---

[144] *Borngräber*, S. 112 f.

[145] Gegen vorschnelle und allzeitige Berufung auf Verfassungsnormen zu Recht *Herschel*, Anm. zu BAG, 2. 10. 74, AuR 75 S. 379 (382); dies rechtfertigt aber nicht einen Verzicht auf die Auseinandersetzung mit der Argumentation des BAG.

[146] BAG, 2. 10. 74, AP Nr. 1 zu § 613 a BGB, Bl. 2 R, 3; ähnlich BAG, 21. 7. 77, BB 78 S. 156; *Kehrmann*, MitbestGspr 75 S. 88 (89 f.); als „ideologischen Ausrutscher" bezeichnet dies *Herschel*, ZFA 77 S. 219 (231).

[147] So aber wohl BAG, 21. 7. 77, AP Nr. 8 zu § 613 a BGB, Bl. 3 R; Erman / *Küchenhoff*, § 613 a Anm. 38; dagegen auch *Birk*, Anm. zu BAG, 2. 10. 74, EzA Nr. 1 zu § 613 a BGB, S. 18.

[148] Vgl. *Hess*, BB 77 S. 501 (502).

baren Vorgesetzten weit einschneidender sein kann als der Arbeitgeberwechsel nach § 613 a BGB[149].

Die Betonung der personalen Beziehungen durch das BAG wirkt auch deshalb wenig überzeugend, weil bis 1972 jahrzehntelang um die Begründung eines automatischen Eintritts des Betriebserwerbers in die Arbeitgeberstellung gerungen wurde, ohne daß dabei der Person des bisherigen Arbeitgebers Bedeutung zugemessen wurde; die Menschenwürde der Arbeitnehmer diente dabei sogar als Begründung, um die Automatik, also das der Auffassung des BAG gegenteilige Ergebnis zu rechtfertigen[150].

Ebensowenig läßt sich mit einer Berufung auf Art. 12 GG die Ansicht des BAG stützen[151]. Das Widerspruchsrecht gegen den Arbeitgeberwechsel erhält dem Arbeitnehmer weder Beruf noch Arbeitsplatz, sondern allein den Vertragspartner des Arbeitsvertrages, der dem Widersprechenden die Berufsausübungsmöglichkeit nicht mehr geben kann. Zwar schützt Art. 12 GG auch vor dem Zwang, mit einem bestimmten Arbeitgeber abzuschließen, im Rahmen des Betriebsübergangs ist aber entscheidend, daß dem Arbeitnehmer die Berufsausübungsmöglichkeit und der gewählte Arbeitsplatz erhalten bleiben; dies soll § 613 a BGB sicherstellen. So erscheint die Vorschrift selbst als Schutznorm für die Berufsfreiheit, da den Arbeitnehmern nicht mehr der Arbeitsplatz als die gewählte Form der Berufsausübung unter den Händen wegverkauft werden kann. Die Person des Arbeitgebers ist aus dieser Sicht nur eine Vermittlungsinstanz zur Berufsfreiheit[152].

Vor der Bindung an einen ungeliebten Arbeitgeber sind die Arbeitnehmer dadurch genügend geschützt, daß sie unbeschränkt auch schon vor dem Betriebsübergang kündigen können, sobald ihnen die Person des Betriebserwerbers bekannt ist. Durch diese jederzeitige Kündigungsmöglichkeit verliert auch die Einschränkung der Vertragsfreiheit ihr Gewicht[153], die mit der beschränkten Dispositionsfreiheit des Betriebserwerbers korreliert. Ist dieser zur Übernahme der gesamten Belegschaft gezwungen, so erfordern nicht nur Rechtssicherheit und -klarheit, sondern auch die Gleichbehandlung der Beteiligten, daß er sie ins-

---

[149] Vgl. *Roemheld*, BB 76 S. 845 (847); *Seiter*, AR-Blattei, unter B III 2 c bb; *Palme*, BlStSozArbR 77 S. 386 (388).

[150] *Schmidt*, BB 71 S. 1199 (1201 f.); ähnlich, aber allzu gemeinschaftsideologisch *Küchenhoff*, AuR 64 S. 225 (231 ff.).

[151] So aber BAG, 2. 10. 74, AP Nr. 1 zu § 613 a BGB, Bl. 3.

[152] Vgl. auch *Borngräber*, S. 111; *Herschel*, Anm. zu BAG, 2. 10. 74, AuR 75 S. 379 (383); *Kraft*, BAG-Festschrift, S. 299 (309).

[153] Sie ist ausschlaggebend für *Seiter*, Anm. zu BAG, 2. 10. 74, AP Nr. 1 zu § 613 a BGB, Bl. 7.

gesamt in seine Planung einbeziehen kann[154]. Wenn einige Arbeitnehmer den neuen Arbeitgeber als Vertragspartner nicht wollen und kündigen, so bleibt diesem während des Laufes der Kündigungsfrist genügend Zeit, sich um Ersatzkräfte zu bemühen oder den Betrieb umzuorganisieren. Durch ein ohne Fristbindung ausübbares Widerspruchsrecht dagegen setzen sich die widersprechenden Arbeitnehmer nicht nur betriebsbedingten Kündigungen des bisherigen Betriebsinhabers aus, sondern gefährden auch die Arbeitsplätze der übrigen Belegschaft, wenn sie durch ihre Zahl oder Stellung die Weiterführung des Betriebes unmöglich machen.

Als Ergebnis bleibt daher festzustellen, daß die betroffenen Arbeitnehmer den Arbeitgeberwechsel nach § 613 a BGB nicht durch ihren Widerspruch verhindern können. Ein dementsprechendes Recht zerstört die Interessenbalance zwischen den Beteiligten und beeinträchtigt den mit den Staatszielbestimmungen der Art. 12 und 20 I GG übereinstimmenden Schutzzweck der Norm, die Bestandssicherung für alle Arbeitsverhältnisse.

d) Dieses Ergebnis hätte mit einer Ausnahme bisher nicht zu anderslautenden Entscheidungen des BAG gezwungen. In der grundlegenden Entscheidung[155] wären zwei Wege offengestanden, um den Übergang des Arbeitsverhältnisses des Klägers zu verhindern. Einmal die analoge Anwendung des § 15 V KSchG, da die Ausgliederung eines Betriebsteils zum Zwecke der anschließenden Veräußerung der Stillegung insofern gleichsteht, als beide das Ausscheiden eines Mitgliedes aus dem Betriebsrat des Restbetriebes bedeuten würden, das im Betriebsteil beschäftigt ist, wenn es nicht in einen anderen übernommen wird[156]. Gerade dies will § 15 V KSchG aber verhindern, der die Stellung des Arbeitnehmers als Betriebsratsmitglied schützt[157]. Noch naheliegender erscheint es, das Arbeitsverhältnis eines freigestellten Betriebsratsmitgliedes — dies war der Kläger — nicht an dem Betriebsteil anzuknüpfen, in dem es bis zur Freistellung beschäftigt war, sondern am Gesamtbetrieb, denn auf diesen beziehen sich Freistellung, § 38 I BetrVG, und Betriebsratstätigkeit, aus der die Arbeitsleistung des Freigestellten ausschließlich besteht.

---

[154] LAG Berlin, 24. 10. 77, EzA Nr. 15 zu § 613 a BGB, S. 80 f.; ähnlich *Schwerdtner*, Anm. zu BAG, 24. 3. 77, SAE 78 S. 57 (61); *Ziege*, BB 78 S. 203 (204).

[155] BAG, 2. 10. 74, AP Nr. 1 zu § 613 a BGB.

[156] So auch *Birk*, Anm. zu BAG, 2. 10. 74, EzA Nr. 1 zu § 613 a BGB, S. 18; *Herschel*, Anm. zu BAG, 2. 10. 74, AuR 75 S. 379 (384); *Seiter*, AR-Blattei, unter B VI 3 b; *Palme*, BlStSozArbR 77 S. 386 (388); a. A. *v. Hoyningen-Huene / Windbichler*, RdA 77 S. 329 (335); *Posth*, S. 208 f.; vgl. dazu auch unten, 3. Teil, 3. Kapitel, II. 3. b).

[157] So BAG, 6. 11. 59, AP Nr. 15 zu § 13 KSchG a. F. m. Anm. *Dietz*, Bl. 2 R; a. A. *v. Hoyningen-Huene / Windbichler*, RdA 77 S. 329 (335).

In der nächsten Entscheidung[158] sollte der Widerspruch verhindern, daß wegen des Arbeitgeberwechsels eine tarifliche Ausschlußfrist zugunsten des Betriebsveräußerers eingriff, die die klageweise Geltendmachung von Ansprüchen innerhalb von 4 Monaten „nach Beendigung des Arbeitsvertrages" verlangte. Abgesehen davon, daß im Urteilstatbestand nur das Datum des obligatorischen Betriebsübertragungsvertrages genannt ist, also nicht feststeht, ob der Betriebsinhaberwechsel mehr als 4 Monate vor Klageerhebung vollzogen wurde[159], geht das BAG ohne weiteres vom Ende des Arbeitsvertrages i. S. d. Tarifbestimmung schon dann aus, wenn sich der Arbeitsvertrag mit einer anderen Partei fortsetzt. Der Parteiwechsel nach § 613 a BGB bedeutet aber kein Vertragsende, da das Arbeitsverhältnis unverändert übergeht, so daß die Ausschlußfrist erst eingreifen kann, wenn der Arbeitsvertrag auch gegenüber dem neuen Arbeitgeber endet. Erst dann ist eine endgültige Bereinigung aller Ansprüche nötig. Der alte Arbeitgeber haftet nach § 613 a II BGB gesamtschuldnerisch neben dem neuen für Altschulden, haftungsrechtlich ist daher auch ihm gegenüber der Arbeitsvertrag noch nicht beendet.

In zwei weiteren Entscheidungen[160] war die Frage des Widerspruchsrechtes nicht entscheidungserheblich, die Bestätigung der bisherigen Rechtsprechung also lediglich obiter dictum.

Die bisher einzige Entscheidung, deren Ergebnis von der Frage des Widerspruchsrechtes tatsächlich abhing[161], bringt keine neuen Argumente in die dogmatische Auseinandersetzung ein. Der 5. Senat stützt sich wiederum auf die das Arbeitsverhältnis in seinen Augen prägende personale Beziehung sowie auf § 415 I S. 1 BGB, der einen aufgezwungenen Schuldnerwechsel ausschließe. Dazu wurde bereits oben Stellung genommen.

Der zugrundeliegende Sachverhalt gibt keinen Anlaß zur Aufgabe der hier vertretenen Ansicht. Der auf Lohnzahlung gegen den alten Inhaber des übertragenen Betriebsteiles klagende Arbeitnehmer hatte den Übergang seines Arbeitsverhältnisses abgelehnt, weil er geringere Entlohnung durch den Erwerber fürchtete und dieser sich außerdem eine erneute Probezeit vorbehalten wollte. Den Übernehmer auf Feststellung zu verklagen, daß das Arbeitsverhältnis übergegangen sei und unverändert fortbestehe, hielt das BAG für unzumutbar. Daß der Kläger stattdessen durch drei Instanzen gegen den alten Arbeitgeber ge-

---

[158] BAG, 21. 7. 77, AP Nr. 8 zu § 613 a BGB.

[159] Kritisch in diesem Sinne *Ziege*, BB 78 S. 203 (204).

[160] BAG, 13. 3. 75, AP Nr. 167 zu § 242 BGB Ruhegehalt m. Anm. *Reuter;* BAG, 21. 7. 77, AP Nr. 1 zu § 128 HGB m. Anm. *Wiedemann* = SAE 78 S. 117 m. Anm. *Beitzke.*

[161] BAG, 17. 11. 77, AP Nr. 10 zu § 613 a BGB = DB 78 S. 1083.

richtlich vorgehen mußte, um den Lohn für vier Monate zu erhalten, ohne dafür eine Arbeitsleistung erbracht zu haben, bewertet das Gericht mit keinem Wort. Das BAG verfällt hier einer einseitigen, ideologisch überbauten Sicht des Arbeitnehmerschutzes, die die Interessen der anderen Beteiligten gar nicht mehr in die Abwägung einbezieht. Daß der beklagte Arbeitgeber die angebotene Arbeitsleistung des Klägers nicht verwerten konnte, würdigt das BAG in den Gründen ebenfalls nicht.

Man gewinnt bei der Lektüre dieses Urteils den Eindruck, der Senat habe es als unbillig angesehen, nach einem langen Prozeß den klagenden Arbeitnehmer darauf zu verweisen, nun gerichtlich gegen den Übernehmer vorzugehen, wie es juristisch richtig gewesen wäre, und hauptsächlich aus dieser Erwägung heraus seine Entscheidung getroffen. Sie erfüllt vielleicht im Einzelfall die Forderungen der Billigkeit, enthält aber keine verallgemeinerungsfähigen Rechtsregeln. Auch dieses Urteil führt daher nicht zu einer Revidierung des oben gefundenen Ergebnisses.

e) Aus der Ablehnung eines Widerspruchsrechts der Arbeitnehmer gegen den Arbeitgeberwechsel folgt, daß sie nicht einseitig auf die Rechtsfolgen des Betriebsübergangs Einfluß nehmen können. Uneingeschränkt besteht demgegenüber die Möglichkeit, mit dem bisherigen Arbeitgeber vor dem Übergang die Versetzung in einen anderen Betrieb oder Betriebsteil zu vereinbaren, der in dessen Inhaberschaft verbleibt, oder mit dem neuen Arbeitgeber vertraglich die Arbeitsbedingungen zu verändern[162]. § 613 a BGB betrifft nur die Rechtsfolgen des Betriebsübergangs selbst und schränkt die Flexibilität privatautonomer Gestaltung des Arbeitsverhältnisses vor und nach der Veräußerung nicht ein.

[162] Vgl. BAG, 26. 1. 77, EzA Nr. 11 zu § 613 a BGB m. Anm. *Birk* = SAE 77 S. 296 m. Anm. *Roemheld* = AP Nr. 5 zu § 613 a BGB m. Anm. *Seiter*, der zu Recht die gerichtliche Kontrolle derartiger Vereinbarungen auf ihre „sachliche Rechtfertigung" hin kritisiert; BAG, 18. 8. 76, SAE 78 S. 52 m. Anm. *Hadding / Häuser* = AP Nr. 4 zu § 613 a BGB m. Anm. *Mayer-Maly*; vgl. auch *Kraft*, BAG-Festschrift, S. 299 (312 f.).

*Zweiter Teil*

# Die Folgen des Betriebsübergangs für Betriebsrat und Betriebsvereinbarung

Die Bedeutung des eigentlichen Betriebsübergangs im Betriebsverfassungsrecht hängt allein davon ab, ob und wie die Person des jeweiligen Betriebsinhabers bestandserhaltend und geltungsbegründend für Betriebsvereinbarung und Betriebsrat wirkt. Belegschaft und äußeres Erscheinungsbild bleiben von einem Betriebsübergang unberührt, im Gegensatz zu gleichzeitigen betriebsändernden Maßnahmen. Deshalb soll den folgenden Erörterungen zunächst als Ausgangsfall zugrundeliegen, daß ein Unternehmen veräußert wird, dessen einzigen Betrieb der bisher nicht unternehmerisch tätige Erwerber unverändert weiterführt[1]. Hier wechselt lediglich die betriebsleitende Person, ohne daß dieser Vorgang den Betriebsablauf beeinflußt. Das darüber hinausgehende Geschehen, in das ein Betriebsübergang faktisch regelmäßig eingebunden ist, wie Auflösung oder Begründung einer Unternehmenszugehörigkeit, organisatorische oder personelle Veränderungen im übertragenen Betrieb, soll auf seine betriebsverfassungsrechtliche Relevanz hin im dritten Teil untersucht werden. Die Beschränkung auf Betriebsvereinbarung und Betriebsrat ohne Berücksichtigung weiterer betriebsverfassungsrechtlicher Arbeitnehmervertretungen (Jugendvertretung, Wirtschaftsausschuß) erscheint gerechtfertigt, weil diese in Bestellung, Geschäftsführung und Bestand dem Betriebsrat nachgebildet sind, die Ergebnisse sich also übertragen lassen.

## 1. Kapitel: Meinungsstand

### I. Schweigen des Gesetzes

#### *1. Betriebsverfassungsgesetz*

Das BetrVG von 1972 berücksichtigt in seinem 4. Teil (Mitwirkung und Mitbestimmung der Arbeitnehmer) durch §§ 106, 111 ff. in weitem Umfang die ständig notwendige Anpassung an veränderte wirtschaft-

---

[1] Der oben, 1. Teil, I. 3. a) geschilderte Fall.

liche und technische Erfordernisse im Betriebs- und Unternehmensalltag. Auch die Möglichkeit des Betriebsübergangs stand dem Gesetzgeber vor Augen, wie der durch § 122 BetrVG geschaffene § 613 a BGB zeigt. Bei diesem Befund ist es um so überraschender, daß der organisatorische Teil desselben Gesetzes von diesen Vorgängen keine Notiz nimmt. Der Betriebsrat ist zwar bei Betriebsänderungen zu beteiligen, aber welche Auswirkungen ihre Durchführung, die dem Betrieb ein völlig anderes Gesicht geben kann[2], auf ihn und das durch Betriebsvereinbarungen geschaffene betriebliche Rechte- und Pflichtensystem hat, bleibt ebenso ungeregelt[3] wie die Folgen eines Betriebsübergangs für beide[4]. Im Zusammenhang der §§ 21—25 BetrVG wäre eine entsprechende Norm gut untergebracht.

### 2. *§ 613 a BGB*

Auch die Einführung des § 613 a BGB als Spezialregelung der Rechtsfolgen eines Betriebsübergangs erleichtert die Antwort auf die hier aufgeworfene kollektivrechtliche Fragestellung nicht. Er ist als individualrechtliche Norm bewußt aus dem Zusammenhang des BetrVG herausgenommen[5] und spricht nur von Arbeitsverhältnissen, nicht auch von Rechtsbeziehungen innerhalb der Betriebsverfassung. Im gesamten kollektiven Arbeitsrecht, also auch für Tarifverträge, existiert keine Vorschrift, die Aufschluß über die Rechtsfolgen eines Betriebsübergangs gibt[6].

Im Gegensatz dazu ist in den Nachbarländern Österreich[7] und Belgien[8] die Weitergeltung von Kollektivvereinbarungen nach einem Betriebsinhaberwechsel ausdrücklich gesetzlich bestimmt.

Die fehlende Einbeziehung des Kollektivbereichs anläßlich der Schaffung des § 613 a BGB erklärt sich zumindest für die Betriebsverfassung daraus, daß der Gesetzgeber eine entsprechende ausdrückliche Regelung nicht für notwendig hielt. Während er zur Frage des Übergangs

---

[2] Vgl. dazu unten, 3. Teil, 2. Kapitel, III.

[3] Ebenso *Fabricius* in GK-BetrVG, § 111 Anm. 109 für Betriebszusammenschlüsse.

[4] So auch ausdrücklich *Seiter*, AR-Blattei, unter B VII 5; vgl. aber jetzt den RegE eines Gesetzes ... über die Erhaltung von Ansprüchen bei Betriebsübergang, abgedruckt in RdA 79 S. 37.

[5] Vgl. oben, 1. Teil, IV. 2.

[6] Für den Tarifvertrag *Wiedemann / Stumpf*, § 3 Anm. 71.

[7] § 8 ArbVerfG vom 14. 12. 1973, BGBl. Nr. 22 / 1974, der auszugsweise lautet: „Kollektivvertragsangehörig sind ... 1. ... Mitglieder der am Kollektivvertrag beteiligten Parteien, 2. Die Arbeitgeber, auf die der Betrieb eines der in Ziff. 1 bezeichneten Arbeitgeber übergeht."

[8] Art. 20 loi du 5 dec. 1968 sur les conventions collectives de travail et les commissions paritaires.

der Einzelarbeitsverhältnisse einer lebhaften unentschiedenen Diskussion gegenüberstand[9], war das Schrifttum mit der Rechtsprechung der einhelligen Auffassung, wenn die Arbeitsverhältnisse übernommen werden, sei der neue Arbeitgeber auch an die bisherige Betriebsverfassung gebunden[10]. Auch die Begründung zum Regierungsentwurf, in dem erstmals § 613 a BGB enthalten war, geht selbstverständlich vom Fortbestand des Betriebsrates aus, da die Vorschrift dem Ziel dienen sollte, die Beteiligung des Betriebsrats auch gegenüber einem Betriebserwerber sicherzustellen[11].

## II. Rechtsprechung und Schrifttum

### *1. Bis zum BetrVG 1972*

Neben der Streitfrage um die Übernahme der Einzelarbeitsverhältnisse nach einem Betriebsübergang fand dessen Bedeutung für das kollektive Arbeitsrecht vor 1972 kaum Beachtung. Wenn nur die Belegschaft übernommen bzw. die Betriebsidentität erhalten werde, waren sich Rechtsprechung und Schrifttum weitgehend einig, daß der Betriebsrat im Amt[12] und Betriebsvereinbarungen unberührt bleiben[13]. Sofern überhaupt Begründungen dieses Ergebnisses geliefert werden, weichen sie allerdings stark voneinander ab.

Für den Betrieb abgeschlossene Betriebsvereinbarungen werden in diesem Zusammenhang überwiegend als verselbständigte Ordnung angesehen, in die der neue Arbeitgeber eintrete[14], ohne daß die Vertreter der Vertragstheorie dabei auf die vertragsrechtlichen Schwierigkeiten dieser Automatik eingingen[15]. Die Anhänger der Satzungstheorie kom-

---

[9] Vgl. die Nachweise oben, 1. Teil, Fn. 82.

[10] Vgl. unten sofort.

[11] Begründung zu § 123 RegE eines BetrVG, BT-Dr. VI / 1786, S. 59.

[12] LAG Düsseldorf, 28. 6. 57, DB 57 S. 948; *Nikisch*, III, § 98 III 1, S. 119; *Neumann-Duesberg*, S. 167; *Säcker* in Hueck / Nipperdey, II 2, § 57 A I 1. S. 1173 f.; *Dietz*, § 22 Anm. 30; *Galperin / Siebert*, § 1 Anm. 56 ff., § 22 Anm. 10 ff.; *Galperin*, DB 62 S. 1113 (1114); *Kirschner*, DB 64 S. 1061 (1062); für das BRG schon *Hess*, S. 41 f. m. w. N.; a. A. *Bobrowski / Gaul*, K II 15, S. 615; wohl auch *Beitzke*, Anm. zu LAG Frankfurt, 18. 2. 52, SAE 52 S. 151 (154).

[13] BAG, 19. 7. 57, AP Nr. 1 zu § 52 BetrVG 52; LAG Frankfurt, 1. 6. 49, BB 49 S. 741; *Säcker* in Hueck / Nipperdey, II 2, § 66 C VI 1, S. 1287; *Nikisch*, III, § 107 IX 2, S. 297; *Dietz*, § 52 Anm. 70; *Galperin / Siebert*, § 52 Anm. 64; *Neumann-Duesberg*, S. 167, 391; *G. Hueck*, Betriebsvereinbarung, S. 51; *Grell*, S. 40 ff.; *Schwarz*, S. 69; *Wiese*, S. 183; *Lahr*, S. 81, 89; *Galperin*, RdA 59 S. 321 (325); *Neumann*, DB 60 S. 60; *Kirschner*, DB 64 S. 1061 (1062); für das BRG schon *Flatow / Kahn-Freund*, § 66 Betriebsvereinbarung, Anm. VII; a. A. *Bobrowski / Gaul*, K II 8, S. 611.

[14] *G. Hueck*, Betriebsvereinbarung, S. 51; *Nikisch*, III, § 107 IX 2, S. 297; *Dietz*, § 52 Anm. 70; *Galperin / Siebert*, § 52 Anm. 64; *Wiese*, S. 183.

[15] Vgl. kritisch *Grell*, S. 41; *Wiese*, S. 183; *Kunze*, RdA 76 S. 31 (32).

men konsequent zu diesem Ergebnis, denn für sie besteht die Betriebsvereinbarung losgelöst von den Personen, die sie beschlossen haben, als verselbständigtes „Betriebsgesetz"[16].

Zum Fortbestand des Betriebsrats wird darauf verwiesen, daß er sein Mandat von der Belegschaft herleite und im Amt bleibe, solange diese auch nach dem Arbeitgeberwechsel fortbesteht. Der Betriebsrat sei weder von der Person noch von der Zustimmung des konkreten Betriebsinhabers abhängig[17]. Wenn der Betriebserwerber die Betriebsratsmitglieder weiterbeschäftige, so werde ihr Arbeitsverhältnis ununterbrochen fortgesetzt und es entfalle der einzige denkbare Grund für ein Ende der Mitgliedschaft im Betriebsrat während eines Betriebsübergangs, das Ende des Arbeitsverhältnisses gemäß § 24 BetrVG 52[18]. *Bobrowski/Gaul* wenden demgegenüber ein, der neue Arbeitgeber könne nicht das Arbeitsverhältnis als Ganzes übernehmen, sondern begründe grundsätzlich neue Arbeitsverhältnisse mit allen Arbeitnehmern, die er weiterbeschäftigen wolle. Deshalb ende das Betriebsratsamt nach der genannten Vorschrift kraft Gesetzes mit dem Betriebsübergang[19].

Andere verweisen darauf, daß der Betriebsrat vom Bestand des Betriebes abhänge und dessen Identität durch einen Betriebsinhaberwechsel nicht berührt werde[20], oder leiten den unveränderten Bestand der Betriebsverfassung nach einem Betriebsübergang allgemein aus der Natur des Betriebes als überindividueller Organismus ab[21]. Von hier ist nur noch ein kleiner Schritt zu der Auffassung, der Betriebsübergang bedeute lediglich einen Mitgliederwechsel in Betriebsverband oder Betriebsgemeinschaft, die als Körperschaften anzusehen seien, und sei daher völlig unbeachtlich für die Betriebsverfassung[22].

---

[16] *Galperin / Siebert*, § 52 Anm. 19 ff.; *Grell*, S. 40 ff.; auch *G. Hueck*, Betriebsvereinbarung, S. 51 betrachtet im Rahmen des Betriebsübergangs die Betriebsvereinbarung, die nach seiner Ansicht durch Vertragsschluß zustande kommt, als „materielle Betriebssatzung", an die der neue Arbeitgeber gebunden ist; vgl. zu diesen Rechtsnaturfragen unten, 4. Kapitel, II.

[17] LAG Düsseldorf, 28. 6. 57, DB 57 S. 984; *Galperin / Siebert*, § 1 Anm. 56.

[18] LAG Düsseldorf, 28. 6. 57, DB 57 S. 984.

[19] *Bobrowski / Gaul*, K II 15, S. 615.

[20] *Säcker* in Hueck / Nipperdey, II 2, § 57 A I 1, S. 1174, ebenso für Betriebsvereinbarungen § 66 C VI, S. 1287; *Nikisch*, III, § 98 III 1, S. 119; *Dietz*, § 22 Anm. 30.

[21] *Neumann-Duesberg*, S. 166 f.; für die Weitergeltung von Betriebsvereinbarungen ähnlich *Schwarz*, S. 69.

[22] In diese Richtung geht *Herschel*, ZFA 77 S. 219 (236 f.).

### 2. *Die Entwicklung seit 1972*

Auch nach der Einführung des § 613 a BGB änderte sich an der Argumentation wenig. Manche wenden nun auf die Betriebsvereinbarung bzw. das „betriebliche Rechtsverhältnis", das sie mit umfaßt, § 613 a BGB unmittelbar an[23]. Jedoch wird überwiegend der Unterschied zwischen Individualarbeitsverhältnis und Kollektivvereinbarung gesehen[24], deshalb greifen andere zur analogen Anwendung dieser Vorschrift, ohne allerdings die Voraussetzungen dafür im einzelnen zu untersuchen[25]. Es finden sich aber auch nur die lapidare Feststellung, daß der neue Arbeitgeber die betriebsverfassungsrechtliche Stellung des Veräußerers übernehme[26], und die Übernahme der Begründungen, daß die Betriebsvereinbarungen als betriebliche Ordnung weitergelten bzw. der Betriebsrat im Amt bleibe, weil die Identität des Betriebes erhalten werde[27].

Das BAG geht heute ohne weiteres davon aus, daß nach einem Betriebsübergang der Betriebsrat im veräußerten Betrieb weiterbesteht[28]; mit dem Schicksal von Betriebsvereinbarungen hat es sich seit 1957 nicht mehr befassen müssen, als es deren Fortgeltung nicht in Zweifel zog[29].

### 3. *Die Rechtsstellung des Betriebsinhabers*

Die Verschiedenheit der Begründungswege, die durch unterschiedliche Auffassungen der Rechtsnatur und des „Wesens" von Betrieb, Betriebsrat und Betriebsvereinbarung erklärt wird, nötigt dazu, auf diese grundlegenden Fragen der rechtlichen Einordnung der Betriebsverfassung

---

[23] *Schaub,* § 119 IV; *Dietz / Richardi,* § 21 Anm. 33, § 77 Anm. 146; wohl auch *Fuchs,* S. 143.

[24] z. B. *Kunze,* RdA 76 S. 31 (32); *Gaul,* BUV 72 S. 181 (186); *Seiter,* AR-Blattei, unter B VII 5 vor a.

[25] *Seiter,* AR-Blattei, unter B VII 5 a; *Birk,* BB 76 S. 1227 (1231); *Becker-Schaffner,* BlStSozArbR 75 S. 305 (308); wohl auch *Fitting / Auffarth / Kaiser,* § 77 Anm. 45; ausführlich *Posth,* S. 212 ff.; vgl. dazu unten, 4. Kapitel, III. 3. b).

[26] *Hanau,* ZFA 74 S. 89 (100).

[27] Zur Betriebsvereinbarung vgl. *Kunze,* RdA 76 S. 31 (32) unter Hinweis auf die Satzungstheorie; *Galperin / Löwisch,* § 77 Anm. 65; *Thiele* in GK-BetrVG, § 77 Anm. 195; *Brecht,* § 77 Anm. 21; *Gnade / Kehrmann / Schneider,* § 77 Anm. 16; *Erdmann / Jürging / Kammann,* § 77 Anm. 99; außerdem *Biebrach-Nagel,* S. 146; *Stege / Weinspach,* S. 139; a. A. weiterhin *Gaul,* BUV 72 S. 181 (186); zum Betriebsrat *Seiter,* AR-Blattei, unter B VI 3 a; *Fitting / Auffarth / Kaiser,* § 21 Anm. 29; *Galperin / Löwisch,* § 21 Anm. 25; außerdem *Posth,* S. 194 f.; ArbGer Passau, 19. 3. 74, ARSt 75 S. 65; LAG Düsseldorf, 20. 9. 74, DB 75 S. 454; auch *Gaul,* BUV 72 S. 181 (184 f.) nimmt heute den Fortbestand des Betriebsrates an, weil sich seit Einführung des § 613 a BGB das Arbeitsverhältnis mit dem Betriebserwerber fortsetze.

[28] Vgl. BAG, 29. 10. 75, AP Nr. 2 zu § 613 a BGB, Bl. 3; BAG, 24. 3. 77, AP Nr. 6 zu § 613 a BGB m. Anm. *Blomeyer* = SAE 78 S. 57 m. Anm. *Schwerdtner.*

[29] BAG, 19. 7. 57, AP Nr. 1 zu § 52 BetrVG 52.

einzugehen. Ergibt sich dabei, daß Betrieb oder Betriebsgemeinschaft aus Arbeitgeber und Arbeitnehmern Verbandsqualität haben, oder erscheinen sie gar als juristische Person, so wird der Betriebsübergang lediglich zum folgenlosen Mitgliederwechsel innerhalb dieses körperschaftlichen Gebildes. Ist dies nicht möglich, so hängt die Lösung ab von den Auswirkungen des Betriebsübergangs auf die rechtliche Struktur jedes einzelnen Untersuchungsbereiches. Wenn diese in den folgenden Kapiteln geklärt werden soll, so lediglich mit dem Ziel herauszufinden, wie das geltende Recht die Betriebsverfassung beurteilt wissen will, dagegen wird nicht angestrebt, die objektive Wahrheit über das „Wesen" des Betriebes oder der Belegschaft zu gewinnen, die heute und für alle Zeiten Gültigkeit beanspruchen kann[30]. Dem Gesetzgeber steht es frei, die Ergebnisse jederzeit durch eine neue Konzeption umzustoßen, indem er z. B. das Unternehmen unter mitgliedschaftlicher Einbeziehung der Arbeitnehmer als selbständiges Rechtssubjekt organisiert[31], was nicht ohne Auswirkung auf das Betriebsverfassungsrecht bliebe.

Im Streit um die öffentlichrechtliche oder zivilrechtliche Einordnung des BetrVG[32] wird hier davon ausgegangen, daß es dem Privatrecht angehört, weil sich seine Normbefehle nicht an Inhaber hoheitlicher Gewalt, also öffentlichrechtliche Funktionsträger richten, sondern das Gesetz potentiell jedermann berechtigt und verpflichtet, sobald der Tatbestand des § 1 erfüllt ist[33]. Die öffentlichrechtliche Theorie ist heute nahezu bedeutungslos. Außerdem müssen für beide möglichen Einordnungen übereinstimmend die Fragen nach der Stellung des Betriebsrats, der Entstehungsweise einer Betriebsvereinbarung und der Körperschaftlichkeit von Betrieb oder Betriebsgemeinschaft gelöst werden, so daß ein weiteres Eingehen auf die Streitfrage überflüssig erscheint.

---

[30] Dieses Ziel, das sich *Brecher*, Vorbemerkung S. IX setzt, erscheint unerreichbar.

[31] Zur Diskussion um die Unternehmensverfassung aus neuerer Zeit *Kunze* in Festschrift für Duden, S. 201 m. w. N.; *Duden* in Festschrift für Schilling, S. 309; *v. Nell-Breuning* in Festschrift für Kronstein, S. 47; *Boettcher / Hax / Kunze / v. Nell-Breuning / Ortlieb /Preller*, passim; *Steinmann*, S. 200 ff.; *Vollmer*, S. 52 ff.

[32] Die weitaus überwiegende Meinung hält es heute für ein Teilgebiet des Zivilrechts, z. B. *Dietz / Richardi*, § 1 Anm. 25 ff. m. w. N., 33; *Fitting / Auffarth / Kaiser*, § 1 Anm. 48 f.; *Kraft* in GK-BetrVG, § 1 Anm. 5 f.; *Neumann-Duesberg*, S. 81 ff.; neuestens *Weitnauer* in Festschrift für Duden, S. 705; die öffentlichrechtliche Theorie war h. M. in Literatur und Rechtsprechung der Weimarer Republik, vgl. *Flatow / Kahn-Freund*, vor § 1 Anm. I; RAG, 6. 12. 30, ARS Bd. 11 S. 560 (564) m. Anm. *Flatow* und die Nachweise bei *Dietz / Richardi*, § 1 Anm. 26; für das BetrVG 52 vertreten von *Dietz*, § 1 Anm. 15 ff.; *Molitor* in Festschrift für Herschel, S. 105 (112 ff.); heute nur noch *Erdmann / Jürging / Kammann*, § 1 Anm. 8.

[33] Vgl. zu dieser wohl heute überwiegend vertretenen Zuordnungstheorie *Wolff / Bachof*, Verwaltungsrecht I, § 22 II c, S. 99 f.

## 2. Kapitel: Betrieb und Betriebsgemeinschaft als körperschaftliche Träger der Betriebsverfassung

### I. Der Betrieb als Rechtsperson

Die früher einhellig vertretene Ansicht, die den in seinen tatbestandlichen Voraussetzungen oben[34] erörterten Betrieb lediglich als Sachgesamtheit, also Rechtsgegenstand ohne eigene Rechtspersönlichkeit ansah[35], kann heute nicht mehr ohne weiteres übernommen werden. Insbesondere die Diskussion um den parallelen Rechtsbegriff des Unternehmens zeigt auch für die Beurteilung des Betriebes neue Möglichkeiten[36]. Da Betrieb als Sachinbegriff dem Unternehmen oder einem Teil davon entspricht, auch wenn verschiedene Rechtsbereiche daran anknüpfen[37], muß ihr rechtliches „Wesen" gleichbehandelt werden, so daß die Frage übereinstimmend zu beantworten ist, ob ihnen in bestimmtem Umfang eigene Rechtspersönlichkeit zukommt. Deshalb ist hier auf die Unternehmensrechtsdebatte einzugehen.

Aufgabe dieser Arbeit kann es dabei nicht sein, eine eigene Theorie der juristischen Person zu entwickeln, um an ihr den Betrieb zu messen. Sie muß sich aber mit den Ansichten in der Literatur auseinandersetzen, die zu dem Ergebnis führen können, daß der Betriebsübergang lediglich als folgenloser Mitgliederwechsel in Unternehmen oder Betrieb erscheint.

#### *1. Die Theorie von Th. Raiser*

Um die Anerkennung real bestehender Verbände durch die Rechtsordnung, um ihre Rechtsfähigkeit, geht es *Th. Raiser* in seiner Schrift „Das Unternehmen als Organisation"[38]. Er sieht im Unternehmen nicht nur die Sachgesamtheit, innerhalb derer und mit deren Hilfe ein Wirtschaftsprozeß abläuft, sondern faßt zum Unternehmensbegriff die in ihm tätigen Menschen. *Raiser* sieht von einem soziologischen Ansatzpunkt aus das Unternehmen als Organisation aller am Produktivprozeß beteiligten Kräfte an, die mit ihrer Umwelt durch Leistungsaustausch in ständigem Kontakt steht. Diese Organisation habe durch Gesetzgeber und Rechtsprechung eine Stellung erhalten, die danach dränge, sie als juristische Person anzuerkennen. Daraus zieht *Raiser* den Schluß, diese

---

[34] Vgl. oben, 1. Teil, II. 3.

[35] *Jacobi*, Grundlehren, S. 291; *Neumann-Duesberg*, S. 181; *Gester*, S. 118 f.; *Galperin*, ArbRdGgnw I (1963) S. 75 (76).

[36] Vgl. die Monographien von *Brecher; Fabricius; Th. Raiser; Steinmann; Rittner; Ott*.

[37] Vgl. oben, 1. Teil, II. 4.

[38] *Th. Raiser*, Das Unternehmen als Organisation; vgl. dazu die Besprechungen von *Ballerstedt*, ZHR 134 (1970) S. 251; *Brecher*, AcP 171 (1971) S. 378.

Anerkennung müsse auch erfolgen, ohne allerdings die Rechtssubjektivität des Unternehmens für das geltende Recht zu bejahen[39].

Den Betrieb betrachtet *Raiser* als ausdifferenzierte Teilorganisation des Unternehmens, beide sind im wesentlichen gleichartig, manchmal identisch, manchmal im Verhältnis von Teil zu Ganzem zueinander stehend. Deshalb sind die Aussagen zum Unternehmen auf den Betrieb übertragbar[40].

### 2. *Die Unternehmenslehre von Ott*

Ebenso wie *Raiser* will *Ott* das Unternehmen als Ort zahlloser sozialer Beziehungen juristisch neu fundieren[41]. Die herrschende Theorie der juristischen Person greift er an wegen ihrer Beschränkung auf die vom Gesetzgeber genannten Typen des Gesellschaftsrechts. Dieses erfaßt nur einen Ausschnitt der an der Unternehmenskorporation beteiligten Interessen — allein die Kapitalgeberseite — und beschränkt die Wahrnehmung der Außenbeziehungen des Unternehmens auf eine einzige vertretene Gruppe. *Ott* verwendet juristische Person dagegen als Allgemeinbegriff für körperschaftlich strukturierte Organisationen, die anderen Institutionen gegenüber selbständig sind. Diese Selbständigkeit drückt sich in rechtlicher Anerkennung aus und verdient, auch für das Unternehmen entsprechend berücksichtigt zu werden, das in seiner selbst ins Private übergreifenden Aktivität tragende soziale Bedeutung erlangt hat[42].

Jedoch folgert auch *Ott* nicht, das Unternehmen müsse im geltenden Recht einer juristischen Person gleichstehen; sondern er fordert die Anerkennung sozialer Realitäten durch neue institutionelle Regelungen de lege ferenda[43].

### 3. *Die Betriebstheorie von Herschel*

Aus der arbeitsrechtlichen Literatur hat allein *Herschel* dem Betrieb die Qualität einer Rechtsperson zuerkannt[44]. Er hält den Betrieb für einen körperschaftlich strukturierten überindividuellen Organismus, der zu ordnender Eigengesetzgebung fähig ist[45]; an anderer Stelle spricht er von der körperschaftlichen Gemeinschaft des Betriebes, der eine reale Verbandsperson im Sinne *Gierkes* sei, und von einer organisier-

---

[39] *Th. Raiser*, insbesondere S. 166 ff.
[40] *Th. Raiser*, S. 125 f.
[41] *Ott*, Recht und Realität der Unternehmenskorporation.
[42] *Ott*, insbesondere S. 36 ff.
[43] *Ott*, S. 289 ff.
[44] *Herschel*, RdA 48 S. 47 (49); *ders.*, RdA 56 S. 161 (164, 168).
[45] *Herschel*, RdA 56 S. 161 (164, 168).

ten Gemeinschaft, die zur Rechtserzeugung fähig sei[46]. Jedoch bezieht *Herschel* nur die im Betrieb tätigen Personen in den Betriebsbegriff ein, den er seiner Auffassung zugrundelegt. Nicht Arbeitgeber und Arbeitnehmer zusammen mit der Sachgesamtheit, innerhalb derer sie in sozialer Interaktion stehen, sondern allein die gemeinsam auf den Betriebszweck hinarbeitenden Menschen bilden die Verbandsperson *Herschels*[47], so daß seine Auffassung mit der Lehre übereinstimmt, die eine rechtlich anzuerkennende Betriebsgemeinschaft aus Arbeitgeber und Arbeitnehmern annimmt. Bei deren Behandlung wird daher auf *Herschel* weiter unten nochmals einzugehen sein.

Den Betrieb in der im Arbeitsrecht gebräuchlichen Definition insgesamt als körperschaftlichen Verband anzusehen, könnte nicht überzeugen. Verbandsrechtliche Mitgliedschaft kann nur Personen, nicht aber sächlichen Betriebsmitteln zukommen. Ohne Mitgliedschaften besteht zwar die Sonderform der Stiftung als juristische Person. Sie zeigt die Möglichkeit eines verselbständigten und rechtsfähigen Sondervermögens, ihr fehlt aber im Gegensatz zu einem Verband „Betrieb" das Element personaler Mitgliedschaft, deshalb kann sie nicht herangezogen werden als Argument für die Möglichkeit einer Vermischung von Personen- und Vermögensgesamtheit[48].

Der Betrieb ist allein die sachliche Grundlage für die Entfaltung personalen Wirkens. Nur die in ihrem Rahmen Tätigen können verbandsrechtlich eine Einheit bilden, nicht auch der gegenständliche Bereich selbst[49].

### 4. *Ergebnis*

Es zeigt sich also, daß die modernen Theorien den Betrieb zwar übereinstimmend als Erscheinungsform sozialer Interaktion beschreiben, ihm aber nicht die Qualität einer Rechtsperson zuerkennen können, aus der sich Folgerungen für diese Arbeit ableiten ließen. Auch die rechtspolitische Forderung, die *Raiser* und *Ott* im Ergebnis übereinstimmend erheben, den Platz von Unternehmen und Betrieb im künftigen Recht

---

[46] *Herschel*, RdA 48 S. 47 (49).

[47] Ebenso wird *Herschel* von *Galperin* gedeutet, RdA 59 S. 321 (326).

[48] Zum Stiftungsrecht vgl. Enneccerus / *Nipperdey*, §§ 104 II 2, 117, 118, S. 621 f., 716 ff.

[49] Vgl. *Nikisch*, I, § 18 I 2, S. 149 Fn. 3; ausdrücklich ablehnend außer den oben in Fn. 35 Genannten auch *A. Hueck* in Hueck / Nipperdey, I, § 16 V, S. 95 f.; *Fitting / Auffarth / Kaiser*, § 1 Anm. 13; *Galperin / Löwisch*, § 1 Anm. 12; *Steckhan* in Festschrift für Schnorr v. Carolsfeld, S. 463 (474); für das Unternehmen auch de lege ferenda *Brecher*, S. 134 f.; ebenso *Krause*, BB 51 S. 677 (679), obwohl er den Betriebsrat als „Organ des Unternehmens" auffaßt; er will zwecks Haftungsbegründung des Betriebsrates gegenüber dem Unternehmen auf diese Weise eine besondere Pflichtengebundenheit konstruieren, die sich aber schon aus dem Gesetz selbst ergibt, § 2 I BetrVG.

als Rechtssubjekt neu zu bestimmen, erscheint nicht zwingend. Denn allein daß eine soziale Organisation danach drängt, als Rechtsperson anerkannt zu werden, läßt noch nicht die Schlußfolgerung zu, daß diese Anerkennung notwendig erfolgen muß und praktikabel ist. Die Rechtsfähigkeit kann dem Unternehmen ohne strukturelle Änderungen nicht zuerkannt werden, solange die positiven wie negativen Ergebnisse des Handelns im und für das Unternehmen allein dem Unternehmensträger zugerechnet werden[50].

Um die Fortentwicklung des Gesellschafts- zum Unternehmensrecht aber, das nicht nur den Kapitalgebern Bestimmungsmacht über Unternehmensziele und -gestalt sowie Verantwortung und Haftung für unternehmerisches Handeln geben soll, wird seit Jahrzehnten gerungen, ohne daß es sich heute absehen ließe, ob und wie eine über die derzeitige Mitbestimmung der Arbeitnehmer in Gesellschaftsorganen hinausgehende grundsätzliche Änderung der Rechtsverhältnisse aller in ein Unternehmen eingegliederten Personen zueinander aussehen kann[51].

## II. Die Betriebsgemeinschaft als Verband im Rechtssinne

Auch ohne Anerkennung des Betriebes als Rechtsperson läßt sich der Betriebsübergang als unbeachtlicher Mitgliederwechsel ansehen, wenn man der innerhalb der Sachgesamtheit Betrieb tätigen Gemeinschaft aus Arbeitnehmern und Arbeitgeber verbandsrechtliche Existenz zuerkennt.

### *1. Die Lehre von der Betriebsgemeinschaft*

Nach einer insbesondere von *Galperin* und *Siebert* vertretenen Lehre, der man auch *Herschel* zurechnen muß[52], bilden Arbeitgeber und Arbeitnehmer innerhalb des Betriebes einen körperschaftlichen Verband im Rechtssinne, dessen Rechtssubjektivität auf den Bereich des Betriebsverfassungsrechts beschränkt sei[53]. Ausgangspunkt dieser Auffassung ist das Teilstreikurteil des Reichsgerichts, das innerhalb des Betriebes eine „soziale Arbeits- und Betriebsgemeinschaft“ vorzufinden meinte[54], wobei allerdings zweifelhaft ist, ob das RG dieser Aussage rechtliche

[50] Kritisch auch *Kunze* in Festschrift für Duden, S. 201 (225); *Ballerstedt*, ZHR 134 (1970) S. 251 (258 ff.); *Rittner*, S. 306 f.

[51] Vgl. außer den oben in Fn. 30 Genannten die ersten Ansätze bei *Ballerstedt*, BB 50 S. 269; *ders.*, JZ 51 S. 486.

[52] Vgl. oben, I. 3.

[53] *Galperin*, RdA 59 S. 321 (325 ff.); *ders.*, ArbRdGgnw Bd. 1 (1963) S. 75 (85 ff.); *Siebert*, BB 52 S. 832 (833); *Galperin / Siebert*, § 1 Anm. 62 ff.; ebenso *Bogs*, RdA 56 S. 1 (5 f.); *Adomeit*, BB 62 S. 1246 (1249); *Kunze* in Festschrift für Schilling, S. 333 (340 ff.); teilweise auch *Fabricius*, S. 222 ff., insbesondere S. 227 ff.

[54] RG, 6. 2. 23, RGZ 106 S. 272 (275).

Bedeutung beimaß; in der Entscheidung kam es allein auf die Gemeinschaft der Arbeitnehmer untereinander an, nicht aber auf die Einbeziehung des Arbeitgebers.

Nach Auffassung der Vertreter einer rechtlich anzuerkennenden Betriebsgemeinschaft formt die gemeinsame Betriebstätigkeit aus Arbeitgeber und Arbeitnehmern eine Zweckgemeinschaft. Beide streben nach dem gleichen Ziel, dem Aufblühen des Betriebes. Aus § 49 I BetrVG 52 (§ 2 I BetrVG) folgt die Partnerschaft und Interessengleichheit der Betriebsangehörigen innerhalb ihres Betriebsverbandes[55]. Dieser Zweckgemeinschaft sind durch das BetrVG die Organe Arbeitgeber und Betriebsrat gegeben, sowie durch die Möglichkeit, Betriebsvereinbarungen zu schließen, autonome Rechtssetzungsmacht verliehen. Betriebsvereinbarungen sind als Verbandsgesetze oder Satzungen für die Betriebsgemeinschaft anzusehen; diese bildet durch Arbeitgeber und Betriebsrat gemeinsam einen eigenen Gesamtwillen[56]. Abgeschlossen werden Betriebsvereinbarungen wie im parlamentarischen Zweikammersystem durch zwei übereinstimmende Beschlüsse von Arbeitgeber und Arbeitnehmervertretung[57]. Daraus folgert diese Ansicht, daß die Betriebsgemeinschaft als Verband im Rechtssinne anzuerkennen sei, da sie die Mindestvoraussetzungen körperschaftlicher Struktur erfülle, den Zusammenschluß mehrerer Personen zu einer auf die Erreichung eines bestimmten Zwecks gerichteten dauerhaften Organisation, die einen Gesamtwillen zu bilden und zu artikulieren vermag und von einem Mitgliederwechsel unberührt bleibt[58]. Die Unabhängigkeit vom Mitgliederwechsel ist dabei weniger als Voraussetzung denn als Folge der übrigen Bedingungen anzusehen, bildet sie doch gerade den Untersuchungsgegenstand dieser Arbeit.

Ausgangspunkt von *Fabricius* ist demgegenüber die gemeinsame Rechtszuständigkeit von Arbeitgeber und Arbeitnehmern auf dem Gebiet der Mitbestimmung in sozialen Angelegenheiten nach § 56 BetrVG 52 (§ 87 BetrVG). Diese sieht er als einzige Voraussetzung eines rechtlich anzuerkennenden Verbandes an und beschränkt konsequent die Rechtsfähigkeit der Betriebsgemeinschaft auf diesen Bereich[59].

---

[55] *Galperin,* RdA 59 S. 321 (325); *ders.,* ArbRdGgnw Bd. 1 (1963) S. 75 (86 f.); *Adomeit* BB 62 S. 1246 (1249).

[56] *Galperin,* ArbRdGgnw Bd. 1 (1963) S. 75 (90 f.); *Herschel,* RdA 48 S. 47 (49); *Kunze* in Festschrift für Schilling, S. 333 (342).

[57] So insbesondere *Herschel,* RdA 48 S. 47 (49); *ders.,* RdA 56 S. 161 (168); *Galperin / Siebert,* § 52 Anm. 19 ff.; Zustandekommen der Betriebsvereinbarung durch gemeinsamen Beschluß von Betriebsrat und Arbeitgeber nimmt *Adomeit,* BB 62 S. 1246 (1248 f.) an (aufgegeben in Rechtsquellenfragen, S. 146).

[58] Vgl. zu diesen Voraussetzungen *Galperin,* RdA 59 S. 321 (324 f.); *Neumann-Duesberg,* S. 172; Enneccerus / *Nipperdey,* § 116 III 4, IV 1, S. 697 f. für den nichtrechtsfähigen Verein.

[59] *Fabricius,* S. 222 ff., insbesondere S. 227 ff.

### 2. *Einwände*

a) Nicht in Zweifel gezogen werden kann heute die soziologische Erkenntnis, auf der auch die Lehre von der Betriebsgemeinschaft beruht, daß alle in den Betrieb eingegliederten Personen eine auf einen gleichartigen Organisationszweck hin ausgerichtete Rolle tragen und insofern eine tatsächliche Gemeinschaft bilden[60]. Für diesen Befund ist es ohne Bedeutung, daß Arbeitgeber und Arbeitnehmer aus gegensätzlichen Interessen heraus sich an der gemeinsamen Betriebstätigkeit beteiligen. Jedoch muß dies in der rechtlichen Bewertung der Wirklichkeit berücksichtigt werden. Die Arbeitnehmer schließen sich nicht freiwillig zur gemeinschaftlichen Verfolgung des Betriebszwecks mit ihrem Arbeitgeber zusammen, sondern sind rein faktisch und zwangsläufig in die vorgegebene Organisation eines Betriebes eingebunden, um ihr eigentliches Interesse an angemessener Entlohnung und befriedigender Tätigkeit, konträr zum wirtschaftlichen Erfolgswillen des Arbeitgebers, erreichen zu können[61]. Die Grundvoraussetzung jedes vom Recht anzuerkennenden Verbandes wäre aber gerade die gleichgerichtete Interessenlage der Verbandsmitglieder.

b) Spricht schon diese Interessenpolarität zwischen Arbeitgeber und Arbeitnehmern gegen eine harmonisierende Verbandslehre, so ergibt auch die Prüfung der einzelnen an einen körperschaftlichen Zusammenschluß zu stellenden Anforderungen anhand des BetrVG, daß der Lehre von der Betriebsgemeinschaft nicht gefolgt werden kann[62].

Das Gebot vertrauensvoller Zusammenarbeit gemäß § 2 I BetrVG (§ 49 I BetrVG 52) kann die abgelehnte Theorie nicht stützen. Es stellt lediglich eine Absage an klassenkämpferisches Verhalten innerhalb eines Betriebes dar und fordert von allen Beteiligten ernsthaftes Bemühen um eine Einigung — ohne die Möglichkeit eines Arbeitskampfes, § 74 II BetrVG —, die das Wohl des Betriebes nicht vernachlässigen darf. Die Vorschrift will aber auch nach dem ausdrücklichen Willen des Gesetzgebers die Interessengegensätze nicht aufheben[63].

---

[60] Vgl. dazu *Th. Raiser*, ZRP 73 S. 13 (14); ebenso schon *Huber*, S. 475 f.; *Neumann-Duesberg*, S. 183; ablehnend *Fitting / Auffarth / Kaiser*, § 1 Anm. 32, obwohl sie Betriebsrat und Arbeitgeber als „Organe der Betriebsverfassung" bzw. „Verfassungsorgan des Betriebes" bezeichnen.

[61] Vgl. ausführlich zum Interessengegensatz innerhalb des Betriebes auch als Argument gegen die Lehre von der Betriebsgemeinschaft *G. Hueck*, Betriebsvereinbarung, S. 32 ff., 39; *Neumann-Duesberg*, S. 183 f.

[62] Ablehnend auch *Säcker* in Hueck / Nipperdey, II 2, § 52 D, S. 1093 f.; *Nikisch*, III, § 107 IV 4, S. 273, zweifelhaft aber in I, § 25 I 3, S. 250 f.; *Dietz / Richardi*, § 1 Anm. 20; *Fitting / Auffarth / Kaiser*, § 1 Anm. 32; *Thiele* in GK-BetrVG, Einleitung Anm. 83; *Galperin / Löwisch*, vor § 1 Anm. 41; *Jacobi*, Rechtsbegriffe, S. 15 f.; *Neumann-Duesberg*, S. 183 ff.; *G. Hueck*, Betriebsvereinbarung, S. 39 f.; *Gester*, S. 119 f.; *ders.*, RdA 60 S. 406 (409 ff.); *Leinemann*, BUV 71 S. 49; *Zöllner*, BAG-Festschrift, S. 745 (756 f.).

Aus der Wirklichkeitserkenntnis der gemeinsamen Eingliederung in eine zweckgerichtete Organisation allein lassen sich keine juristischen Folgerungen ableiten, solange nicht das Recht diese Wirklichkeit normativ verarbeitet[64]. Dem BetrVG kann jedoch nicht entnommen werden, daß es Arbeitnehmer und Arbeitgeber zu einem körperschaftlichen Verband rechtlich zusammenfaßt[65]. Wenn man es nach Anzeichen einer Verbandsverfassung durchforscht, so zeigt sich, daß es allein die Arbeitnehmerschaft eines Betriebes verfaßt und als Einheit „Belegschaft" dem Arbeitgeber gegenüberstellt, um dessen alleinige Organisationsmacht zu begrenzen[66].

c) Arbeitgeber und Betriebsrat treten einander in ihrem betriebsverfassungsrechtlichen Aufgabenbereich gegenüber aus jeweils eigenem Recht heraus und nicht als Teile eines Gesamtorgans. Die gemeinsam beschickte Einigungsstelle nach § 76 BetrVG stützt die Gegenansicht nicht. Sie ist Vermittlungsinstanz zur friedlichen Beilegung von Meinungsverschiedenheiten und Ersatz für den verbotenen Arbeitskampf. Ihre Existenz beweist, daß im Betrieb durch Verhandlungen nicht lösbare Streitigkeiten entstehen können und die interessenharmonisierende, sozialromantische Vorstellung einer tatsächlichen und rechtlichen Betriebsgemeinschaft nicht der Wirklichkeit entspricht. Diese Lehre hat auch dadurch an Gewicht verloren, daß sie von *Galperin* in der neuesten Auflage seines Kommentars zum BetrVG aufgegeben wurde[67].

Arbeitgeber und Betriebsrat als Gesamtorgan anzusehen, setzte voraus, daß ihnen gemeinsame Rechte zuständen, die sie im Namen der Betriebsgemeinschaft ausüben könnten. Dadurch wäre der Verband „sozialrechtlich" existent und in diesem Rahmen rechtsausübungsfähig[68].

---

[63] Ausschußbericht zum RegE eines BetrVG, unter VII, *zu* BT-Dr. VI/2729, S. 9 f.; vgl. auch BAG, 2. 11. 55, AP Nr. 1 zu § 23 BetrVG 52, Bl. 2 R; BAG, 10. 11. 54, AP Nr. 1 zu § 37 BetrVG 52, Bl. 3; *Thiele* in GK-BetrVG, Einleitung Anm. 83; *Gester*, RdA 60 S. 406 (411).

[64] So auch *Raiser*, ZRP 73 S. 13 (15); *Säcker* in Hueck / Nipperdey, II 2, § 52 D, S. 1093 f.; vgl. auch *Kunze* in Festschrift für Duden, S. 201 (204), der die Frage der Mitgliedschaft im Unternehmen als keine soziologische (zu ergänzen: hier ist sie bereits positiv beantwortet), sondern rechtspolitische bezeichnet.

[65] Entscheidend auf die fehlende Anerkennung im Recht stellen ab *Dietz / Richardi*, § 1 Anm. 20; *Gester*, S. 120.

[66] Ähnlich *Dietz / Richardi*, § 1 Anm. 13; das räumt auch *Kunze* in Festschrift für Schilling, S. 333 (343) ein.

[67] *Galperin / Löwisch*, vor § 1 Anm. 41; die Betriebsvereinbarung wird dort als Normenvertrag (früher Satzung) angesehen, § 77 Anm. 6.

[68] „Sozialrechtliche" Existenz nimmt *Siebert*, BB 52 S. 832 (833) an; für Rechtsgemeinschaft *Fabricius*, S. 227 ff.; ebenso wohl *Adomeit*, BB 62 S. 1246 (1249).

Als gemeinschaftliche Rechtszuständigkeiten können die Gebiete ausscheiden, in denen der Betriebsrat keine Mitentscheidungskompetenz hat, sondern nur Widerspruchs-, Anhörungs- oder Vorschlagsrechte, z. B. §§ 90, 92, 99, 102, 111 BetrVG. Aber auch in den Bereichen erzwingbarer Mitbestimmung, insbesondere § 87 BetrVG, werden nicht Arbeitgeber und Betriebsrat gemeinsam rechtszuständig, sondern die Wirksamkeit einer Maßnahme des Arbeitgebers setzt Zustimmung oder Mitentscheidung des Betriebsrates voraus[69]. Das bedeutet in einem Teil der Fälle, z. B. § 87 I Nr. 1, 2, 4, 8 BetrVG, eine Beschränkung des Direktionsrechts des Arbeitgebers, das diesem aber zugewiesen bleibt und nicht im Betriebsverfassungsrecht, sondern in den Einzelarbeitsverträgen wurzelt[70]. Der Betriebsrat erhält dadurch kein eigenes (teilweises) Weisungsrecht gegenüber den übrigen Arbeitnehmern. In dem anderen Teil der Materien, z. B. § 87 I Nr. 3, 9, 10, 11 BetrVG, schränkt das Gesetz die Privatautonomie von Arbeitgeber und Arbeitnehmern ein, die diese Angelegenheiten ohne Betriebsrat durch Individualvereinbarung regeln könnten[71]. In diesem Bereich üben Arbeitgeber und Betriebsrat ebenfalls keine gemeinschaftlichen Rechte aus, sondern sie haben Regelungszuständigkeiten. Ihre Vereinbarungen begründen erst Rechte und Pflichten, die dann entweder eine der Abschlußparteien oder die Arbeitnehmer treffen, nicht aber die Betriebsgemeinschaft als Ganzes.

Auch § 77 I BetrVG spricht gegen eine Rechtsgemeinschaft, der Arbeitgeber ist allein zur Betriebsleitung befugt. Er kann ohne Mitwirkung einer Arbeitnehmervertretung nach dem BetrVG den Betriebszweck, dessen Förderung Verbandszweck der Betriebsgemeinschaft sein soll, allein bestimmen und verändern, der Betriebsrat hat nur Einfluß auf die sozialen Folgen einer Arbeitgeber-Entscheidung[72].

d) Dadurch scheidet auch die Möglichkeit einer Gesamtwillensbildung der Betriebsgemeinschaft für die Entscheidung über ihr Ziel und ihre Organisation aus; allein der Arbeitgeber ist uneingeschränkt zuständig. Aber auch in den eigentlichen Mitbestimmungsmaterien kann der Abschluß von Betriebsvereinbarungen nicht als Willensbildung der Gemeinschaft angesehen werden, wie es die hier abgelehnte Lehre vertritt[73].

Ein Gemeinschaftswille müßte sich auf Handlungen und Verhalten der Gemeinschaft nach außen beziehen, Betriebsrat und Arbeitgeber

---

[69] *Galperin / Löwisch*, § 87 Anm. 16 ff.

[70] *Säcker* in Hueck / Nipperdey, II 2, § 52 D, S. 1094; *Thiele* in GK-BetrVG, Einleitung Anm. 83.

[71] *Nikisch*, III, § 107 IV 4, S. 273.

[72] Vgl. oben, 1. Teil, III. 3.

[73] *Herschel*, RdA 48 S. 47 ff.; *ders.*, RdA 56 S. 161 (168); *Galperin*, ArbRdGgnw Bd. 1 (1963) S. 75 (90 f.); *Grell*, S. 34 ff.

regeln aber in ihren Absprachen und Betriebsvereinbarungen das Verhalten der Betriebsangehörigen zueinander. Sie gestalten den Inhalt der arbeitsrechtlichen Beziehungen innerhalb eines Betriebes einheitlich aus. Insbesondere Betriebsvereinbarungen legen Pflichten des einen Teils und korrespondierende Rechte des anderen fest, sie gleichen zivilrechtlichen Schuldverträgen, nicht aber Satzungen, mit denen das Gesamtverhalten aller Verbandsangehörigen gleichmäßig normiert wird.

e) Die Konstruktion einer Gemeinschaft zwischen Arbeitnehmern und Arbeitgeber erfüllt also die Voraussetzungen nicht, die an einen vom Recht anzuerkennenden körperschaftlichen Verband zu stellen sind. Daneben erscheint es unbefriedigend, daß der Arbeitgeber innerhalb eines geschlossenen Verbandes eine solch beherrschende Rolle haben kann[74]. Auf seine „Organstellung" haben die übrigen Verbandsbeteiligten keinen Einfluß, ohne ihre Zustimmung kann er wechseln, den Verband auflösen oder umgestalten.

Ebensowenig hat umgekehrt der Arbeitgeber Einfluß auf Bestellung und Zusammensetzung des Betriebsrates als „Organ der Betriebsgemeinschaft". Einleitung und Durchführung der Wahl sind auch nach dem Willen des Gesetzgebers ausschließlich Sache der Arbeitnehmer[75]. Wenn und solange kein Betriebsrat gewählt ist, müßte der Gesamtverband allein von seinem Organ Arbeitgeber vertreten werden, der den Gesamtwillen auch der Arbeitnehmerschaft bilden könnte, ein dem Grundgedanken von Betriebsverfassung widersprechendes Ergebnis.

Charakteristik des Organhandelns im Verbandsrecht ist die Haftung des Verbandes, für den das Organ auftritt, gemäß § 31 BGB für diese Handlungen. Sie werden dem Verband unmittelbar zugerechnet. Eine Haftung der Arbeitnehmer für Handlungen des Arbeitgebers auch nur im Bereich der Betriebsverfassung ist aber undenkbar; auch dadurch läßt sich die Lehre von der Betriebsgemeinschaft widerlegen[76].

### *3. Betriebsgemeinschaft als betriebsverfassungsrechtlicher Handlungsbereich*

Der Weg, den Betriebsübergang als unbeachtlichen Mitgliederwechsel im Verband der Betriebsgemeinschaft anzusehen, ist nach dem Vorstehenden ausgeschlossen. Von der „Betriebsgemeinschaft" aus Arbeitgeber und Arbeitnehmern sprechen aber auch Autoren, die ihr keine

---

[74] So *Säcker* in Hueck / Nipperdey, II 2, § 52 D, S. 1094; vgl. auch *Leinemann*, BUV 71 S. 49 (53).

[75] Ausschußbericht zum RegE eines BetrVG, unter VII, *zu* BT-Dr. VI/2729, S. 10.

[76] *Gester*, RdA 60 S. 406 (410).

Verbandsqualität zuerkennen[77]. Sie umschreiben mit diesem Begriff, daß sich die Handlungsfähigkeit der durch das BetrVG Berechtigten und Verpflichteten auf diesen Bereich beschränkt. Der Betriebsrat hat keine Möglichkeit, außerhalb seiner betriebsverfassungsrechtlichen Zuständigkeiten rechtserheblich zu handeln. Er kann zusammen mit dem Arbeitgeber nur interne Rechtswirkungen für die soziologisch anzuerkennende Betriebsgemeinschaft erzeugen[78]. Auch wenn der Begriff Betriebsgemeinschaft in diesem Umfang aussagekräftig ist, so erscheint es doch klarer, auf diesen Terminus ganz zu verzichten, um eine Verwechslung mit der Lehre von der Betriebsgemeinschaft als Verband im Rechtssinne von vornherein auszuschließen.

### III. Arbeitgeber und Betriebsrat als betriebliche Sozialpartner

Für den Versuch, die Rechtsstellung positiv zu bestimmen, die das BetrVG Arbeitgeber und Arbeitnehmern gibt, wenn es sie nicht in einem körperschaftlichen Verband zusammenfaßt, ist erstes Ergebnis, daß es die Stellung des Arbeitgebers als alleiniger Betriebsinhaber und Partner individueller Vertragsbeziehungen zu den Arbeitnehmern unangetastet läßt. Es formt lediglich aus den Arbeitnehmern eine innerbetriebliche Gemeinschaft. Ohne Betriebsverfassung stehen sie dem Arbeitgeber einzeln gegenüber und sind seinem Direktionsrecht unterworfen, das er im arbeitsvertraglich möglichen Umfang uneingeschränkt ausüben kann. Das BetrVG will diese betriebliche Unterordnung unter fremde Leitungsmacht mit dem freiheitlichen Selbstbestimmungsanspruch des Grundgesetzes, der rechtlichen Möglichkeit, eigene Zwecke zu setzen, in Einklang bringen[79]. Es institutionalisiert zu diesem Zweck eine eigene Interessenvertretung der Arbeitnehmer durch den Betriebsrat. Dieser ist die Stimme der Arbeitnehmerschaft und wird so zum betrieblichen Sozialpartner des Arbeitgebers. Beide zusammen ermächtigt das BetrVG, vergleichbar der überbetrieblichen Tarifpartnerschaft, zur Aushandlung von betrieblichen Arbeitsbedingungen[80]. Sie sind durch §§ 2 I, 74, 79, 80 II BetrVG in einen — durch die verpflichtende gesetzliche Institutionalisierung zu begründenden — engeren Pflichtenkreis gestellt als die Tarifparteien, der den innerbetrieblichen Klassenkampf unter Führung des Betriebsrates ausschließt. Ebensowenig will das Betriebsverfassungsrecht aber die Arbeitnehmer in eine harmonische

---

[77] z. B. *G. Hueck*, Betriebsvereinbarung, S. 37 ff.; *Nikisch*, I, § 25 I 3, S. 250 f.

[78] Vgl. *G. Hueck*, Betriebsvereinbarung, S. 38 f.

[79] Ebenso für die Unternehmens-Mitbestimmung der Bericht der Mitbestimmungskommission, BT-Dr. VI/334, S. 56.

[80] Vgl. dazu *Galperin / Löwisch*, vor § 1 Anm. 32; *Vollmer*, S. 14 f.; *Buchner*, DB 74 S. 530 (insbesondere S. 532 ff.), spricht vom „betriebsverfassungsrechtlichen Kooperationssystem“.

Betriebsfamilie zusammen mit dem Arbeitgeber zwingen, sondern es soll gleichgewichtige Beteiligung an Entscheidungen ermöglichen, die Arbeitsprozeß und Arbeitsumgebung betreffen. Aus einer vom Arbeitgeber oktroyierten Ordnung im Betrieb soll — entsprechend der politischen Forderung nach Demokratisierung der Wirtschaft — eine paktierte werden[81], an deren Entstehen die daran Gebundenen gemäß ihrer Betroffenheit kooperativ mitwirken können.

## 3. Kapitel: Der Einfluß des Betriebsübergangs auf das Amt des Betriebsrates

Nachdem sich die umfassende Lösung durch die Anerkennung mitgliedschaftlicher Stellung des Arbeitgebers in einem betrieblichen Verband als nicht gangbar erwiesen hat, müssen Betriebsrat und später die Betriebsvereinbarung einzeln daraufhin untersucht werden, ob und wie der Betriebsübergang Bestand oder rechtliche Stellung beeinflussen kann.

### I. Gesetzliche Beendigungstatbestände für das Betriebsratsamt

Anhaltspunkte dafür können aus den Tatbeständen gewonnen werden, die zum Ende des Betriebsratsamtes führen. In §§ 21, 23, 13 II BetrVG finden sich außer dem Ablauf der Amtszeit, § 21 S. 3, 4 BetrVG und der Zu- bzw. Abnahme der Belegschaft in bestimmtem Umfang innerhalb der ersten Amtszeithälfte, § 13 II Nr. 1 i. V. m. § 21 S. 5 BetrVG, ausschließlich Beendigungsgründe, die im Wahlverfahren, der Amtsführung oder Zusammensetzung des Betriebsrats ihren Ursprung haben. Aus ihnen läßt sich also keine Abhängigkeit vom konkreten Arbeitgeber herleiten.

Es ist allerdings unstreitig, daß außer in den genannten Fällen das Amt des Betriebsrates auch dann endet, wenn das BetrVG auf seinen Betrieb nicht mehr anwendbar ist. Sobald also die Zahl der ständig beschäftigten Arbeitnehmer unter fünf sinkt oder der Betrieb ganz zu bestehen aufhört, entfallen die Voraussetzungen des § 1 BetrVG und der Betriebsrat verliert mit der gesetzlichen Grundlage auch sein Amt[82]. Ein Betriebsübergang allein bedeutet jedoch niemals Stillegung des Betriebes, andernfalls wäre er begrifflich gar nicht möglich[83]. Ebensowenig

---

[81] Eine Unterscheidung von *Weber*, S. 19 f., 27; vgl. auch *Buchner*, DB 74 S. 530 (532 ff.).

[82] *Dietz / Richardi*, § 21 Anm. 17 f., 24 ff.; *Fitting / Auffarth / Kaiser*, § 21 Anm. 28 f.; *Kraft* in GK-BetrVG, § 1 Anm. 47; *Galperin / Löwisch*, § 21 Anm. 16, 19; LAG Mannheim, 21. 7. 54; BB 54 S. 745; BAG, 6. 11. 59, AP Nr. 15 zu § 13 KSchG a. F. m. Anm. *Dietz*, Bl. 2 R.

[83] Vgl. oben, 1. Teil, II. 2.

kann er wegen § 613 a BGB zu einem Absinken oder einer wesentlichen (i. S. v. § 13 II Nr. 1 BetrVG) Veränderung der Arbeitnehmerzahl führen. Unter einen der gesetzlichen oder allgemein anerkannten Beendigungstatbestände für das Betriebsratsamt fällt er deshalb nicht.

Eine Ausnahme ist nur dann zu machen, wenn der Betriebserwerber kein Privatrechtssubjekt ist, sondern eine öffentlichrechtliche Körperschaft, Anstalt oder Stiftung. Sobald sie in die Betriebsinhaberschaft einrückt, muß sie zwar nach § 613 a BGB die Arbeitnehmer des Betriebes übernehmen[84], das BetrVG wird aber nach seinem § 130 unanwendbar und der Betrieb unterfällt dem BPersVG bzw. den Landespersonalvertretungsgesetzen. Der Betriebsrat verliert dadurch seine gesetzliche Legitimation, so daß sein Amt enden muß[85]. Die nun in einer Dienststelle, § 6 BPersVG, beschäftigten Arbeitnehmer sind aufgerufen, nach §§ 27 II Nr. 5, 12 ff. BPersVG eine Personalvertretung zu wählen.

Das gleiche wie für öffentlichrechtliche Betriebsinhaber gilt, wenn eine Religionsgemeinschaft den Betrieb übernimmt, so daß er wegen § 118 II BetrVG nicht mehr betriebsratsfähig ist.

## II. Die Abhängigkeit des Betriebsrates von der Belegschaft

Muß bei einer Veräußerung von Privatrechtssubjekt zu Privatrechtssubjekt das Amt des Betriebsrats nicht von Gesetzes wegen nach dem Betriebsinhaberwechsel enden, so ist der Schluß, er bestehe nach dem Betriebsübergang weiter[86], solange unzulässig, wie nicht positiv die Unabhängigkeit des Betriebsrats vom konkreten Arbeitgeber und die Folgenlosigkeit des Betriebsübergangs für die rechtliche Grundlage seines Amtes festgestellt sind.

### *1. Die Rechtsnatur des Betriebsrates*

Bei der Einordnung des Betriebsrats in das Rechtssystem zeigt sich ein breites Spektrum von Meinungen. Nach den Ausführungen im 2. Kapitel können hier sofort diejenigen Ansichten als unzutreffend ausgeschieden werden, die ihn als Organ des Unternehmens[87] oder der Betriebsgemeinschaft betrachten[88]. Daneben wird der Betriebsrat als Organ der

---

[84] Vgl. oben, 1. Teil, IV. 2. b).

[85] Vgl. für den umgekehrten Fall LAG Berlin, 24. 10. 77, EzA Nr. 15 zu § 613 a BGB.

[86] Vgl. zu dieser allgemeinen Annahme oben, 1. Kapitel, II. 1.

[87] *Krause*, BB 51 S. 677 (679), gleichzeitig faßt er den Betriebsrat auch als Organ der Belegschaft auf.

[88] Vgl. oben, 2. Kapitel, II. 1. m. w. N.

Belegschaft[89] oder der Betriebsverfassung[90], als gesetzlicher Vertreter der Belegschaft[91] oder gesetzlicher Verwalter[92], als selbständiger betriebsverfassungsrechtlicher Amtsträger[93] und schließlich als Repräsentant der Arbeitnehmerschaft[94] bezeichnet. Für die hier untersuchte Problematik hat die Unterschiedlichkeit der Auffassungen, die wesentlich davon beeinflußt ist, wie die Belegschaft rechtlich angesehen wird und wem die Beteiligungsrechte des BetrVG zugeordnet sind[95], deshalb keine Bedeutung, weil sie in der Frage der rechtlichen Abhängigkeit des Betriebsrats vom konkreten Arbeitgeber nicht differieren; auf sie gehen die verschiedenen Ansichten in der Regel nicht näher ein, weil sie ihr keine Bedeutung beimessen.

Mit der herrschenden Meinung soll hier der Betriebsrat als Repräsentant der Arbeitnehmer angesehen werden, weil ein zivilrechtliches Vertretungsmodell nicht auf ihn paßt, sondern er parallel zu bekannten staatsrechtlichen Institutionen im eigenen Namen die Interessen seiner Wählerschaft vertritt, die außer durch die Ablehnung der Wiederwahl keinen Einfluß auf die Amtsführung hat. Die vom Betriebsrat repräsentierte Belegschaft ist schlichte Rechtsgemeinschaft, der kollektiv die Beteiligungsrechte des BetrVG zustehen, die der Betriebsrat in ihrem Interesse auszuüben hat[96].

### 2. *Der Bezug des Betriebsrats zur Belegschaft*

Alle zur Rechtsnatur des Betriebsrats vertretenen Auffassungen, nach denen er Repräsentant, gesetzlicher Vertreter, Organ der Beleg-

---

[89] *Galperin*, ArbRdGgnw Bd. 1 (1963) S. 75 (82); *ders.*, RdA 59 S. 321 (322) (Repräsentativorgan); *Galperin / Siebert*, vor § 21 Anm. 6 ff.; *Huber*, S. 488 (Repräsentativorgan); *Krause*, BB 51 S. 677 (679); *Frey*, RdA 60 S. 89 (93); BAG, 6. 11. 59, AP Nr. 15 zu § 13 KSchG a. F. m. Anm. *Dietz*, Bl. 2 R.

[90] *Galperin / Löwisch*, vor § 1 Anm. 52; *Zöllner*, S. 338; BAG, 22. 4. 60, AP Nr. 1 zu § 2 ArbGG Betriebsverfassungsstreit, Bl. 1 R; BAG, 6. 4. 76, AP Nr. 23 zu § 37 BetrVG, Bl. 3 R.

[91] So die h. M. in der Weimarer Republik, z. B. *Jacobi*, Grundlehren, S. 296 f.; weitere Nachweise bei *Dietz / Richardi*, § 1 Anm. 15.

[92] *Neumann-Duesberg*, S. 234 ff.

[93] *Nikisch*, III, § 91 I 9, S. 19.

[94] So die heute h. M.; *Dietz / Richardi*, § 1 Anm. 13, 19 ff.; *Säcker* in Hueck / Nipperdey, II 2, § 52 C I—III, S. 1091 f.; *Kraft* in GK-BetrVG, § 1 Anm. 32 f.; *Gester*, S. 127 ff.; BAG, 15. 9. 54, AP Nr. 1 zu § 66 BetrVG 52 Bl. 2; unklar *Fitting / Auffarth / Kaiser*, § 1 Anm. 29, 32 f., die den Betriebsrat abwechselnd als Organ oder Repräsentant der Belegschaft, als Organ des Betriebes oder der Betriebsverfassung bezeichnen; auch *Grell*, S. 33, der nacheinander von Repräsentant der Arbeitnehmer und Organ des Betriebes spricht.

[95] Vgl. ausführlich zu dieser Streitfrage *Säcker* in Hueck / Nipperdey, II 2, § 52 A, B, S. 1083 ff.; *Dietz / Richardi*, § 1 Anm. 5 ff., jeweils m. w. N.; neuestens *Weitnauer* in Festschrift für Duden, S. 705 (706, 714 f.).

[96] Ähnlich *Kraft* in GK-BetrVG, § 1 Anm. 33, der zu Recht auf die relative Bedeutungslosigkeit des Streites hinweist.

schaft oder der Betriebsverfassung ist, ordnen ihn allein den Arbeitnehmern als deren Interessenwahrer zu, nicht aber dem Arbeitgeber. Das BetrVG gibt diesem keinerlei Einfluß auf Wahl und Zusammensetzung des Betriebsrats, dessen Bildung auch nach dem Willen des Gesetzgebers ausschließlich belegschaftsabhängig ist[97]. Selbst wenn der Arbeitgeber von sich aus die Wahl eines Betriebsrats anstrebte, könnte er weder einen Wahlvorstand bestellen noch zu diesem Zweck eine Betriebsversammlung einberufen oder gar das Arbeitsgericht einschalten, so sehr auch das BetrVG der Grundtendenz nach die Bildung von Arbeitnehmervertretungen begünstigen will[98].

Die Amtsführung des Betriebsrates kann der Arbeitgeber ebensowenig beeinflussen, von seinen Rechten aus § 23 BetrVG hier einmal abgesehen[99]. Er ist lediglich Partner des Betriebsrats für Verhandlungen und Vereinbarungen über die gemeinsame Gestaltung der betrieblichen Ordnung, nicht aber zur Fach- oder Rechtsaufsicht befugt oder gar einbezogen in die Organisation der Arbeitnehmerbeteiligung im Betrieb. Der Betriebsrat ist demnach nicht unmittelbar betroffen durch den Wechsel des Arbeitgebers; dieser bringt ihm einen anderen Verhandlungspartner, nimmt aber der Arbeitnehmervertretung kein konstitutives Merkmal.

Dem Betriebsrat als Belegschafts-Repräsentanten obliegt die Interessenwahrung allein der Arbeitnehmer „seines" Betriebes, durch deren Wahl bezieht er seine Legitimation[100]. Auch § 13 II Nr. 1 BetrVG läßt erkennen, daß Veränderungen im Betrieb nur dann bedeutsam für das Amt des Betriebsrats sein sollen, wenn sie Auswirkungen auf dessen Legitimationsgrundlage, die Belegschaft haben. Sobald diese in gewisser Zeit in bestimmtem Umfang wächst oder abnimmt, ist er neu zu wählen. Dasselbe gilt für die erwähnten außergesetzlichen Fälle, in denen die Amtszeit endet, wenn nämlich die Belegschaft nach einer Stillegung ganz zu bestehen aufhört oder ihre Zahl unter fünf absinkt[101]. Solange der Betriebsübergang dies nicht bewirkt, bleibt er folgenlos für das Betriebsratsamt[102].

---

[97] Ausschußbericht zum RegE eines BetrVG, *zu* BT-Dr. VI / 2729, S. 10; BAG, 24. 4. 69, AP Nr. 18 zu § 13 KSchG a. F. m. Anm. *Wiese*, Bl. 2 R; *Galperin / Löwisch*, vor § 1 Anm. 54.

[98] Vgl. aber § 45 a II des Entwurfs eines Gesetzes zur Änderung des BetrVG der FDP-Bundestagsfraktion vom 20. 3. 69, BT-Dr. V / 4011, S. 4, der dem Arbeitgeber bei Untätigkeit der Arbeitnehmer das Recht gab, selbst eine Arbeitnehmervertretung zu bestellen.

[99] BAG, 4. 8. 75, AP Nr. 4 zu § 102 BetrVG m. Anm. *Meisel*, Bl. 3.

[100] Vgl. die Nachweise oben in Fn. 97.

[101] Vgl. oben, I. m. w. N. in Fn. 82.

[102] Ebenso ausdrücklich LAG Düsseldorf, 20. 9. 74, DB 75 S. 454; LAG Düsseldorf, 28. 6. 57, DB 57 S. 948.

### 3. *Die Belegschaft im Betriebsübergang*

Die für den Fortbestand eines Betriebsrats demnach allein ausschlaggebende Belegschaft setzt sich zusammen aus denjenigen Arbeitnehmern i. S. v. § 5 BetrVG, die durch die räumliche und organisatorische Zuordnung zu einer bestimmten Arbeitsstätte aufgrund von Arbeitsverträgen mit demselben Arbeitgeber zu einer repräsentierbaren Gemeinschaft werden. Diese Arbeitsstätte ist der Betrieb nach § 1 BetrVG, der so lediglich durch die sachlich oder räumlich zusammengehörige Arbeitsleistung von Arbeitnehmern bestimmt werden muß. Als Begriff umfaßt er deshalb nicht die in ihm tätigen Personen, sondern lediglich die organisatorisch zusammengefaßten sächlichen Betriebsmittel[103]. Der Betriebsübergang ist ohne Einfluß auf diesen Arbeitsort, er läßt den Betrieb in seiner „Identität" unberührt[104]. Die zwingende und allgemeine Geltung des § 613 a BGB[105] bewirkt, daß sich auch die Belegschaft nicht verändert. Alle Arbeitnehmer erhalten zwar einen anderen Arbeitgeber, ihre gemeinschaftliche Bezogenheit auf den Betrieb und ihre arbeitsvertragliche Bindung an denselben Arbeitgeber, die Charakteristika, die sie zu einer repräsentierbaren Gruppe machen, bleiben aber bestehen.

Daraus, daß ein Betriebsinhaberwechsel die Belegschaft in ihrer Identität nicht antastet, ergibt sich, daß der Betriebsrat auch dem neuen Arbeitgeber als ihr Repräsentant gegenübersteht, denn seine Legitimationsgrundlage, das Mandat der Arbeitnehmer seines Betriebes, besteht fort.

Dieses Ergebnis ist auch interessengerecht für alle Beteiligten. Der Erwerber hat die Organisations- und Anweisungsbefugnis übernommen, deren rechtliche Begrenzung und Einbindung die Betriebsverfassung bezweckt[106]. Den Arbeitnehmern beschneidet der Betriebsübergang keine Beteiligungsrechte und der Veräußerer ist nach der Abgabe der Betriebsinhaberschaft untauglicher Partner eines etwa nur ihm gegenüber weiterbestehenden Betriebsrates.

## 4. Kapitel: Der Einfluß des Betriebsübergangs auf Betriebsvereinbarungen

Der Übergang von Rechten und Pflichten aus Betriebsvereinbarungen auf den Betriebserwerber erscheint als ebenso sinnvolle Rechtsfolge

---

[103] Vgl. zur Begriffsbestimmung des Betriebes oben, 1. Teil, II. 3.; wie hier *Gamillscheg*, ZFA 75 S. 357 (399).

[104] Vgl. oben, 1. Teil, II. 2.

[105] Vgl. oben, 1. Teil, IV.

[106] Vgl. oben, 2. Kapitel, III.

des Betriebsübergangs wie die Übernahme der Arbeitsverhältnisse und die Fortsetzung des Betriebsratsamtes. Im Unterschied zu diesem ist der bisherige Inhaber aber nicht von vornherein untaugliches Subjekt fortbestehender Bindung, sondern kann, in erster Linie für Zahlungsansprüche, den Arbeitnehmern durchaus als Schuldner angenehmer sein als der Erwerber. Darum ist eine eingehende Erörterung des Bezugs von Betriebsvereinbarungen zu Betrieb und Arbeitgeber im Betriebsübergang angebracht.

### I. Gesetzliche Beendigungstatbestände für Betriebsvereinbarungen

Im Betriebsübergang ist kein Grund zu sehen, der die Geltung von Betriebsvereinbarungen kraft Gesetzes vollständig beendet. Das Recht der Betriebsvereinbarung, § 77 II—VI BetrVG, übergeht wie der die Organisation der Arbeitnehmervertretungen behandelnde Teil des BetrVG mit Schweigen die Rechtsfolgen des Betriebsübergangs. Gesetzlicher Beendigungsgrund ist allein die Kündigung, aus § 77 VI BetrVG läßt sich außerdem folgern, daß der Gesetzgeber auch an eine vereinbarte Geltungsdauer dachte, nach deren Ablauf die Betriebsvereinbarung außer Kraft tritt.

Daneben können, entsprechend dem Ende der Amtszeit des Betriebsrates, Betriebsvereinbarungen auch dann ihre Geltung verlieren, wenn das BetrVG unanwendbar wird, also die Voraussetzungen des § 1 BetrVG entfallen[107]. Fraglich wird diese Auffassung sofort, wenn durch Betriebsvereinbarung Ansprüche geschaffen werden, die erst nach längerer Zeit oder nach Stillegung des Betriebes erfüllt werden sollen, typischerweise Rechte aus Sozialplänen oder Ruhegeld-Betriebsvereinbarungen. Diese nimmt die Kommentarliteratur teilweise kurzerhand von der allgemein aufgestellten Regel ohne nähere Begründung aus, weil nicht sein kann, was nicht sein darf[108].

Der Betriebsübergang führt jedenfalls mit den oben bereits erwähnten Einschränkungen nicht zur Unanwendbarkeit des BetrVG[109], so daß nur fraglich ist, welche Person — Erwerber oder Veräußerer des Betriebes — nach seinem Vollzug Vereinbarungspartner ist, nicht aber ihre grundsätzliche Geltung. Trotz der heute weit überwiegend vertretenen Einordnung als privatrechtlicher Vertrag soll nach fast einhelliger Auffassung der Betriebsübergang zu automatischer Bindung des Erwerbers an abgeschlossene Betriebsvereinbarungen führen[110]. Für den Versuch

---

[107] *Dietz / Richardi*, § 77 Anm. 140; *Fitting / Auffarth / Kaiser*, § 77 Anm. 42; *Galperin / Löwisch*, § 77 Anm. 66; *Thiele* in GK-BetrVG, § 77 Anm. 194.

[108] *Fitting / Auffarth / Kaiser*, § 77 Anm. 42; *Galperin / Löwisch*, § 77 Anm. 66.

[109] Vgl. oben, 3. Kapitel, I.

[110] Vgl. die Nachweise oben in Fn. 12, 22—26.

einer dogmatischen Begründung dieser Ansicht gewinnt der Streit um die Rechtsnatur der Betriebsvereinbarung praktische Bedeutung. Denn der Satzungstheorie gelingt es im Gegensatz zu rechtsgeschäftlichen Lehren ohne Mühe, die Bindung des Erwerbers an das unabhängig von den Erzeugern bestehende „Betriebsgesetz“ zu begründen[111].

## II. Die Rechtsnatur der Betriebsvereinbarung

### 1. *Satzungstheorie*

Es liegt nahe, sich nun der von *Herschel* begründeten Satzungstheorie anzuschließen, um die Schwierigkeiten des Vertragsrechts zu umgehen. Die Betriebsvereinbarung entsteht nach dieser Lehre[112] als objektives Betriebsrecht innerhalb der Betriebsgemeinschaft von Arbeitgeber und Arbeitnehmern durch übereinstimmende Beschlüsse der Organe Betriebsrat und Arbeitgeber. Unabdingbare Voraussetzung ist, diese Betriebsgemeinschaft als zur Rechtserzeugung fähigen Verband im Rechtssinne anzuerkennen. Diese Auffassung stößt aber auf Bedenken, die ihre Ablehnung erzwingen[113], so daß schon allein deshalb die Satzungstheorie als Hilfe zur Lösung der hier untersuchten Frage ausscheiden muß.

Aber auch Abschluß und Inhalt von Betriebsvereinbarungen in der vom BetrVG gestalteten betrieblichen Wirklichkeit widerlegen diese Ansicht. Sie kommen meist nach langwierigen Verhandlungen zwischen Arbeitgeber und Betriebsrat zustande, in denen die gegenläufigen Interessen in einen Kompromiß gegossen werden müssen, beginnend mit dem Vorschlag eines Partners, den der andere mit einem Gegenvorschlag beantworten wird, solange, bis ein Entwurf von beiden Parteien gebilligt werden kann, ein Verlauf, wie er dem BGB in §§ 145, 150 II, 147 für den Abschluß jedes Vertrags vorschwebt[114], auch wenn er wie die Betriebsvereinbarung gemäß § 77 II BetrVG der Schriftform des § 126 BGB bedarf.

Auch der regelmäßige Inhalt von Betriebsvereinbarungen spricht gegen die Satzungstheorie. Sie enthalten nicht allein Rechtsnormen, die

---

[111] *Kunze*, RdA 76 S. 31 (32); *Grell*, S. 40 f.; für bedeutungslos halten den Streit dagegen *Richardi*, Kollektivgewalt, S. 309; *Fitting / Auffarth / Kaiser*, § 77 Anm. 18; *Fuchs*, S. 143.

[112] Vgl. die Nachweise oben in Fn. 57, 73.

[113] Vgl. oben, 2. Kapitel, II. 2.

[114] Ausführlich dazu *G. Hueck*, Betriebsvereinbarung, S. 44 ff.; instruktiv BAG, 12. 6. 75, AP Nr. 1 zu § 87 BetrVG Altersversorgung m. Anm. *Richardi*, Bl. 6, wo ausdrücklich „konstruktive Änderungsvorschläge“ des Betriebsrates gegenüber Vorstellungen des Arbeitgebers verlangt werden; das BAG geht also selbstverständlich von Vertragsverhandlungen aus; BAG, 16. 3. 56, AP Nr. 1 zu § 57 BetrVG 52 hat die Frage der Rechtsnatur von Betriebsvereinbarungen ausdrücklich offengelassen.

das Gesamtverhalten der „Verbandsmitglieder“ regeln, sondern meist Verpflichtungen, denen korrespondierende Ansprüche des anderen Partners bzw. der vom Betriebsrat repräsentierten Arbeitnehmer gegenüberstehen. Sie gleichen also auch hier der Regelform des Schuldvertrags[115].

Zudem steht auch die Kündbarkeit von Betriebsvereinbarungen, § 77 V BetrVG, dem Satzungscharakter entgegen. Ein körperschaftlicher Gesetzgebungsakt kann nur durch ebensolchen actus contrarius beseitigt werden, nicht aber durch einseitige Parteierklärung, der dagegen für zivilrechtliche Dauerschuldverhältnisse regelmäßig beendigende Wirkung zukommt[116].

### 2. *Vertragstheorie*

Im außerbetrieblichen Bereich des kollektiven Arbeitsrechts ist der Tarifvertrag seit langem als privatrechtlicher gegenseitiger Vertrag anerkannt, dem über gewöhnliche bürgerlichrechtliche Verträge hinausgehende normative Drittwirkung gesetzlich zuerkannt ist. Mit den Einschränkungen und Modifikationen, die diese Bestimmungen für andere Dauerschuldverhältnisse auch erhalten haben, wird überwiegend die Anwendbarkeit der §§ 104 ff. BGB für Tarifverträge angenommen[117]. Das BetrVG hat in § 77 IV, VI das Recht der Betriebsvereinbarung parallel zu § 4 I, IV, V TVG geregelt. Diese dem gesetzgeberischen Willen entsprechende Angleichung beider sollte Rechtsunsicherheiten über die Einordnung der Betriebsvereinbarung beseitigen und zwingt heute dazu, sie neben dem Tarifvertrag als zweite Gruppe kollektiver arbeitsrechtlicher Normenverträge zu betrachten[118]. Daß die Abschlußparteien einer Betriebsvereinbarung nur begrenzte Regelungsmacht haben, während der Tarifvertrag zur umfassenden Gestaltung der Arbeits- und Wirtschaftsbedingungen dient, hindert ihre rechtliche Gleichbehandlung nicht. Die Kompetenzen der Betriebspartner sind enumerativ beschränkt, weil die betriebsverfassungsrechtliche Zwangsordnung nur soweit eingreifen soll und darf, wie ihr Sinn und Zweck es gestattet, dagegen die Tarifgeltung lediglich nach freiwilliger Unterwerfung durch

---

[115] *Dietz* in Festschrift für Sitzler, S. 131 (139 ff.), der diese Begründung gegen die Satzungstheorie ausführlich entwickelt.

[116] Unter dem BetrVG 52 insoweit inkonsequent *Galperin / Siebert*, § 52 Anm. 66; dagegen die Kündigungsmöglichkeit ablehnend *Adomeit*, BB 62 S. 1246 (1250 f.).

[117] *Nipperdey* in Hueck / Nipperdey, II 1, § 12 I 2, S. 208, § 18 V, S. 353 ff.; *Nikisch*, II, § 69 I 3, S. 212, § 76 I 5 b, S. 353, beide m. w. N.; abweichend *Wiedemann / Stumpf*, § 1 Anm. 10, die die Parallele zu anderen Dauerschuldverhältnissen nicht ziehen, aber im Ergebnis gleicher Auffassung sind.

[118] Vgl. Begründung zu § 77 RegE eines BetrVG, BT-Dr. VI / 1786, S. 47; *Galperin / Löwisch*, § 77 Anm. 6; *Fitting / Auffarth / Kaiser*, § 77 Anm. 17; zum BetrVG 52 schon *G. Hueck*, RdA 52 S. 366; *Schnorr v. Carolsfeld*, S. 437 f.; *Säcker*, S. 341.

den Erwerb der Mitgliedschaft einer Tarifpartei eintritt. Am Rechtscharakter des Regelungsinstrumentariums ändert sich dadurch nichts.

### 3. *Vereinbarungstheorie*

Gegen die Zusammenfassung von Tarifvertrag und Betriebsvereinbarung unter einem gemeinsamen Oberbegriff mit der Folge auch rechtlicher Gleichbehandlung wenden sich außer der Satzungstheorie auch die Anhänger der Vereinbarungslehre, die in der Betriebsvereinbarung keinen Vertrag, der durch sich ergänzende entgegengesetzte Willenserklärungen zustande kommt, sondern eine Vereinbarung sehen, die mit Abgabe übereinstimmender Erklärungen gleichen Inhalts entsteht. Zur Begründung berufen sie sich auf die Interessenübereinstimmung zwischen den Abschlußparteien[119].

Die Berufung auf die Interessenlage ist jedoch kein geeignetes Argument für oder gegen eine vertretene Theorie. Denn weder läßt sich regelmäßig für Verträge ein Interessengegensatz behaupten, er fehlt sicherlich beim Eheschluß zwischen den Brautleuten, noch kann er für jede Vereinbarung oder körperschaftliche Rechtssetzung geleugnet werden, als Beispiele seien die Wertfestsetzung einer Sacheinlage im Gesellschaftsvertrag oder die Einfügung einer Stimmrechtsbeschränkung in die Satzung einer Aktiengesellschaft genannt. Hier widerstreiten deutlich die Interessen zwischen den Gesellschaftern bzw. zwischen Klein- und Großaktionär. Im gewöhnlichen Verlauf werden Arbeitgeber und Betriebsrat ein gemeinsames Interesse am Abschluß einer Betriebsvereinbarung, jedoch gegensätzliche Vorstellungen von ihrem Inhalt haben, ebenso wie bei einem gewöhnlichen Kauf-, Miet- oder Werkvertrag auch[120].

Ohne praktische Bedeutung ist die Unterscheidung zwischen Vertrag und Vereinbarung letzten Endes deshalb, weil auch für die gleichlautenden Willenserklärungen beim Abschluß der letzteren die §§ 104 ff. BGB gelten sollen, so daß Rechtsfragen der Anfechtung, Aufhebung oder des Zugangs etc. übereinstimmend zu lösen sind[121]. Auch die übliche Bezeich-

---

[119] Begründer der Vereinbarungstheorie ist *Jacobi*, Grundlehren, S. 348 ff.; ebenso, jedoch ohne Betonung der Interessengleichheit *Nikisch*, III, § 107 IV 2, S. 270 f.; *Dietz*, Einl. IV 3 a, § 52 Anm. 12; *Neumann-Duesberg*, RdA 62 S. 404 (409 f.); die Satzungstheorie geht ebenfalls von Interessengleichheit aus: *Galperin*, RdA 59 S. 321 (325); *ders.*, ArbRdGgnw Bd. 1 (1963) S. 75 (87); *Galperin / Siebert*, § 52 Anm. 21 b, 23; *Herschel*, RdA 56 S. 161 (164 ff.), sieht gar ganz allgemein eine Interessengemeinschaft im Betrieb.

[120] Gegen das Argument einer Interessenübereinstimmung von Arbeitnehmern und Arbeitgeber ausführlich *G. Hueck*, Betriebsvereinbarung, S. 31 ff.; vgl. auch *Neumann-Duesberg*, S. 173 ff.

[121] Vgl. *Jacobi*, Grundlehren, S. 264; *Nikisch*, III, § 107 VII, S. 284 ff.; ebenso

nung beider Arten von kollektiven Normenverträgen als Gesamtvereinbarungen läßt erkennen, daß kein rechtlich erheblicher Unterschied zwischen Vertrag und Vereinbarung besteht.

Das Zivilrecht des BGB macht ebenfalls keinen Unterschied zwischen beiden. Es kennt allein Verträge, deren Angebots- und Annahmeerklärung oft nur durch Auslegung aus dem Verhalten und den Verhandlungen der Parteien zu ermitteln sind, die schließlich nur noch übereinstimmend erklärt haben, „ich will diesen Vertrag schließen". Von den Erklärungen gleichen Inhalts, die zum Abschluß einer Vereinbarung führen sollen, lassen sich ebensogut die erste als Angebot, die zweite als Annahme auffassen, auch wenn sie wörtlich übereinstimmen. In einigen Vorschriften, z. B. §§ 554 b, 570 a, 1245 BGB werden vertragliche Abmachungen als „vereinbarte" Rechte oder Pflichten bezeichnet; § 1615 e BGB gebraucht gar beide Begriffe deutlich synonym, so daß eine rechtliche Ungleichbehandlung auch von daher ausgeschlossen ist.

### *4. Die Betriebsvereinbarung als Vertrag des bürgerlichen Schuldrechts*

Nach alledem ist der Auffassung zuzustimmen, die Betriebsvereinbarungen als privatrechtliche Verträge entsprechend den §§ 145 ff. BGB behandelt[122]. Inhaltlich lassen sie sich schuldrechtlich begreifen, wenn man in der unmittelbaren und zwingenden Wirkung nach § 77 IV BetrVG die gesetzliche Ermächtigung sieht, entsprechend §§ 328 ff. BGB Verträge zugunsten und darüber hinaus auch zulasten Dritter, der Arbeitnehmer abzuschließen[123]. Normative Wirkung für die Arbeitsverhältnisse bedeutet nichts anderes als unmittelbare Drittwirkung vertraglicher Vereinbarungen, die in Entsprechung zu dem Gedanken des § 328 I BGB zu eigenen Rechten aber auch Pflichten der Dritten, also der Arbeitnehmer führt. Die Berechtigung, diese zu verpflichten, verlangt Beschränkung der Privatautonomie im Abschluß von Betriebsvereinbarungen; sie dürfen nur bestimmte Materien behandeln und die Parteien unterliegen einer besonderen Pflichtenbindung[124].

---

*Adomeit*, BB 62 S. 1246 (1250) trotz seiner der Satzungstheorie verwandten Ansicht.

[122] So *G. Hueck*, Betriebsvereinbarung, S. 49 f. (Zusammenfassung); *Fitting / Auffarth / Kaiser*, § 77 Anm. 17; *Galperin / Löwisch*, § 77 Anm. 6; *Thiele* in GK-BetrVG, § 77 Anm. 32; *Brecht*, § 77 Anm. 8; *Säcker* in Hueck / Nipperdey, II 2, § 65 E, S. 1271 ff.; *Neumann-Duesberg*, S. 357 f. (a. A. aber RdA 62 S. 404 (409)); *Säcker*, S. 341; *ders.*, AR-Blattei (D) Betriebsvereinbarung I, unter C I, D I 4.

[123] §§ 328 ff. BGB zieht auch *Richardi*, Kollektivgewalt, S. 320 heran, beschränkt auf Regelungen zugunsten der Arbeitnehmer.

[124] Vgl. dazu *Dietz / Richardi*, § 77 Anm. 39, 49.

Gegen die Vertragsnatur der Betriebsvereinbarung kann auch nicht eingewandt werden, daß sie durch einen Spruch der Einigungsstelle nach § 76 BetrVG zustande kommen kann, der die Einigung zwischen Arbeitgeber und Betriebsrat in bestimmten Fällen ersetzt, z. B. §§ 87 II, 112 IV BetrVG. Deren Entscheidung wirkt als Betriebsvereinbarung, so daß von einer Willenseinigung der Betriebspartner nicht mehr gesprochen werden kann. Das Gestaltungsrecht der Einigungsstelle schafft jedoch ein „Substitut" der Willenseinigung von Arbeitgeber und Betriebsrat[125]. Es ist in § 76 V BetrVG den §§ 317, 319 BGB nachgebildet, da die Einigungsstelle Leistungsinhalte im Rechtsverhältnis der Betriebspartner bestimmen kann, mit dem hervorstechenden Unterschied, daß die Befugnis der Einigungsstelle gesetzlich und nicht vertraglich begründet ist. Die Ersetzung einer vertraglichen Abmachung durch die Entscheidung eines Dritten ist dem System des bürgerlichen Schuldrechts nicht wesensfremd. Wie die Leistungsbestimmung eines vertraglich befugten Dritten ist auch die der Einigungsstelle nur verbindlich, wenn sie der Billigkeit entspricht, und auf diese Voraussetzung hin gerichtlich überprüfbar[126]. Die Betriebsvereinbarung kann also auch nach ihrer gesetzlichen Ausformung als Vertrag des bürgerlichen Schuldrechts angesehen werden. Sie gilt kraft der Willenseinigung der Parteien Arbeitgeber und Betriebsrat.

Durch den Betriebsübergang verliert der Arbeitgeber die Befugnis, weitere Betriebsvereinbarungen abzuschließen, diese ist an die Betriebsinhaberschaft gebunden. Jedoch sagt das nichts über bestehende Betriebsvereinbarungen aus. Sie gelten zwischen den Parteien, nicht kraft Vorhandenseins eines Betriebes, wenn auch dieser Bedingung ihres Entstehens ist, so daß, will man den Erwerber an sie binden, ein über den Tatbestand des Betriebsübergangs hinausgehender Überleitungsgrund gefunden werden muß, der ihn zum Eintritt in die Parteistellung des Veräußerers zwingt.

### III. Die Bindung des Betriebserwerbers an Betriebsvereinbarungen

#### *1. Betriebsvereinbarung als Ordnung des Betriebes*

Konfrontiert mit der Problematik des Betriebsübergangs halten manche, die die vertragliche Entstehung der Betriebsvereinbarung bejahen, sie materiell für eine Satzung oder verselbständigte Betriebsord-

---

[125] BAG, 11. 5. 76, AP Nr. 2 zu § 76 BetrVG m. Anm. *Dütz*, Bl. 1 R.

[126] Die Parallele zu §§ 317, 319 BGB zieht auch *Weitnauer* in Festschrift für Duden, S. 705 (716 ff.); zur Billigkeitskontrolle einer Entscheidung der Einigungsstelle vgl. *v. Hoyningen-Huene*, S. 50 ff., der wegen ihrer kollektiven Entscheidungszuständigkeit nicht Billigkeit als die Gerechtigkeit im Einzelfall, sondern Angemessenheit als Prüfungsmaßstab verwenden will.

nung, die sich nach ihrem Abschluß durch die Betriebspartner von ihnen ablöst und unabhängig besteht[127]. Dadurch wird der Betriebsvereinbarung aber die Beziehung zu ihrem Geltungsgrund, der Willensübereinstimmung der Parteien, genommen, und ihre bindende Wirkung verliert das rechtliche Fundament, nachdem sich die Annahme einer Betriebsgemeinschaft, deren satzungsgleiche Ordnung sie sein könnte, als unhaltbar erwiesen hat[128]. Weder unmittelbare und zwingende noch den Betrieb ordnende, zu vergleichbaren Verhältnissen für alle Betriebsangehörigen führende Wirkung der Betriebsvereinbarung bedeuten ihre rechtliche Verselbständigung. Damit wäre auch die Kündigungsbefugnis des § 77 V BetrVG unvereinbar. Eine unabhängig von den Abschlußparteien geltende betriebliche Ordnung kann nicht einseitig durch eine von ihnen vernichtet werden.

Ebensowenig wie als überindividuelle Ordnung des Betriebes können Betriebsvereinbarungen als Bestandteil der Einzelarbeitsverträge unmittelbar nach § 613 a BGB übergehen[129]; denn sie bestehen unabhängig von den Arbeitsverhältnissen als Kollektivvertrag lediglich zwischen Arbeitgeber und Betriebsrat und wirken von außen auf jene ein[130].

### *2. Die Bindung der Betriebsvereinbarung an ein betriebsverfassungsrechtliches Amt des Arbeitgebers*

Durch den Betriebsübergang verliert der bisherige Arbeitgeber die Befähigung, Betriebsvereinbarungen als Partei abzuschließen. Nur der jeweilige Betriebsinhaber kann die Befugnis nach § 77 II BetrVG ausüben. Daraus wird geschlossen, ebenso wie der Betriebsrat sei der Arbeitgeber kraft einer Amtsstellung an Betriebsvereinbarungen beteiligt, und deshalb das Nachrücken anderer Personen in diese Stellung für unbeachtlich gehalten[131]. Das hieße, daß die Rechte und Pflichten aus

---

[127] *G. Hueck*, Betriebsvereinbarung, S. 51; ähnlich *Nikisch*, III, § 107 IX 2, S. 297; vgl. *Adomeit*, BB 62 S. 1246 (1247), der diese Ansicht als allgemeine bezeichnet; ebenso *Herschel*, AuR 77 S. 137 (140) für den Tarifvertrag.

[128] Vgl. oben, 2. Kapitel, II. 2.

[129] So aber *Flatow / Kahn-Freund*, § 66 Betriebsvereinbarung Anm. VIII 2 a; für den Tarifvertrag auch RAG, 8. 2. 28, ARS Bd. 2 S. 71 (73); RAG, 25. 3. 31, ARS Bd. 11 S. 521 (522); ähnlich *Borngräber*, S. 77 ff., der zwar Betriebsvereinbarungen als selbständig ansieht, Rechte und Pflichten daraus aber als solche aus den bestehenden Arbeitsverhältnissen betrachtet.

[130] Vgl. *Dietz / Richardi*, § 77 Anm. 92; *Fitting / Auffarth / Kaiser*, § 77 Anm. 19; beachte demgegenüber aber den RegE eines Gesetzes ... über die Erhaltung von Ansprüchen bei Betriebsübergang, RdA 79 S. 37, nach dem Betriebsvereinbarungs- und Tarifnormen mit einem Betriebsübergang zum Inhalt des Arbeitsverhältnisses werden sollen; die Praktikabilität dieser Vorschrift erscheint insbesondere im Hinblick auf betriebsordnende oder die Stellung des Betriebsrates betreffende Betriebsvereinbarungen zweifelhaft.

[131] *Galperin / Löwisch*, § 77 Anm. 65; ähnlich wohl *Borngräber*, S. 96; als Amtsträger bezeichnet den Arbeitgeber auch *Säcker*, S. 328 ff.

einer Betriebsvereinbarung an der Funktion Arbeitgeber hängen, die als solche übertragbar sein müßte. Zur Begründung liegt die Parallele zum Betriebsrat nahe, dessen Mitglieder nach einer Neuwahl ohne Auswirkungen auf geltende Betriebsvereinbarungen wechseln. Ebenso wie die Mitgliedschaft im Betriebsrat hätte man die Arbeitgeberstellung als betriebsverfassungsrechtliches Amt anzusehen; ihm wäre die Parteistellung für Betriebsvereinbarungen zuzuordnen. Diese übernimmt der Betriebserwerber automatisch zusammen mit dem an die Betriebsinhaberschaft gekoppelten Amt.

Jedoch sind Arbeitgeberstellung und Betriebsratsamt nicht soweit vergleichbar, daß die Rechtsfolgen einer Neuwahl zu diesem und des Wechsels von jenem übereinstimmen müßten. Dies kann nicht damit begründet werden, daß Vertragspartner des Arbeitgebers nicht der Betriebsrat, sondern die Belegschaft ist, die nach einer Neuwahl die gleiche bleibt[132]. Denn der Betriebsrat schließt Betriebsvereinbarungen als Partei ab und ist nicht gesetzlicher Vertreter der Arbeitnehmer. Auch wenn er ausschließlich Belegschaftsinteressen wahrt, tritt er doch in eigenem Namen auf, wenn er eigene schuldrechtliche Pflichten und Rechte übernimmt oder zugunsten und zulasten Dritter unmittelbare und zwingende, daher normativ wirkende Bestimmungen vereinbart. Die Anordnung dieser Wirkung wäre überflüssig, wenn die Belegschaft selbst Parteistellung hätte, so daß ihr die vertragliche Bindung von vornherein unmittelbar obläge[133]. Der Betriebsrat ist aber im Gegensatz zum Arbeitgeber eine vom BetrVG geschaffene Institution, die den Wechsel der sie tragenden Personen von ihrer Anlage her als bestimmendes Merkmal in sich trägt. Die Mitgliedschaft wird vom Gesetz selbst z. B. in §§ 13 III, 21, 22, 37 VII BetrVG als Amt bezeichnet; dieses bleibt im Wechsel der Amtsträger bestehen, und an ihm läßt sich auch die Parteistellung für Betriebsvereinbarungen festmachen. Der regelmäßige Wechsel der Mitglieder ist vom BetrVG ohne Zerstörung der Kontinuität der Institution selbst vorgesehen und gewollt, kann daher in Übereinstimmung mit allen Stimmen in der Literatur keine Folgen für die Geltung von Betriebsvereinbarungen haben[134].

Im Gegensatz zum Betriebsrat, der eine rein betriebsverfassungsrechtliche Institution ist und deshalb nicht notwendig wie ein gewöhnliches Privatrechtssubjekt behandelt werden muß, hat das BetrVG den Ar-

---

[132] So aber *G. Hueck*, Betriebsvereinbarung, S. 51; *Säcker* in Hueck / Nipperdey, II 2, § 66 C VI 2, S. 1287; *Neumann-Duesberg*, S. 390.

[133] Vgl. *Thiele* in GK-BetrVG, § 77 Anm. 31, 34; *Dietz / Richardi*, § 77 Anm. 27, mißverständlich aber Anm. 148.

[134] z. B. *Dietz / Richardi*, § 77 Anm. 148; *Fitting / Auffarth / Kaiser*, § 77 Anm. 45; *Thiele* in GK-BetrVG, § 77 Anm. 205; *Galperin / Löwisch*, § 77 Anm. 65; *Brecht*, § 77 Anm. 21.

beitgeber in seiner Stellung als Arbeitsvertragspartner und Betriebsinhaber vorgefunden. Er ist nur mit allgemeinen privatrechtlichen Kategorien zu erfassen, da er nicht wie die Betriebsratsmitglieder vorprogrammiert wechselt, sondern lediglich vom Gesetz mit zusätzlichen Rechten und Pflichten ausgestattet wird, die an seiner Rechtsqualität als natürlicher oder juristischer Person oder Personengesamtheit nichts ändern. Das Ausscheiden des Arbeitgebers aus der Stellung, die ihn befähigte, mit dem Betriebsrat Betriebsvereinbarungen abzuschließen, läßt ihn demnach entsprechend den allgemeinen Regeln des Privatrechts als Person weiterhin an das Vereinbarte gebunden sein, auch wenn ihm die Verpflichtungen daraus faktisch unerfüllbar werden. Insofern ergibt sich eine Parallele zum Verkauf des vermieteten Grundstücks durch den Vermieter, der dadurch die Möglichkeit aus der Hand gibt, seiner Vertragspflicht aus § 535 S. 1 BGB nachzukommen. Hier hat das Gesetz mit § 571 BGB Abhilfe geschaffen. Eine entsprechende Vorschrift im Recht der Betriebsvereinbarung besteht nicht, auch § 613 a BGB betrifft nicht sie, sondern lediglich die Einzelarbeitsverhältnisse[135].

Als unbefriedigende Folge dieser, dem gesetzlichen Wortlaut entsprechenden Lage ist der Betriebserwerber zwar Arbeitgeber der betriebsangehörigen Arbeitnehmer hinsichtlich aller einzelvertraglichen Rechte und Pflichten, nicht aber Betriebsvereinbarungs-Partei und daher zu deren Nichtbeachtung berechtigt[136], wenn es nicht gelingt, im Wege der Rechtsfortbildung die Parteistellung aus Betriebsvereinbarungen auf den Betriebserwerber zu übertragen.

### *3. Bindung des Erwerbers aufgrund Rechtsfortbildung*

a) Eingangs wurde bereits festgestellt, daß eine ausdrückliche Gesetzesbestimmung nicht zu finden ist, kraft derer der Betriebserwerber in die Stellung des berechtigten und verpflichteten Betriebsvereinbarungspartners einrückt[137]. Wenn § 613 a BGB den Übergang der Arbeitsverhältnisse anordnet, sind zwar die Rechtsbeziehungen zwischen Arbeitgeber und Arbeitnehmern in ihrer Gesamtheit davon erfaßt, nicht aber die zwischen Arbeitgeber und Betriebsrat, der als selbständiger Rechtsträger Partei der Betriebsvereinbarungen ist. Auch die §§ 419 BGB, 25 HGB, die als Haftungsnormen bei der Veräußerung ganzer Unternehmen weithin eingreifen werden[138], führen nicht zu einem be-

---

[135] Vgl. oben, 1. Kapitel, I. 2.

[136] *Gaul*, BUV 72 S. 181 (186 f.) nimmt dies mit seiner Auffassung ohne weiteres in Kauf.

[137] Vgl. oben, 1. Kapitel, I.

[138] Vgl. BAG, 24. 3. 77, AP Nr. 6 zu § 613 a BGB m. Anm. *Blomeyer* = SAE 78 S. 57 m. Anm. *Schwerdtner*, das Ruheständler allein auf diese Haftungsnormen gegenüber dem Betriebserwerber verweist.

friedigenden Ergebnis, wenn die unmittelbare Bindung des neuen Inhabers an alle Normen von Betriebsvereinbarungen angestrebt wird. Zum einen betreffen beide Bestimmungen nur den Schuldbeitritt, geben also den Arbeitnehmern eine erweiterte Haftungsgrundlage für aus Betriebsvereinbarungen herzuleitende Ansprüche, nicht aber die Vertragsübernahme insgesamt, die erforderlich ist, wenn das betriebsordnende System gegenseitiger Rechte und Pflichten erhalten werden soll, das regelmäßig zum großen Teil auf Betriebsvereinbarungen beruht. Zum anderen sind §§ 419 BGB, 25 HGB nicht auf jeden Betriebsübergang anwendbar. Sie greifen nur unter bestimmten Voraussetzungen ein, die nicht einmal regelmäßig vorliegen, sind daher zur umfassenden Lösung ungeeignet[139].

b) Deshalb bleibt als methodischer Ausweg die Analogie, um die in der gesetzlichen Regelung für Kollektivverträge bestehende Lücke zu füllen. Als analogiefähige Norm bietet sich § 613 a BGB an[140], dessen Rechtsfolgen auf Betriebsvereinbarungen übertragen werden können, wenn diese Übertragung sinnvoll, interessengerecht und durch Übereinstimmung zwischen Einzel- und Kollektivvertrag in den für die gesetzliche Wertung des § 613 a BGB bestimmenden Gesichtspunkten gerechtfertigt ist, sowie dadurch der der Teleologie des Gesetzes zugrundeliegende Regelungsplan erst voll verwirklicht wird[141].

Aus den gleichen Gründen wie der Übergang der Einzelarbeitsverhältnisse liegt der Eintritt des Betriebserwerbers in die innerhalb des Betriebes bestehenden kollektiven Rechtsbeziehungen im Interesse aller Beteiligten[142]. Neben den Arbeitnehmern, die auf den Bestand des betrieblichen Ordnungsgefüges vertrauen, ist es auch für ihren neuen Arbeitgeber vorteilhaft, in ein schon festgelegtes Rechte- und Pflichtensystem einzutreten. Zwar belastet ihn die Bindung an Betriebsvereinbarungen finanziell in der Regel mehr, als wenn er neue Arbeitsbedingungen einzelvertraglich frei vereinbaren und anordnen könnte, jedoch schlägt sich diese Mehrbelastung im Entgelt für den Betriebserwerb nie-

---

139 Vgl. auch *Seiter*, AR-Blattei, unter D I, II; für Tarifverträge ebenso *Wiedemann / Stumpf*, § 3 Anm. 73.

140 Die Analogie vertreten für Betriebsvereinbarungen *Seiter*, AR-Blattei, unter B VII 5 a; *Birk*, BB 76 S. 1227 (1231); *Becker-Schaffner*, BlStSozArbR 75 S. 305 (308); *Posth*, S. 212 ff.; wohl auch *Martens*, Anm. zu BAG, 4. 12. 74, SAE 76 S. 81 (84); zustimmend *Heckelmann*, ZFA 73 S. 425 (475); für Firmentarifverträge ebenso *Birk*, AuR 75 S. 312 (316); *Nipperdey / Säcker*, AR-Blattei (D) Tarifvertrag III, unter F 1; *Seiter*, AR-Blattei, unter B VII 5 b aa; a. A. für Betriebsvereinbarungen *Borngräber*, S. 95; *Gaul*, BUV 72 S. 181 (186 f.); für Tarifverträge *Mösenfechtel / Schmitz*, RdA 76 S. 108 f.; *Wiedemann / Stumpf*, § 3 Anm. 73, die aber über offene Rechtsfortbildung zum selben Ergebnis kommen.

141 Vgl. zu diesen Voraussetzungen *Larenz*, Methodenlehre, S. 358 f., 366 ff.

142 Vgl. oben, 1. Teil, IV. 4. b).

der, das um so größer sein wird, je mehr Verpflichtungen dem Veräußerer gegenüber den Arbeitnehmern des Betriebes verbleiben[143]. Durch die Bindung des neuen Inhabers an Betriebsvereinbarungen verlagert sich also die finanzielle Gegenleistung für den Erwerb auf die spätere Fälligkeit von Sozialleistungs- und Lohnzahlungspflichten. Daneben erleichtert die Übernahme einer intakten und tätigen Organisation den unternehmerischen Beginn des Erwerbers. Deshalb trifft es ihn nicht unbillig, mit dieser funktionsfähigen arbeitstechnischen Einheit auch die das rechtliche Ordnungsgefüge in ihr gestaltenden Betriebsvereinbarungen zu übernehmen. Größtes Interesse daran, daß die Stellung als Betriebsvereinbarungspartei mit dem Betrieb übergeht, hat auch der Veräußerer. Abmachungen über innerbetriebliches Verhalten kann er nicht mehr einhalten oder überwachen, entsprechender Pflichten will er sich also entledigen. Und für die Erfüllung von Leistungspflichten gegenüber den Arbeitnehmern des Betriebes verliert er die wirtschaftliche Grundlage, das betriebliche Arbeitsergebnis.

Der Zweck des § 613 a BGB liegt darin, den von einem Betriebsübergang betroffenen Arbeitnehmern ihre tatsächliche und rechtliche Arbeitsmöglichkeit, die an die Betriebsmittel gebunden ist, zu den bisherigen Bedingungen zu erhalten. Der Gesetzgeber wollte die Rechtsstellung der Arbeitnehmer im Betriebsübergang kraft Einzelrechtsnachfolge derjenigen bei einer Universalsukzession gleichstellen[144], das bedeutet, sie soll sich in der Gestalt, in der sie gegenüber dem bisherigen Betriebsinhaber entwickelt war, gegenüber dem Erwerber fortsetzen. Die Arbeitsbedingungen werden aber heute in so großem Umfang durch Normenverträge geregelt, daß der mit § 613 a BGB verfolgte gesetzgeberische Plan scheitern würde, blieben Rechte aus ihnen nicht im Verhältnis zum neuen Arbeitgeber erhalten. Hätte der Gesetzgeber daran gedacht, daß der gewählte Wortlaut Kollektivverträge nicht einbezieht, so hätte er ihren Übergang ebenfalls angeordnet. Die Ansicht von *Gaul*[145], der Gesetzgeber habe bewußt darauf verzichtet, die Weitergeltung von Betriebsvereinbarungen anzuordnen, geht fehl, weil ihm diese Lücke angesichts der einhelligen Auffassung in Rechtsprechung und Literatur[146] gar nicht bewußt sein konnte, auch wenn diese herrschende Meinung ohne überzeugende dogmatische Begründung war.

---

[143] Vgl. die übereinstimmende Interessenbewertung für Ruheständler bei *Säcker / Joost*, DB 78 S. 1030 ff.

[144] Begründung zu § 123 RegE eines BetrVG, BT-Dr. VI / 1786, S. 59.

[145] *Gaul*, BUV 72 S. 181 (186).

[146] Vgl. die Nachweise oben in Fn. 12.

Die analoge Anwendung des § 613 a BGB auf Betriebsvereinbarungen erscheint somit als notwendig, um das Regelungsziel des Gesetzgebers zu erreichen, der den Besitzstand der Arbeitnehmer in vollem Umfang auf einen Betriebserwerber übertragen wollte[147]. Betriebsvereinbarung und Arbeitsvertrag stimmen im für eine Analogie erforderlichen Ausmaß in den Gesichtspunkten überein, die für den Gesetzeszweck des § 613 a BGB ausschlaggebend sind[148]. Das Gesetz stuft die personale Komponente des Arbeitsverhältnisses, den Bezug zum Arbeitgeber, geringwertiger ein als die Bindung an den konkreten Arbeitsplatz. Diese Wertung kann auf Betriebsvereinbarungen übertragen werden, deren Bindung an den Betrieb noch größer ist, weil ihre Entstehung seine Existenz verlangt. Daß § 613 a BGB nur individualrechtliche Komponenten des Arbeitsverhältnisses behandelt[149], steht nicht entgegen, weil diese Beschränkung gerade als zu füllende Lücke erkannt wurde. Durch die geschlossene Übernahme aller Arbeitsverhältnisse ist schon in der ausdrücklichen gesetzlichen Regelung ein kollektives Element enthalten — sie erfaßt die gesamte Betriebsbelegschaft —, deshalb bringt die analoge Anwendung auf Betriebsvereinbarungen dieses nicht neu ein, sondern verstärkt es lediglich.

Das von *Borngräber* angeführte Gegenargument, mit dem er die Analogie ablehnt[150], Betriebsvereinbarungen des übernommenen Betriebes paßten möglicherweise nicht in das Gefüge aus Tarifverträgen und Gesamtbetriebsvereinbarungen, das beim neuen Arbeitgeber besteht, kann ebenfalls nicht überzeugen. § 613 a BGB will den betroffenen Arbeitnehmern ihre derzeitige Rechtsstellung erhalten, ohne Rücksicht auf die Absichten des Veräußerers oder Erwerbers. Gliedert dieser den übernommenen Betrieb in ein vorhandenes Unternehmen ein, so muß er die abweichend geregelten Rechte und Pflichten aneinander anpassen, sofern das Gleichbehandlungsgebot es verlangt. Jedoch ist das keine

---

[147] Ebenso wird man zumindest bei Übertragung des ganzen Unternehmens für Firmentarifverträge entscheiden müssen, vgl. die Nachweise oben in Fn. 140; dagegen kommt die unmittelbare Bindung des Erwerbers an Verbandstarifverträge nur in Betracht, wenn er selbst tarifgebunden ist, weil § 38 BGB die Mitgliedschaft in der Tarifpartei personalisiert; hier ist aber die analoge Anwendung des § 3 III TVG möglich, vgl. *Seiter*, AR-Blattei, unter B VII 5 b bb (4); *Birk*, BB 76 S. 1227 (1230); *ders.*, AuR 75 S. 312 (316); *Schaub*, § 119 II 2; *Martens*, Anm. zu BAG, 4. 12. 74, SAE 76 S. 81 (84 f.); so schon *Neumann*, DB 60 S. 60; zust. *Heckelmann*, ZFA 73 S. 425 (475); a. A. *Kunze*, RdA 76 S. 31 (33); *Mösenfechtel / Schmitz*, RdA 76 S. 108 (110); *Wiedemann / Stumpf*, § 3 Anm. 80, die § 4 V TVG anwenden; so auch *Nipperdey* in Hueck / Nipperdey, II 1, § 23 B V 2, S. 490; *Nikisch*, II, § 79 III 4, S. 392.

[148] Vgl. *Larenz*, Methodenlehre, S. 366 f.

[149] Das wenden *v. Hoyningen-Huene / Windbichler*, RdA 77 S. 329 (335) gegen die Heranziehung des § 613 a BGB ein.

[150] *Borngräber*, S. 95; er bejaht die Bindung des Erwerbers auf S. 96 aus hier abgelehnten Gründen, vgl. oben, 1.

Frage des Betriebsübergangs selbst, sondern sie tritt erst bei besonderen Verhältnissen oder Maßnahmen des Erwerbers auf, die gesondert rechtlich zu würdigen sind[151].

## Ergebnis des 2. Teils

Nach einem Betriebsübergang wird der neue Betriebsinhaber nicht nur nach § 613 a BGB Arbeitgeber sämtlicher Arbeitnehmer des Betriebes, sondern in analoger Anwendung dieser Vorschrift auch Partei im Betrieb geltender Betriebsvereinbarungen. Der Betriebsrat bleibt von dem Vorgang unberührt. Auch betriebsverfassungsrechtlich wird der Betriebserwerber also in Rechtsnachfolge zum Veräußerer neuer Arbeitgeber.

Die bisherigen Ausführungen standen unter dem Vorbehalt, daß der Betriebsübergang keinen Einfluß auf die innerbetrieblichen Verhältnisse, die Einbindung in ein Unternehmen oder den Betriebszweck hat. Ob das festgestellte Ergebnis aufrecht erhalten werden kann, wenn Veränderungen in Struktur oder Umgebung des Betriebes mit dem Betriebsübergang wirtschaftlich gesehen zusammenfallen, soll im folgenden dritten Teil untersucht werden.

---

151 Vgl. dazu unten, 3. Teil 1. Kapitel, I. 3. b).

*Dritter Teil*

# Die betriebsverfassungsrechtliche Bedeutung der Begleitumstände und -maßnahmen eines Betriebsübergangs

Nur selten vollzieht sich ein Betriebsinhaberwechsel derart, daß ein neuer Unternehmer in jeder Hinsicht mit allen wirtschaftlichen und sozialen Positionen an die Stelle des alten tritt, also weder rechtliche noch tatsächliche Abhängigkeiten und Verbindungen des Betriebes zu seiner Umwelt unterbrochen oder betriebliche Strukturen verändert werden. Immer wenn nur einer von mehreren Betrieben eines Unternehmens, eines von mehreren Konzernunternehmen oder nur der Teil eines Betriebes veräußert wird, wenn der Betriebsübergang Anlaß für Umorganisation oder Verlegung ist oder der erworbene mit Erwerberbetrieben zusammengeschlossen wird, erhebt sich die Frage, ob die Ergebnisse des zweiten Teils bestehenbleiben können oder ob die Betriebsverfassung abhängig ist von der jeweiligen Unternehmenszugehörigkeit und Betriebsorganisation.

Daß regelmäßig von einem Betriebsinhaberwechsel auch das Unternehmen betriebsverfassungsrechtlich betroffen ist, aus dem er herausgelöst wurde, blieb bisher weitgehend unbeachtet. Auch zu diesem Bereich soll hier Stellung genommen werden.

## 1. Kapitel: Die Unternehmens- und Konzernzugehörigkeit des übertragenen Betriebes

Dadurch, daß ein Betrieb nicht beziehungslos zur Umgebung für sich allein besteht, sondern eingebettet ist in ein Unternehmen, das den Kontakt nach außen vermittelt und selbst wiederum konzerngebunden sein kann, wirkt sich die Veräußerung eines einzelnen Betriebes nicht allein auf diesen aus. Ebenso sind davon die umfassendere Einheit sowie beider Abhängigkeiten und Verbindungen betroffen. Im folgenden wird allein die Unternehmenszugehörigkeit behandelt, für die Konzernbindung gilt jedoch das Entsprechende.

### I. Die Betriebsebene

#### *1. Der Betriebsrat*

Das BetrVG behandelt den Einzelbetrieb unabhängig von der Unternehmenszugehörigkeit als abgeschlossenes Ganzes, so daß sich die Herauslösung aus diesem auf die Betriebsverfassung des veräußerten Betriebes nicht auswirkt. Die Arbeitsverhältnisse der gesamten Belegschaft setzen sich mit dem Erwerber fort, dadurch bleibt die Repräsentations- und Legitimationsgrundlage des Betriebsrates erhalten[1]. Sein Amt besteht unabhängig vom Gesamtunternehmen nur im Interesse der Arbeitnehmer des übertragenen Betriebes. Die konkrete Unternehmenszugehörigkeit ist lediglich bedeutsam für die Amtsführung; hier hat der Betriebsrat Rücksicht auf die wirtschaftliche Situation zu nehmen, die nur anhand der Lage des Unternehmens beurteilt werden kann. Im Gegensatz zum Betriebsrat bleibt aber die Mitgliedschaft im Gesamtbetriebsrat vom Ausscheiden eines Betriebes aus dem Unternehmensverband nicht unberührt[2]; deren Ende hat jedoch keinen Einfluß auf den Betriebsrat selbst. Er besteht nach jedem Betriebsübergang als Arbeitnehmerrepräsentant gegenüber dem jeweiligen Arbeitgeber fort.

### 2. *Betriebsvereinbarungen*

a) Während die Bestandsgrundlage des Betriebsrates sich auf den Betrieb beschränkt und deshalb die Unternehmensbindung für sein Amt unbeachtlich ist, muß die Lösung für die Betriebsvereinbarungen differenzierter ausfallen. Grundsätzlich gehören sie auch zu der auf den übertragenen Betrieb beschränkten, in sich abgeschlossenen Betriebsverfassung, ohne von äußeren Einflüssen abhängig zu sein, so daß der Erwerber an sie in Analogie zu § 613 a BGB gebunden wird[3]. Jedoch können Betriebsvereinbarungen inhaltlich ausschließlich auf spezifische Verhältnisse im bisherigen Unternehmen zugeschnitten sein, von denen ihre Erfüllungsmöglichkeit abhängt. Betriebsvereinbarungen über Form, Inhalt, Ausgestaltung und Verwaltung solcher Sozialeinrichtungen gemäß § 87 I Nr. 8, 9 BetrVG, die der bisherige Betriebsinhaber zur Verfügung gestellt hatte, aber nicht zusammen mit dem Betrieb veräußert, sondern selbständig verwertet, verlieren nach dem Betriebsübergang ihren Anwendungsbereich. Fehlen dem Erwerber Mittel oder Wille zu gleichen Einrichtungen, so muß er sich von entsprechenden Vereinbarungen, in die er im Grundsatz als Partei eintritt, lösen können. Er ist nicht dazu verpflichtet, Vergleichbares zu schaffen — nur die bisher durch Sozialeinrichtung erfüllte Leistungspflicht trifft ihn[4] —; denn im Rahmen der Mitbestimmung des Betriebsrates in sozialen Angelegenheiten kann der Arbeitgeber nicht zum Einsatz seiner Mittel gerade für eine Sozialeinrichtung gezwungen werden, sondern nur zum Modus der Verwendung von Beträgen, die er bereitstellt[5].

---

[1] Vgl. oben, 2. Teil. 3. Kapitel, II. 3.
[2] Vgl. dazu unten, II. 1. a).
[3] Vgl. oben, 2. Teil, 4. Kapitel, III. 3. b).
[4] Vgl. BAG, 5. 5. 77, DB 77 S. 1803; schon oben, 1. Teil, III. 1. b).

Die weitere Bindung an eine Betriebsvereinbarung kann dem neuen Arbeitgeber nicht zugemutet werden, wenn die unveränderte Regelung undurchführbar ist, weil die Grundlage ihrer Erfüllung dem Erwerber nicht zur Verfügung steht oder wenn sie auf die Verhältnisse seines Unternehmens nicht paßt. Daher muß eine Lösungs- oder Anpassungsmöglichkeit zur Verfügung stehen[6].

b) Wie für andere Dauerschuldverhältnisse auch, bietet sich die Beendigung unzumutbarer Betriebsvereinbarungen durch die außerordentliche Kündigung des neuen Arbeitgebers an. Neben der regelmäßig mit dreimonatiger Frist möglichen ordentlichen Kündigung nach § 77 V BetrVG kann sie für alle Arten von Betriebsvereinbarungen erklärt werden, auch solche, die unkündbar oder für eine bestimmte Zeit abgeschlossen wurden[7]. Diese Berechtigung folgt aus dem in der gesamten Rechtsordnung gültigen Grundsatz, daß ein Dauerrechtsverhältnis von beiden Seiten bei Vorliegen eines wichtigen Grundes lösbar ist, der die weitere Bindung dem Kündigenden unzumutbar macht[8]. Die fristlose Aufkündigung von Betriebsvereinbarungen setzt besonders schwerwiegende Gründe voraus, die das BAG allerdings schon in wirtschaftlichen Schwierigkeiten gesehen hat[9].

Nicht geklärt ist dabei, ob eine außerordentliche Kündigung zur Nachwirkung gemäß § 77 VI BetrVG führt. Wollte man dies bejahen, so wäre das außerordentliche Kündigungsrecht ohne Sinn, der Kündigende müßte die Regelungen der gekündigten Betriebsvereinbarung weiterhin befolgen. Noch unter der Geltung des BetrVG 52, das die Nachwirkung nicht ausdrücklich vorschrieb, schloß das BAG sie jedenfalls für den Fall aus, daß die Betriebsvereinbarung außerordentlich gekündigt war[10].

---

[5] BAG in ständiger Rechtsprechung auch schon zum BetrVG 52, zuletzt BAG, 13. 3. 73, AP Nr. 1 zu § 87 BetrVG Werkmietwohnungen m. Anm. *Richardi;* BAG, 13. 7. 78, BB 78 S. 1617; *Dietz / Richardi,* § 87 Anm. 242, 257; *Fitting / Auffarth / Kaiser,* § 87 Anm. 47; *Galperin / Löwisch,* § 87 Anm. 186; *Wiese* in GK-BetrVG, § 87 Anm. 118.

[6] *Kehrmann,* MitbestGspr 75 S. 88 (91) schließt ohne nähere Begründung die Bindung des Betriebserwerbers an solche Betriebsvereinbarungen aus, die „obsolet geworden" sind.

[7] So z. B. auch BAG, 19. 7. 57, AP Nr. 1 zu § 52 BetrVG 52, Bl. 3 m. zust. Anm. *G. Hueck;* BAG, 22. 6. 62, AP Nr. 2 zu § 52 BetrVG 52, Bl. 2 R, 3; BAG, 29. 5. 64, AP Nr. 24 zu § 59 BetrVG 52, Bl. 4 R m. Anm. *Neumann-Duesberg; Dietz / Richardi,* § 77 Anm. 142; *Fitting / Auffarth / Kaiser,* § 77 Anm. 43; *Thiele* in GK-BetrVG, § 77 Anm. 202; *Galperin / Löwisch,* § 77 Anm. 63; *Säcker* in Hueck / Nipperdey, II 2, § 66 C IV 1, S. 1284.

[8] Vgl. BGH, 1. 4. 53, BGHZ 9 S. 157 (161 ff.); *Larenz,* Methodenlehre, S. 369; *Canaris,* S. 102.

[9] BAG, 22. 6. 62, AP Nr. 2 zu § 52 BetrVG 52, Bl. 3; vgl. neuestens auch BAG, 13. 12. 78, DB 79 S. 261.

[10] BAG, 22. 6. 62, AP Nr. 2 zu § 52 BetrVG 52, Bl. 2; allgemein ablehnend

Nach 1972 hat das Gericht sich zu dieser Frage nicht geäußert. Wenn aber die Unzumutbarkeit weiterer Bindung bei der Prüfung des wichtigen Grundes zur Kündigung bejaht wurde, so muß die nur nachwirkende Bindung ebenso unzumutbar sein. Diesen Fall hat der Gesetzgeber bei der Schaffung des § 77 VI BetrVG nicht gesehen, der die Nachwirkung generell vorschreibt. Das Gesetz muß daher einschränkend dahin ausgelegt werden, daß die Nachwirkung nach einer außerordentlichen Kündigung einer Betriebsvereinbarung entfällt; denn nur so ist gewährleistet, daß der Grundsatz der Lösbarkeit unzumutbar gewordener Dauerrechtsverhältnisse Beachtung findet.

c) Auch ohne Nachwirkung der gekündigten Betriebsvereinbarung erscheint die außerordentliche Kündigung nicht als allein angemessenes Mittel, um den veränderten Umständen nach einem Betriebsübergang Rechnung zu tragen. Sie steht immer unter dem Zwang des Alles oder Nichts, da eine nur verändernde Anpassung ihr wesensfremd ist. Betrifft eine Betriebsvereinbarung über die Verwaltung von Sozialeinrichtungen die Nutzungsbedingungen für 200 Werkswohnungen, die nicht mit dem Betrieb zusammen übertragen werden, und stehen dem Erwerber aus anderen Gründen 50 Wohnungen zur Verfügung, die an die Arbeitnehmer des übernommenen Betriebes vermietet werden können, so ist eine außerordentliche Kündigung der gesamten Betriebsvereinbarung unangemessen; dafür drängt sich ihre Geltung für nur 50 Mietobjekte auf. Ebenso sind andere Regelungen in Betriebsvereinbarungen denkbar, die auf die besonderen Verhältnisse im bisherigen Unternehmen bezogen sind und für die sich ein objektiver Maßstab finden läßt, nach dem abgeändert sie im neuen Unternehmen angewandt werden können. Als Rechtsgrundlage einer entsprechenden Anpassung bieten sich die Grundsätze über den Wegfall der Geschäftsgrundlage an.

Zwar wird für alle Dauerschuldverhältnisse[11] oder nur für kollektive Normenverträge[12] die Anwendbarkeit dieser Grundsätze abgelehnt mit der Begründung, im Falle der Unzumutbarkeit seien sie außerordentlich kündbar, deshalb entfalle das Bedürfnis, sich auf den Wegfall der Geschäftsgrundlage berufen zu können[13]. Dem ist zuzugeben, daß dort, wo eine völlige Lösung von Betriebsvereinbarungen notwendig und angestrebt ist, allein die außerordentliche Kündigung zum Zuge kommt und die Grundsätze über den Wegfall der Geschäftsgrundlage als allgemei-

zur Nachwirkung gekündigter Betriebsvereinbarungen unter dem BetrVG 52 BAG, 16. 3. 56, AP Nr. 1 zu § 57 BetrVG 52, Bl. 2 R, 3.

[11] So BGH, 11. 4. 57, BGHZ 24 S. 91 (95 f.); ähnlich schon BGH, 20. 5. 53, LM Nr. 15 zu § 242 (Bb) BGB.

[12] So *Galperin*, Betriebsverfassung 58 S. 61 (65 f.).

[13] Ähnlich für Tarifverträge *Wiedemann / Stumpf*, § 4 Anm. 30; *Wiedemann*, Anm. zu BAG, 15. 12. 76, AP Nr. 1 zu § 1 TVG Arbeitsentgelt, Bl. 5.

nerer Rechtsbehelf ausscheiden. Diese Stimmen übersehen aber, daß in Fällen wie den hier erörterten eine Anpassung der Betriebsvereinbarung als milderes Mittel gegenüber ihrer vollständigen Beendigung möglich sein muß. Das ist aber nur über den Wegfall der Geschäftsgrundlage zu erreichen[14]. So wird auch überwiegend die Anwendbarkeit dieses Rechtsinstituts auf Betriebsvereinbarungen angenommen[15]. Zur Begründung beruft sich das BAG ganz allgemein auf § 242 BGB, aus dem die Grundsätze über den Wegfall der Geschäftsgrundlage „für das gesamte Rechtsgebiet" abzuleiten und deshalb auch auf Betriebsvereinbarungen anzuwenden seien[16].

Es entspricht der Natur der Betriebsvereinbarung als privatrechtlicher Vertrag[17], daß die für das Zivilrecht allgemein entwickelten Abhilfen bei Störungen der Vertragsgerechtigkeit auch für sie gelten. Jedoch ist dabei die unmittelbare und zwingende Drittwirkung zu beachten, die es ausschließt, die Enttäuschung solcher subjektiver Vorstellungen der Betriebspartner beim Abschluß einer Betriebsvereinbarung ausreichen zu lassen, die für die den ausgehandelten Regelungen unterworfenen Arbeitnehmer unerkennbar sind. Die Vielzahl der von einer Betriebsvereinbarung Betroffenen verlangt, daß eine Anpassung nur dann möglich ist, wenn allen Vereinbarungsgebundenen bewußte objektive Grundlagen des Vertragsabschlusses wegfallen oder sich verändern[18]. Im Regelfall werden sich die Parteien über den Abschluß einer abgeänderten Betriebsvereinbarung einigen, die die Wandlung der Verhältnisse berücksichtigt. Kommt es aber zu Streitigkeiten über Rechte aus bisherigen Vereinbarungen, so ist der Richter zur Streitentscheidung verpflichtet, die er nur durch solche Vertragshilfe leisten kann, die auf eingetretene Abweichungen von der ursprünglichen Vorstellung eingeht, die die Parteien über das Vorhandensein objektiver, für den Ver-

---

[14] Ebenso Soergel / Siebert / *Knopp*, § 242 Anm. 401.

[15] So z. B. *Dietz / Richardi*, § 77 Anm. 145; *Säcker*, AR-Blattei (D) Betriebsvereinbarung I, unter F IV; *Stege / Weinspach*, S. 139; früher schon *Säcker* in Hueck / Nipperdey, II 2, § 66 C IV 2 a, S. 1285; *Neumann-Duesberg*, S. 384; unklar *Thiele* in GK-BetrVG, § 77 Anm. 204; *Galperin / Löwisch*, § 77 Anm. 50.

[16] BAG, 29. 5. 64, AP Nr. 24 zu § 59 BetrVG 52, Bl. 6 m. Anm. *Neumann-Duesberg* = SAE 65 S. 48 m. zust. Anm. *Natzel*.

[17] Vgl. oben, 2. Teil, 4. Kapitel, II. 4.

[18] Ebenso für den Tarifvertrag BAG, 15. 12. 76, AP Nr. 1 zu § 36 BAT m. Anm. *Hadding* = AP Nr. 1 zu § 1 TVG Arbeitsentgelt, Bl. 3 R mit insoweit kritischer Anm. *Wiedemann* = SAE 77 S. 200 m. Anm. *Ehmann*; die — modifizierte — Anwendbarkeit der Geschäftsgrundlage-Regeln auf Tarifverträge hat das BAG schon früher festgestellt, so BAG, 5. 3. 57, AP Nr. 1 zu § 1 TVG Rückwirkung; BAG, 23. 4. 57, AP Nr. 1 zu § 1 TVG, Bl. 2, 3; BAG, 17. 12. 59, AP Nr. 21 zu § 616 BGB, Bl. 14 R m. Anm. *A. Hueck*; BAG, 14. 7. 61, AP Nr. 1 zu Art. 24 Verfassung Nordrhein-Westfalen, Bl. 2 m. Anm. *Küchenhoff*; zur Unterscheidung objektiver und subjektiver Geschäftsgrundlage *Larenz*, Geschäftsgrundlage, insbesondere S. 17 ff.

tragsabschluß entscheidender Umstände hatten. Ob man dies als anpassende Auslegung kollektiver Normenverträge bezeichnet[19], oder als Berücksichtigung des Wegfalls der Geschäftsgrundlage, ist im Ergebnis nicht erheblich. Jedoch ist Letzteres besser mit dem Vertragscharakter der Betriebsvereinbarung in Einklang zu bringen. Der Einwand *Wiedemanns,* die Anpassung sei ausschließlich Sache der Kollektivvertragsparteien[20], geht fehl. Er läßt sich für jeden Vertrag erheben, dessen Geschäftsgrundlage entfallen ist, hilft uneinigen Parteien aber wenig, wenn sie eine gerechte richterliche Entscheidung anstreben. Diese Ansicht, die vom Richter verlangt, die streitenden Parteien auf eine Einigung untereinander zu verweisen, bedeutete Verweigerung des Rechtsschutzes und kann deshalb auch im Hinblick auf Art. 19 IV GG nicht richtig sein.

d) Im Ergebnis übernimmt der Betriebserwerber die Parteistellung für alle Betriebsvereinbarungen, kann sich aber von solchen Regelungen durch außerordentliche Kündigung fristlos und ohne Nachwirkung lösen, die nur unter den Verhältnissen im veräußernden Unternehmen erfüllbar und vollziehbar sind. Betriebsvereinbarungen, die nach dem Betriebsübergang lediglich teilweise oder in anderer Form befolgt werden können, sind entsprechend anzupassen; dazu sind in erster Linie die Betriebspartner berufen, im Streitfall muß das angerufene Gericht aber entsprechend den Grundsätzen über den Wegfall der Geschäftsgrundlage entscheiden, wobei immer dann das Ende der Betriebsvereinbarungswirkung auszusprechen sein wird, wenn sich ein hypothetischer Parteiwille für die Anpassung nicht objektiv erkennen läßt.

### 3. *Gesamtbetriebsvereinbarungen*

Das kollektivarbeitsrechtliche System innerhalb eines unternehmensangehörigen Betriebes wird maßgeblich mitgestaltet von Gesamtbetriebsvereinbarungen, die als betriebsverfassungsrechtliches Instrument zur Vereinheitlichung unternehmensinterner Arbeitsbedingungen neben die (Einzel-)Betriebsvereinbarungen treten. Führt ein Betriebsübergang zur Herauslösung des betroffenen Betriebes aus seinem Unternehmen, so gilt es zu klären, ob Gesamtbetriebsvereinbarungen, deren Geltungsbereich er bisher unterfiel, auch weiterhin verbindlich sind und ob er automatisch den Normen der Gesamtbetriebsvereinbarungen unterfällt, die im aufnehmenden Unternehmen bestehen.

a) Der Verlust der Unternehmenszugehörigkeit als Folge der Veräußerung eines einzelnen Betriebes bleibt in Literatur und Rechtspre-

---

[19] So für den Tarifvertrag BAG, 9. 10. 56, AP Nr. 2 zu § 1 TVG Auslegung m. zust. Anm. *Tophoven;* vgl. auch *Ananiadis,* S. 73 ff.

[20] *Wiedemann,* Anm. zu BAG, 15. 12. 76, AP Nr. 1 zu § 1 TVG Arbeitsentgelt, Bl. 5.

chung bisher nahezu unerörtert. Zum BetrVG 52 vertrat *Dietz* die Auffassung, daß Gesamtbetriebsvereinbarungen auch in solchen Betrieben bestehen bleiben, die durch organisatorische Änderungen aus dem Unternehmen ausgeschieden sind, ohne allerdings näher darauf einzugehen[21]. Lediglich für Unternehmenszusammenschlüsse findet sich daneben die Bemerkung, daß die Geltung von Gesamtbetriebsvereinbarungen in ihrem bisherigen Anwendungsbereich nicht berührt sei, sofern es sich nicht um unternehmensbezogene Normen handele[22]. Dadurch entstehen zwei unterschiedliche Regelungskomplexe innerhalb eines Unternehmens, je nach „Herkunft" des betroffenen Betriebes. Auf den Betriebsübergang läßt sich diese Auffassung zumindest soweit übertragen, daß keinesfalls „unternehmensbezogene Normen" im ausgeschiedenen Betrieb weitergelten können, also solche, die z. B. die Organisation der Arbeitnehmerbeteiligung in der Unternehmensebene regeln.

Die Gesamtbetriebsvereinbarung wird wie die Betriebsvereinbarung als privatrechtlicher Vertrag von Unternehmer und Gesamtbetriebsrat abgeschlossen und wirkt unmittelbar und zwingend zugunsten und zulasten Dritter, der unternehmensangehörigen Arbeitnehmer[23].

Im Gegensatz zum Unternehmenszusammenschluß, der zumindest in einem beteiligten Unternehmen die Vereinbarungspartner entfallen läßt, wirkt sich der Betriebsübergang auf deren Existenz und Stellung nicht aus, sie bleiben weiterhin mögliche Abschlußpartner neuer Gesamtbetriebsvereinbarungen — von dem Sonderfall abgesehen, daß das Unternehmen nur zwei Betriebe hatte, von denen einer veräußert wird, und deshalb die gesetzlichen Voraussetzungen der Existenz eines Gesamtbetriebsrates entfallen —, so daß von daher der Übergang der Parteistellung auf den Erwerber des Einzelbetriebes nicht gefordert ist[24]. Der Betriebsübergang verkleinert lediglich den Geltungsbereich von Gesamtbetriebsvereinbarungen für das Unternehmen, dem der veräußerte Betrieb nicht mehr angehört. Für diesen sind weder Gesamtbetriebsrat noch Unternehmer weiterhin zuständig. Daher fallen sie für seinen Bereich als geeignete Träger der Parteistellung von Gesamtbetriebsvereinbarungen weg. Diese könnte mit dem Betriebsübergang auf den neuen Arbeitgeber und den Betriebsrat des ausgeschiedenen Betriebes übergehen. Auf Arbeitgeber- und Arbeitnehmerseite je einen zweiten Ver-

---

[21] *Dietz*, § 48 Anm. 11 a.

[22] *Neumann*, DB 60 S. 60 (61); *Seiter*, AR-Blattei, unter E II 3 c; *Fabricius* in GK-BetrVG, § 50 Anm. 67; *Fitting / Auffarth / Kaiser*, § 50 Anm. 24 b, bei denen das Wort „nicht" im letzten Satzteil wohl nur versehentlich fehlt.

[23] Vgl. für die Betriebsvereinbarung oben, 2. Teil, 4. Kapitel, II. 4.; außerdem *Dietz / Richardi*, § 50 Anm. 25 f.; *Fitting / Auffarth / Kaiser*, § 50 Anm. 24.

[24] Vgl. zur gegensätzlichen Lage bei Betriebsvereinbarungen oben, 2. Teil, 4. Kapitel, III. 3. b).

einbarungspartner nur für diesen Betrieb anzunehmen, verträgt sich aber nicht mit dem Vertragscharakter der Gesamtbetriebsvereinbarung, die dadurch gespalten und verdoppelt würde und vier verschiedene Parteien berechtigte und verpflichtete. Die unmittelbare Geltung der Gesamtbetriebsvereinbarungen muß sich daher nach dem Betriebsübergang auf den Bereich des verbleibenden Unternehmens beschränken.

Dies führt jedoch nicht zum Verlust von Individualrechten oder zwingenden Arbeitsbedingungen für die Betriebsangehörigen. Soweit eine Gesamtbetriebsvereinbarung Ansprüche einzelner Arbeitnehmer, z. B. auf Ruhegeld, Unkündbarkeit oder besondere Vergünstigungen endgültig begründet hat, können sie nicht durch die Herauslösung des Betriebes aus dem Geltungsbereich der betreffenden Gesamtbetriebsvereinbarung, sondern nur noch mit den Mitteln des Vertragsrechts entzogen werden[25]. Diese Rechte sind Inhalt der Arbeitsverhältnisse geworden und gehen gemäß § 613 a BGB auf den Betriebserwerber als Schuldner über, der sie bei Fälligkeit gewähren muß, so daß die Arbeitnehmer insoweit durch den Betriebsübergang nicht benachteiligt werden.

Jedoch ist damit noch nicht gesichert, ob ihnen z. B. in der Gesamtbetriebsvereinbarung geregelte Steigerungsbeträge ihres Ruhegeldes in der Zukunft zugute kommen oder ob sie Rechte erwerben, die an die Erfüllung einer Wartezeit gebunden sind, deren Ablauf erst nach Betriebsübergang zu erwarten ist. Um den Besitzstand der Arbeitnehmer auch in dieser Hinsicht zu wahren, erscheint die Nachwirkung gemäß § 77 VI BetrVG in dem veräußerten Betrieb naheliegend, wenn er durch den Betriebsübergang aus dem Geltungsbereich bisher auch ihn erfassender Gesamtbetriebsvereinbarungen ausgeschieden ist. Allerdings sind diese nicht abgelaufen, sie bleiben im verkleinerten Restunternehmen in Kraft, so daß nur eine analoge Anwendung der Vorschrift in Frage käme.

Nach der Herauslösung eines Betriebes aus dem Unternehmen gelten Gesamtbetriebsvereinbarungen in seinem Bereich nicht mehr unmittelbar, sie werden dadurch teilweise unwirksam. Für die Betriebsangehörigen ist diese Form der Beendigung dem vollständigen Ablauf der Geltung von Gesamtbetriebsvereinbarungen so ähnlich, daß dessen Rechtsfolgen auf die Teilunwirksamkeit übertragen werden können, wenn die weiteren Voraussetzungen des § 77 VI BetrVG erfüllt sind. Die § 4 V TVG nachgebildete Vorschrift[26] will die zeitliche Kontinuität kollektiver

[25] Vgl. dafür, daß in entstandene Rechte nicht mehr kollektivrechtlich, sondern nur mit den Mitteln des Vertragsrechts eingegriffen werden kann, BAG, 13. 7. 78, BB 78 S. 1617; zur ähnlichen Problematik bei Tarifverträgen *Wiedemann / Stumpf*, § 4 Anm. 190, § 1 Anm. 141 ff.

[26] Vgl. Begründung zu § 77 RegE eines BetrVG, BT-Dr. VI / 1786, S. 47.

Regelungen sicherstellen, die nicht in oft langwierigen Verhandlungsphasen zwischen Auslaufen und Neuabschluß einer Vereinbarung unterbrochen werden soll. Regelungslücken, in denen der Arbeitgeber ungebunden sein Direktionsrecht ausüben kann, werden durch diese Überbrückungsnorm vermieden[27].

Damit die Nachwirkung nur der Lückenausfüllung dient und nicht wegen des Widerstandes einer Partei gegen eine Neuregelung zum Dauerzustand wird, verlangt § 77 VI BetrVG, daß die Einigungsstelle in der fraglichen Angelegenheit eine fehlende Einigung der Betriebspartner ersetzen kann. Die Nachwirkung kommt also nur insoweit in Betracht, als Betriebsrat und Arbeitgeber im veräußerten Betrieb die Vorschriften einer Gesamtbetriebsvereinbarung durch eine Anschlußregelung ersetzen können, die für beide Seiten durch Anrufung der Einigungsstelle erzwingbar ist[28]. Nur solche Gesamtbetriebsvereinbarungen können deshalb gemäß § 77 VI BetrVG analog weitergelten, deren Materien der Betriebsrat des übertragenen Betriebes durch die Herauslösung aus dem Unternehmen in eigene Regelungskompetenz zurückerhalten hat. Aus diesem Grund können unternehmensbezogene Normen keinesfalls in einem einzelnen Betrieb nachwirken[29], sie sind der Vereinbarungsmacht der Betriebspartner entzogen, und damit ist ihre Einigung nicht durch den Spruch der Einigungsstelle ersetzbar, so daß der Zweck des § 77 VI BetrVG, die Überbrückung bis zu einer betrieblichen Anschlußregelung, nicht erreicht werden kann. Dagegen sind in allen Materien, die lediglich um der unternehmenseinheitlichen Regelung willen vom Gesamtbetriebsrat wahrgenommen wurden, Gesamtbetriebsvereinbarungen ablösende Betriebsvereinbarungen zulässig und in den Fällen der §§ 87 II, 91, 94, 95 II, 98 IV, 112 IV BetrVG erzwingbar. Für sie entspricht es dem gesetzgeberischen Regelungsplan, als Überbrückung bis zum Abschluß entsprechender Betriebsvereinbarungen Gesamtbetriebsvereinbarungen des bisherigen Unternehmens im übertragenen Betrieb analog § 77 VI BetrVG nachwirken zu lassen. An diese wird der neue Betriebsinhaber wie an nur innerbetrieblich geltende Betriebsvereinbarungen in analoger Anwendung des § 613 a BGB gebunden[30].

Im Einzelfall ist denkbar, daß beim Abschluß solcher Vereinbarungen unternehmensspezifische Erwägungen eingeflossen sind und dadurch ihre

---

[27] Vgl. *Thiele* in GK-BetrVG, § 77 Anm. 210; *Galperin / Löwisch*, § 77 Anm. 44; *Fitting / Auffarth / Kaiser*, § 77 Anm. 46; für das TVG *Wiedemann / Stumpf*, § 4 Anm. 185.

[28] Vgl. dazu *Dietz / Richardi*, § 77 Anm. 112 f.; *Fitting / Auffarth / Kaiser*, § 77 Anm. 46.

[29] Vgl. oben bei Fn. 22.

[30] Vgl. oben, 2. Teil, 4. Kapitel, III. 3. b).

Geltung nur in einem einzelnen Betrieb unangemessen und unzumutbar wird. Dann stehen den Betriebspartnern die schon für Betriebsvereinbarungen erörterten Möglichkeiten der außerordentlichen Kündigung — ohne Nachwirkung — und des Anpassungsverlangens nach den Grundsätzen über den Wegfall der Geschäftsgrundlage offen[31].

b) Wird der veräußerte Betrieb eingegliedert in ein vorhandenes Erwerberunternehmen, so kollidieren die analog § 77 VI BetrVG fortgeltenden Gesamtbetriebsvereinbarungen und auch einzelne Betriebsvereinbarungen regelmäßig mit Bestimmungen von Gesamtbetriebsvereinbarungen, die dort in Kraft sind. Deren Geltung für einen hinzukommenden Betrieb ist gesetzlich nicht geregelt. Abgesehen von der zulässigen ausdrücklichen Beschränkung auf einen Teil des Unternehmens[32] werden Gesamtbetriebsvereinbarungen für alle Betriebe eines Unternehmens abgeschlossen, zu denen nach dem Betriebsübergang auch der erworbene Betrieb gehört. Die automatische Erstreckung ihrer Wirkung auch auf ihn, vergleichbar mit der sofortigen Geltung bestehender Betriebsvereinbarungen für in den Betrieb neu eintretende Arbeitnehmer[33], liegt nahe[34], so daß sich das Verhältnis der Betriebsvereinbarungen und nachwirkenden Gesamtbetriebsvereinbarungen dieses Einzelbetriebes zu den Gesamtbetriebsvereinbarungen im Erwerberunternehmen nach den allgemeinen Kollisionsregeln für unterschiedliche Ergebnisse der Arbeitnehmerbeteiligung auf Betriebs- und Unternehmensebene richten müßte. Hier werden allerdings drei unterschiedliche Meinungen vertreten. *Dietz* wollte das Günstigkeitsprinzip anwenden und derjenigen Regelung den Vorzug geben, die die Arbeitnehmer besser stellt[35]. Andere halten entsprechend den Regeln über die Tarifkonkurrenz diejenige Vereinbarung für anwendbar, die spezieller ist, also i. d. R. die Betriebsvereinbarung[36]. Die herrschende, mit § 50 BetrVG am besten zu vereinbarende Ansicht sieht diese Vorschrift als eindeutige rechtliche Zuständigkeitsabgrenzung an, die parallele Kompetenzen ausschließt, so daß immer dann, wenn der Gesamtbetriebsrat innerhalb

---

[31] Vgl. dazu oben, 2. c).

[32] Vgl. *Dietz / Richardi*, § 50 Anm. 25; *Fitting / Auffarth / Kaiser*, § 50 Anm. 24; *Neumann*, DB 60 S. 60 (61).

[33] Vgl. BAG, 5. 9. 60, AP Nr. 4 zu § 399 BGB m. Anm. *Larenz; Galperin / Löwisch*, § 77 Anm. 32.

[34] So im Tarifvertragsrecht bei Verschmelzung zweier Genossenschaften BAG, 4. 12. 74, AP Nr. 2 zu § 3 TVG m. Anm. *Wiedemann* = SAE 76 S. 81 m. Anm. *Martens* = AR-Blattei (D) Betriebsinhaberwechsel Entsch. 10 m. Anm. *Seiter*, das den Tarifvertrag der übernehmenden Genossenschaft auch auf Arbeitnehmer der bisher anders tarifgebundenen übertragenden Genossenschaft für anwendbar hielt.

[35] *Dietz*, § 48 Anm. 11.

[36] *Säcker* in Hueck / Nipperdey, II 2, § 67 E, S. 1299 f.; *Müller* in Festschrift für Küchenhoff, 1. Halbband, S. 283 (299 f.).

dieser Zuständigkeit tätig geworden ist, für eine innerbetriebliche Regelung kein Raum mehr bleibt[37]. Von einer im neuen Unternehmen bestehenden Gesamtbetriebsvereinbarung abweichende Regelungen im übertragenen Betrieb können danach keinen Bestand haben.

Bei der Erörterung dieser Konkurrenzfrage wird aber dem Problem des Betriebsübergangs keine Aufmerksamkeit geschenkt, sondern regelmäßig davon ausgegangen, daß innerhalb eines unverändert bestehenden Unternehmens vom Beginn ihrer Geltung an nebeneinander existierende unterschiedliche Vereinbarungen auf den zwei Ebenen abgeschlossen werden. Der Betriebsübergang führt demgegenüber zu erst nachträglicher Konkurrenz. Die Gesamtbetriebsvereinbarungen des aufnehmenden Unternehmens sollten ursprünglich nur für die vorhandenen Betriebe gelten und wurden unter Berücksichtigung nur der Interessen der dort beschäftigten Arbeitnehmer sowie über § 47 BetrVG mit Beteiligung nur von Mitgliedern der für sie bestehenden Betriebsräte geschlossen. Die Belegschaft des hinzukommenden Betriebes konnte darauf keinen Einfluß nehmen, erst mit Entsendung eigener Mitglieder in den Gesamtbetriebsrat ist ihr das möglich, so daß die automatische Geltung solcher Vorschriften Fremdbestimmung für diesen Betrieb bedeutet.

Im veräußerten Betrieb besteht eine eigene ausgewogene Ordnung, deren Gleichgewicht die sofortige Bindung an Gesamtbetriebsvereinbarungen des aufnehmenden Unternehmens empfindlich stören kann. Daneben liegt diesen ein auf die bisher vorhandenen Betriebe abgestimmtes Regelungskonzept zugrunde, in das ebenfalls der übernommene Betrieb nicht passen muß. Aus diesen Gründen erscheint es angemessen, den vorhandenen Vereinbarungen in Betrieb und Unternehmen durch ergänzende Vertragsauslegung nach §§ 133, 157 BGB zu entnehmen, daß sich ihre Geltung auf den Kompetenzbereich beschränken soll, der den Parteien zur Zeit ihres Abschlusses erkennbar war. Nur für diesen konnten die Parteien die Auswirkungen ihrer Vereinbarung übersehen und in ihre Verhandlungen einbeziehen, nur für ihn bestand auch ihr Mandat, nicht dagegen für einen nachher hinzugekommenen Unternehmensteil, dessen Betriebsverfassung völlig eigenständig ist. Das bedeutet, daß der übernommene Betrieb seine eigene, durch Betriebsvereinbarungen und nachwirkende Gesamtbetriebsvereinbarungen des Unternehmens, aus dem er ausgeschieden ist, gebildete Ordnung behält, bis Gesamtbetriebsvereinbarungen des aufnehmenden Unter-

---

[37] *Dietz / Richardi*, § 50 Anm. 27; *Fitting / Auffarth / Kaiser*, § 50 Anm. 24 a jeweils m. w. N. auch der Gegenmeinung; *Fabricius* in GK-BetrVG, § 50 Anm. 65 f.; *Nikisch*, III, § 103 I 5 a. E., S. 205; vgl. auch BAG, 6. 4. 76, AP Nr. 2 zu § 50 BetrVG, nach dem Mitbestimmungsrechte des Gesamtbetriebsrats entsprechende Mitbestimmungsrechte der Einzelbetriebsräte ausschließen

nehmens ausdrücklich auf seinen Bereich ausgedehnt werden. Dazu bedarf es einer Vereinbarung zwischen Unternehmer und Gesamtbetriebsrat, an der dann auch die Vertreter des betroffenen Betriebes im Gesamtbetriebsrat mitwirken, und in die notwendige Anpassungen aufgenommen werden können. Auf diese Weise lassen sich unterschiedliche betriebsverfassungsrechtliche Regelungssysteme allmählich und unter Berücksichtigung von Interessen und Besitzstand der Betroffenen aneinander angleichen.

Diese Lösung entspricht dem vom Gesetzgeber mit § 613 a BGB angestrebten Regelungsziel, nach einem Betriebsübergang Arbeitsplätze und Arbeitsverhältnisse möglichst unverändert zu erhalten, nachdem die Arbeitnehmer den Vorgang zumindest rechtlich nicht verhindern können.

Eine Auffassung, die demgegenüber die automatische Geltung von Gesamtbetriebsvereinbarungen im übernommenen Betrieb annähme, widerspräche einem Grundgedanken des BetrVG, das die betroffenen Arbeitnehmer an allen Maßnahmen beteiligen will, die sich auf ihre Arbeitsbedingungen oder soziale Lage auswirken. Zudem nähme sie den Beteiligten die Möglichkeit, den Anwendungsbereich unternehmenseinheitlicher Bestimmungen schrittweise und flexibel zu erweitern und dabei z. B. eine angemessene Neuaufteilung eines vorgegebenen Dotierungsrahmens auf die größere Zahl leistungsberechtigter Arbeitnehmer vorzunehmen.

Eine der hier dargelegten entgegengesetzte Ansicht, daß nämlich Arbeitnehmer eines neu erworbenen Betriebes unmittelbar nach dem Betriebsübergang die gleichen, durch Gesamtbetriebsvereinbarungen festgeschriebenen Arbeitsbedingungen erhalten wie die bisher im Unternehmen beschäftigten, kann sich nicht auf den arbeitsrechtlichen Gleichbehandlungsgrundsatz stützen. Zumindest übergangsweise Differenzierungen nach der Herkunft aus verschiedenen Unternehmen schließt dieser Rechtsgrundsatz selbst innerhalb eines einzigen Betriebes nicht aus, der durch Zusammenschluß eines vorhandenen mit dem hinzugekommenen gebildet wird[38]. In diesem Fall verlangt der Gleichbehandlungsgrundsatz aber nach einer Übergangszeit die Vereinheitlichung der betrieblichen Arbeitsbedingungen. Ob dies auch innerhalb eines Unternehmens zutrifft, also in den einzelnen Betrieben vergleichbare Regelungen gelten müssen, bedürfte eingehenderer Untersuchungen, als sie hier möglich sind[39].

---

[38] So BAG, 25. 8. 76, AP Nr. 41 zu § 242 BGB Gleichbehandlung m. Anm. *G. Hueck;* zust. *Kreutz,* ZFA 77 S. 447 (500); vgl. auch BAG, 6. 12. 78, DB 79 S. 896.

[39] Offengelassen von BAG, 2. 3. 56, AP Nr. 10 zu § 242 BGB Ruhegehalt

Eine Angleichungspflicht für die verschiedenen Regelungen in Betrieb und übrigem Unternehmen ist jedenfalls dann zu bejahen, wenn der hinzugekommene Betrieb als einziger des Unternehmens von bestimmten Arbeitsbedingungen ausgenommen ist, die in allen anderen gleichmäßig gelten. Eine Gemeinschaftsbindung der einzelnen Betriebe eines Unternehmens, die zu ihrer gleichmäßigen Behandlung zwingt[40], kann dieses Ergebnis nicht begründen; denn als Element des Arbeitsvertrages erzeugt der Gleichbehandlungsgrundsatz lediglich subjektive Rechte einzelner Arbeitnehmer, aber nicht eines ganzen Betriebes oder seiner Belegschaft; diese sind nicht anspruchsfähig. Jedoch ähnelt sich die Situation der Arbeitnehmer in den verschiedenen Betrieben eines Unternehmens dann im erforderlichen Ausmaß, wenn einheitliche, auf eine Gesamtregelung im Unternehmen gezielte Arbeitsbedingungen, die in Gesamtbetriebsvereinbarungen festgelegt sind, neben die gesetzlichen Vertretungsrechte auf Unternehmensebene treten, die im Rahmen der Mitbestimmungsgesetze und der betriebsverfassungsrechtlichen Mitwirkung des Gesamtbetriebsrates schon den Weg zu einer gleichheitserzeugenden Unternehmensbelegschaft weisen. Unter diesen Voraussetzungen ist die Pflicht zur gleichmäßigen Behandlung vergleichbarer Sachverhalte auch auf der Ebene des Unternehmens verletzbar und verletzt, soweit von unternehmenseinheitlichen Arbeitsbedingungen einzelne oder in einem einzigen Betrieb beschäftigte Arbeitnehmer ausgeschlossen werden, ohne daß ein sachlicher Grund dies für den betroffenen Betrieb rechtfertigt. Für das daraus abzuleitende Ergebnis, daß unterschiedliche Vereinbarungen in übertragenem Betrieb und übernehmendem Unternehmen einander angeglichen werden müssen, spricht auch die Vorschrift des § 75 I BetrVG, die unterschiedliche Behandlung von Betriebsangehörigen aus sachfremden Erwägungen ausschließt, und an die über § 51 VI BetrVG auch der Gesamtbetriebsrat im Bereich des Unternehmens gebunden ist.

## II. Die Unternehmensebene

### 1. *Der Gesamtbetriebsrat*

a) Daß die von dem Betriebsrat des Betriebes, der durch den Betriebsübergang die Unternehmenszugehörigkeit verliert, entsandten Mitglie-

---

m. Anm. *G. Hueck;* BAG, 5. 12. 57, AP Nr. 13 zu § 242 BGB Gleichbehandlung m. Anm. *A. Hueck;* ablehnend *G. Hueck,* Der Grundsatz der gleichmäßigen Behandlung im Privatrecht, S. 64 f., 234 ff.; mit Einschränkungen in Fn. 28 auch *Zöllner,* BAG-Festschrift, S. 745 (755); bejahend *Hellner,* insbesondere S. 69 ff.

[40] Vgl. zu den Voraussetzungen und der dogmatischen Grundlage des Gleichbehandlungsgebotes *G. Hueck,* Der Grundsatz der gleichmäßigen Behandlung im Privatrecht, S. 152 ff.; *ders.* in Gedächtnisschrift für Dietz, S. 241 (254 ff.).

der des Gesamtbetriebsrates dieses Unternehmens aus ihrer Stellung ausscheiden, erscheint auf den ersten Blick einleuchtend. § 49 BetrVG, der das Ende der Mitgliedschaft im Gesamtbetriebsrat regelt, berücksichtigt allerdings die Abtrennung eines Betriebes vom Unternehmen nicht. Der Betriebsrat des veräußerten Betriebes bleibt im Amt, und ein anderer der aufgeführten Tatbestände liegt nicht vor. Jedoch fällt eine gesetzliche Voraussetzung der Mitgliedschaft im Gesamtbetriebsrat weg, das Entsendungsrecht des Betriebsrates nach § 47 BetrVG, das nur den Arbeitnehmervertretungen unternehmensangehöriger Betriebe zusteht. Mit dem Betriebsübergang verlieren die betroffenen Mitglieder des Gesamtbetriebsrates deshalb ihre Wählbarkeit für dieses Gremium. Entsprechend dem Ausscheiden eines Betriebsratsmitgliedes aus der Betriebsbelegschaft, das den Verlust des Betriebsratsamtes gemäß § 24 I Nr. 4 i. V. m. § 8 BetrVG nach sich zieht[41], endet die Mitgliedschaft im Gesamtbetriebsrat, wenn die Zugehörigkeit zur Unternehmensbelegschaft entfällt, in analoger Anwendung der genannten Vorschrift.

Auf das Amt des Gesamtbetriebsrates im restlichen Unternehmen hat der Betriebsübergang nur Einfluß, wenn er die Voraussetzungen des § 47 I BetrVG beseitigt, also nur noch ein Betriebsrat vorhanden ist. Der Gesamtbetriebsrat wird funktionslos, da keine überbetrieblichen Beteiligungsrechte mehr bestehen können, und endet als Einrichtung kraft Gesetzes.

Unbeachtlich ist der Betriebsübergang im allgemeinen auch für Vereinbarungen nach § 47 IV—VI BetrVG über die Mitgliederzahl im Gesamtbetriebsrat. Wenn der Betriebsrat des veräußerten Betriebes eigene nur für diesen zuständige Vertreter entsenden konnte, vermindert sich die Gesamtzahl der Mitglieder im Gesamtbetriebsrat entsprechend. War der Betrieb dagegen mit anderen zur gemeinsamen Vertretung zusammengefaßt gemäß § 47 V BetrVG, so führt der Betriebsübergang lediglich zu einer Verringerung der den gemeinschaftlichen Mitgliedern nach § 47 VIII BetrVG zustehenden Stimmenzahl. Diese sind nur noch für die im Unternehmen verbleibenden der zusammengefaßten Betriebe zuständig. Deren Betriebsräte müssen lediglich dann Nachfolger bestellen, wenn die gemeinsamen Gesamtbetriebsratsmitglieder und auch ihre Ersatzleute bisher aus dem veräußerten Betrieb stammten.

b) Ein Betriebserwerber, der bereits unternehmerisch tätig ist, wird den übertragenen Betrieb regelmäßig in sein bestehendes Unternehmen eingliedern. Dann trifft den Betriebsrat die Entsendungspflicht des § 47 II BetrVG für den Gesamtbetriebsrat dieses Unternehmens. War

---

[41] *Dietz / Richardi*, § 24 Anm. 24 ff.; *Fitting / Auffarth / Kaiser*, § 24 Anm. 18 f.; *Galperin / Löwisch*, § 24 Anm. 24.

er bisher schon in einem Gesamtbetriebsrat vertreten, so erhebt sich die Frage, ob die für diesen gewählten Mitglieder automatisch dem nun zu beschickenden Gesamtbetriebsrat angehören, oder ob eine neue Entscheidung zu treffen ist. Beide Antworten sind mit dem Wortlaut des § 47 II BetrVG vereinbar, der sich auf den Gesamtbetriebsrat nur eines bestimmten Unternehmens ebenso beziehen kann wie auf jeden Gesamtbetriebsrat, in den ein Betriebsrat im Laufe seiner Amtszeit entsendungsberechtigt ist.

Nur die zweite erscheint jedoch angemessen, da bei der Wahl für den Gesamtbetriebsrat die sachliche Kompetenz und persönlichen Kenntnisse eines Bewerbers in dem derzeitigen Unternehmen ausschlaggebend sind. Diese Entscheidung ist nicht ohne weiteres auf ein anderes Unternehmen übertragbar, das möglicherweise anderen Kandidaten besser vertraut ist. Der Betriebsrat muß deshalb Gelegenheit zu einer neuen Wahl des zur Interessenvertretung im überbetrieblichen Bereich geeignetsten Mitglieds haben, ohne allein auf die mögliche Abberufung nach §§ 49, 47 II BetrVG verwiesen zu werden, die in einem auf die vertrauensvolle Zusammenarbeit seiner Mitglieder angewiesenen Gremium wie dem Betriebsrat immer zu schwerwiegenden Verstimmungen führen wird.

c) Vom Gesamtbetriebsrat des abgebenden wie des aufnehmenden Unternehmens abgeschlossene Gesamtbetriebsvereinbarungen werden vom Ausscheiden bzw. vom Eintritt neuer Mitglieder nicht berührt. Sie gelten zwischen den bisherigen und in ihrer Stellung und Funktion unveränderten Parteien weiter, auch wenn sich ihr Geltungsbereich durch den Betriebsübergang wie dargelegt verändern kann.

### *2. Andere Arbeitnehmervertretungen*

a) Ebenso wie aus dem Gesamtbetriebsrat müssen Mitglieder des Wirtschaftsausschusses und Aufsichtsrates, die im veräußerten Betrieb beschäftigt sind, i. d. R. aus diesen Funktionen ausscheiden. Für den Wirtschaftsausschuß verlieren sie mit der Unternehmenszugehörigkeit eine Wählbarkeitsvoraussetzung nach § 107 I S. 1 BetrVG, was in Analogie zu § 24 I Nr. 4 BetrVG zum Ende der Mitgliedschaft führt[42].

Arbeitnehmervertreter im Aufsichtsrat, die als Unternehmensangehörige nach § 7 II, III MitbestG gewählt wurden, verlieren ihr Amt kraft gesetzlicher Anordnung durch §§ 24 I i. V. m. 7 II MitbestG[43]. Etwas anderes gilt jedoch, wenn sie gemäß §§ 76 ff. BetrVG 52 bestellt wurden.

---

[42] Ebenso *Fabricius* in GK-BetrVG, § 107 Anm. 22.
[43] Vgl. dazu *Fitting / Wlotzke / Wißmann*, § 24 Anm. 6.

Hier verlangt § 76 II S. 3 BetrVG 52 die Unternehmenszugehörigkeit lediglich von mindestens zwei der Arbeitnehmervertreter, von denen einer Arbeiter und einer Angestellter sein muß. Gehört einer von nur zwei unternehmensangehörigen Arbeitnehmervertretern dem veräußerten Betrieb an, so verliert er mit dem Betriebsübergang die Wählbarkeit und ebenfalls in Analogie zu § 24 I Nr. 4 BetrVG auch den Aufsichtsratssitz[44]. Gehören jedoch neben einem Aufsichtsmitglied, das im veräußerten Betrieb beschäftigt ist, zwei andere Arbeitnehmer aus dem Unternehmen mit verschiedener Gruppenzugehörigkeit dem Aufsichtsrat an, so kann es sein Amt weiter ausüben[45], auch wenn dies dem Wählerwillen in aller Regel zuwiderläuft. Als Abhilfe steht das Abberufungsverfahren nach § 76 V BetrVG 52 offen.

Die Arbeitnehmer des veräußerten Betriebes verlieren, wenn ihnen nicht im aufnehmenden Unternehmen entsprechende Rechte zustehen, mit dem Betriebsübergang die Interessenvertretung nicht nur durch den Gesamtbetriebsrat, sondern ebenso durch Wirtschaftsausschuß und Arbeitnehmervertreter im Aufsichtsrat.

b) In Parallele zum Gesamtbetriebsrat hat ein Betriebsübergang auf den Bestand anderer Arbeitnehmervertretungen im restlichen Unternehmen keinen Einfluß. Dies gilt jedoch nur solange, wie die Arbeitnehmerzahl im Unternehmen nicht durch den Abzug der Belegschaft des veräußerten Betriebes unter bestimmte Grenzen sinkt. §§ 106 I BetrVG, 1 I Nr. 2 MitbestG, 76 VI, 77 I BetrVG 52 knüpfen Wirtschaftsausschuß und die verschiedenen Formen der Arbeitnehmermitbestimmung im Aufsichtsrat an Mindestzahlen ständig beschäftigter Arbeitnehmer. Werden diese infolge einer Betriebsveräußerung unterschritten, so entfallen die gesetzlichen Voraussetzungen der jeweiligen Beteiligungsrechte, der Wirtschaftsausschuß verliert sein Amt und Aufsichtsräte werden fehlbesetzt mit den Folgen der §§ 97 ff. AktG[46].

Hier zeigt sich eine offene Flanke der Arbeitnehmerbeteiligung besonders in solchen Unternehmen, die geringfügig die genannten zahlenmäßigen Grenzen überschreiten und sich, wenn auch unter Einbuße an Größe und damit Wettbewerbschancen, durch die Veräußerung von Betrieben aus der Bindung an BetrVG 52, MitbestG oder §§ 106 ff. BetrVG lösen können, ohne daß eine Mitwirkung der Belegschaft nach der h. M. möglich ist. Die Anwendbarkeit der §§ 111 f. BetrVG auf den

[44] *Dietz / Richardi*, § 76 BetrVG 52 Anm. 137; *Fitting / Auffarth / Kaiser*, § 76 BetrVG 52 Anm. 96.

[45] So auch BGH, 21. 2. 63, AP Nr. 12 zu § 76 BetrVG 52 m. Anm. *A. Hueck*.

[46] Vgl. *Galperin / Löwisch*, § 106 Anm. 15; *Fitting / Wlotzke / Wißmann*, § 1 Anm. 27, § 6 Anm. 11; *Fitting / Auffarth / Kaiser*, § 76 BetrVG 52 Anm. 95.

Betriebsübergang soll daher angesichts der dargestellten Auswirkungen im folgenden noch einmal untersucht werden.

## III. Die betriebsverfassungsrechtliche Mitwirkung

### *1. Anwendbarkeit der §§ 111 f. BetrVG auf den Betriebsübergang*

a) Wie bereits dargestellt, gehört der Betriebsübergang zu den Tatsachen, über die der Wirtschaftsausschuß — in Unternehmen mit mehr als 100 ständig beschäftigten Arbeitnehmern — gemäß § 106 III Nr. 10 BetrVG zu unterrichten ist. Ein Beteiligungsrecht des Betriebsrates nach §§ 111 f. BetrVG wurde dagegen abgelehnt, schon weil seit der Geltung des § 613 a BGB keine wesentlichen Nachteile für die Arbeitnehmer zu erwarten sind[47].

Dieses Ergebnis erfordert jedoch kritische Überprüfung, wenn der übertragene Betrieb aus seiner Einbettung in ein Unternehmens- oder Konzerngefüge herausgerissen wird. Dann entfallen u. U. bestimmte Vertretungs-, Mitbestimmungs- oder Unterrichtungsrechte der Arbeitnehmer des übertragenen Betriebes oder des Restunternehmens, so daß der Betriebsübergang unmittelbar Rechtsnachteile bringt, die die Mitwirkung des Betriebsrates nach §§ 111 f. BetrVG auslösen könnten.

Der Betriebsübergang ist im Katalog des § 111 S. 2 BetrVG nicht enthalten, auch unter dessen Nr. 4 läßt er sich nicht fassen[48]. Man kann unter Betriebsorganisation den „Bauplan" oder das „Ordnungsgefüge" des Betriebes, den „Betriebsaufbau" und die „Organisation des Leitungsapparates" verstehen[49], keinesfalls zählen die einzelnen Personen dazu, die bestimmte Positionen innerhalb einer bestehenden betrieblichen Organisation einnehmen. Der Betriebsübergang läßt eine dieser Personen wechseln, ändert aber ebensowenig an den Strukturen des Betriebes wie der Wechsel eines vom Betriebsinhaber angestellten Betriebsleiters. Deshalb kann er nur dann eine Beteiligung des Betriebsrates auslösen, wenn der Katalog des § 111 S. 2 BetrVG nicht abschließend ist.

b) Diese Frage ist in der Literatur sehr umstritten. Die einen sehen in dem Katalog eine Legaldefinition des Begriffes der Betriebsänderung, beziehen also die Fiktion des Satzes 2 nicht auf den gesamten

---

[47] Vgl. oben, 1. Teil, III. 1. a).

[48] So aber wohl *Fabricius* in GK-BetrVG, § 111 Anm. 118.

[49] Vgl. *Fabricius* in GK-BetrVG, § 111 Anm. 117; *Fitting / Auffarth / Kaiser*, § 111 Anm. 21; *Dietz / Richardi*, § 111 Anm. 41; *Galperin / Löwisch*, § 106 Anm. 69.

Satz 1, sondern nur auf das eine wiederholte Wort Betriebsänderung. Ein Beteiligungsrecht des Betriebsrates besteht nur, wenn einmal einer der enumerativ aufgezählten Fälle vorliegt und zum anderen wesentliche Nachteile der geplanten Maßnahme für die Belegschaft oder erhebliche Teile der Belegschaft möglich sind[50].

Eine Mittelmeinung bezieht die Fiktion des Satzes 2 auf den gesamten Satz 1, so daß eine Prüfung, ob wesentliche Nachteile möglich sind, entfallen kann, wenn einer der genannten Tatbestände vorliegt. Sie sieht den Katalog ebenfalls als abschließend an, so daß der Relativsatz des Satzes 1 jede eigene Bedeutung verliert[51].

Die dritte Ansicht hält Satz 1 für eine Generalklausel und daneben Satz 2 für eine Aufzählung der Fälle, in denen das Beteiligungsrecht immer eingreift, unabhängig davon, ob die genannten Betriebsänderungen wesentliche Nachteile zur Folge haben können. Dieses Tatbestandsmerkmal der Generalklausel wird fingiert, wenn der Unternehmer eine der Maßnahmen nach Satz 2 plant. Der Katalog dient nach dieser Auffassung der Verfahrensvereinfachung, da in den von ihm erfaßten Fällen in aller Regel wesentliche Nachteile eintreten werden. Ihr tatsächlicher Eintritt ist nur noch im Rahmen der Sozialplanaufstellung nach § 112 BetrVG zu prüfen[52].

Das BAG hatte bisher keinen Anlaß, sich mit dieser Streitfrage auseinanderzusetzen. Für den insoweit übereinstimmenden § 72 I S. 2 BetrVG 52 neigte es wohl dazu, neben den Maßnahmen des Kataloges auch die Möglichkeit anderer mitbestimmungspflichtiger Betriebsänderungen anzuerkennen. Es hielt wegen der Fiktionswirkung des § 72 I S. 2 BetrVG 52 in den aufgezählten Fällen den Nachweis für überflüssig, daß Nachteile eintreten können, und bejahte das Beteiligungsrecht des Betriebsrates ohne weitere Prüfung[53]. Da dem BAG nicht unterstellt werden kann, es wolle § 72 I S. 1 BetrVG 52 jede Bedeutung neh-

---

[50] *Dietz / Richardi,* § 111 Anm. 8 f.; *Matthes,* DB 72 S. 286; ähnlich *Erdmann / Jürging / Kammann,* § 111 Anm. 5 a, 6, die zusätzlich die Aufnahme in den Katalog als widerlegbare Vermutung für mögliche Nachteile ansehen; für den insoweit gleichlautenden § 72 I BetrVG 52 ebenso *Säcker* in Hueck / Nipperdey, II 2, § 72 C I 2, S. 1473; *Nikisch,* III, § 117 III 4, S. 523; *Dietz,* § 72 Anm. 6.

[51] *Galperin / Löwisch,* § 111 Anm. 19 f.; *Schlüter,* Anm. zu BAG, 29. 2. 72, SAE 73 S. 73 (75 ff.); *Hanau,* ZFA 74, S. 89 (92 f.); *v. Schoenborn,* S. 35 ff.

[52] *Fitting / Auffarth / Kaiser,* § 111 Anm. 5, 9; *Fabricius* in GK-BetrVG, § 111 Anm. 31 ff.; *Rumpff,* S. 229 ff.; *Gnade / Kehrmann / Schneider,* § 111 Anm. 3; *Maurer,* DB 74 S. 2305.

[53] BAG, 10. 6. 69, AP Nr. 6 zu § 72 BetrVG 52, Bl. 2 m. insoweit abl. Anm. *Richardi* = SAE 70 S. 161 m. Anm. *Mayer-Maly;* bestätigt von BAG, 29. 2. 72, AP Nr. 9 zu § 72 BetrVG 52 m. Anm. *Küchenhoff* = SAE 73 S. 73 m. Anm. *Schlüter;* ebenso für das neue Recht LAG Hamm, 30. 8. 73, DB 73 S. 2250.

men, indem es Satz 2 als abschließende Aufzählung möglicher Betriebsänderungen auffasse, ist es mit Recht der weitestgehenden Ansicht zugerechnet worden[54], die allein von Wortlaut und Schutzzweck des § 111 BetrVG her überzeugen kann.

c) Die Entstehungsgeschichte spricht nicht dafür, § 111 S. 2 BetrVG einen abschließenden Katalog beteiligungspflichtiger Betriebsänderungen zu entnehmen. Während der RegE Unterrichtung und Mitbestimmung des Betriebsrates in wirtschaftlichen Angelegenheiten von einer Mindestzahl nachteilig betroffener Arbeitnehmer abhängig machen wollte[55], übernahm der Gesetzgeber das Modell des § 72 BetrVG 52 mit der „Anknüpfung des Mitbestimmungsrechtes des Betriebsrates bei Betriebsänderungen an im einzelnen katalogmäßig umschriebene Maßnahmen des Unternehmers“[56]. Daraus folgern manche, der Gesetzgeber habe ausschließlich die aufgezählten Maßnahmen als Betriebsänderungen ansehen wollen[57]. Dem ist entgegenzuhalten, daß die Materialien nicht eindeutig erkennen lassen, ob die katalogmäßige Umschreibung beispielhaft oder abschließend sein soll. Ein gesetzgeberischer Wille, ausschließlich Maßnahmen i. S. v. § 111 S. 2 BetrVG als Betriebsänderungen anzusehen, hat auch im Gesetzeswortlaut keinen Ausdruck gefunden; er wäre deshalb für den Gesetzesanwender nicht verbindlich. Die Beteiligung des Betriebsrates in wirtschaftlichen Angelegenheiten sollte gegenüber dem RegE, der keinen Katalog vorsah, nicht eingeschränkt, sondern ausgeweitet werden. Nach dem Entwurf entfiel das Mitbestimmungsrecht, wenn Marktgründe eine Betriebsänderung erforderten. Dies hielt der Gesetzgeber für zu unbestimmt und weit auslegbar. Nur deshalb kam er auf das Vorbild des § 72 BetrVG 52 zurück[58].

Ebensowenig kann der Einwand überzeugen, durch die Auslegung des § 111 S. 1 BetrVG als Generalklausel werde die Rechtssicherheit beeinträchtigt, da der Begriff Betriebsänderung zu vage sei und der Unternehmer bei jeder wirtschaftlichen Entscheidung Gefahr laufe, das Beteiligungsrecht des Betriebsrates zu verletzen und sich Ausgleichsforderungen nach § 113 BetrVG auszusetzen[59]. Auch bei Maßnahmen, die nicht unter § 111 S. 2 BetrVG fallen, ist ohne Schwierigkeiten

---

[54] *Rumpff*, S. 230; a. A. *Hanau*, ZFA 74 S. 89 (93) bei Fn. 11; in der von ihm genannten Entscheidung findet sich die belegte Aussage aber nicht.

[55] § 111 RegE eines BetrVG, BT-Dr. VI / 1786, S. 23.

[56] Ausschußbericht zum RegE eines BetrVG, *zu* BT-Dr. VI / 2729, S. 32, ähnlich S. 8.

[57] *Schlüter*, Anm. zu BAG, 29. 2. 72, SAE 73 S. 71 (76 f.); *Hanau*, ZFA 74 S. 89 (93); *v. Schoenborn*, S. 37.

[58] Vgl. Ausschußbericht zum RegE eines BetrVG, *zu* BT-Dr. VI / 2729, S. 8, 32.

[59] *Galperin / Löwisch*, § 111 Anm. 19; ähnlich *v.Schoenborn*, S. 36.

für den Unternehmer erkennbar, ob sie wesentliche Nachteile für die Belegschaft oder Teile der Belegschaft zur Folge haben können, da die personellen Konsequenzen schon wegen der Kündigungsfristen langfristig berechnet werden müssen. Besteht aber die Möglichkeit wesentlicher Nachteile, so ist auch die Einschaltung des Betriebsrates gerechtfertigt und der Unternehmer nicht übermäßig belastet. Läßt er demgegenüber voraussehbare Nachteile für die Arbeitnehmer außer acht, so geht er damit im Hinblick auf die Haftung nach § 113 BetrVG ein Unternehmerrisiko ein, das ihm auch sonst aufgebürdet wird. Er ist durch die Mitwirkung des Betriebsrates in seiner freien Entscheidung nicht gehindert; lediglich die Entscheidungsfindung wird in ein Verfahren verlegt, das die Interessen auch anderer Betroffener zu berücksichtigen vermag[60].

Diesem Schutzzweck der Vorschrift muß auch die Auslegung des Wortlautes genügen. Dieser spricht nicht deshalb für den abschließenden Charakter der Aufzählung in § 111 S. 2 BetrVG, weil das Wort „insbesondere" fehlt, das beispielhafte Kataloge regelmäßig einleitet, so etwa in §§ 88, 106 III BetrVG[61]. Denn die Vorschrift enthält keine Definition des Begriffes Betriebsänderung ohne Bedeutung für die weiteren Voraussetzungen des Satz 1. Eine Begriffsbestimmung hätte in der Formulierung „Betriebsänderungen sind ..." Ausdruck finden müssen. Der Wortlaut des § 111 BetrVG ist insofern eindeutig, als Satz 1 eine Generalklausel aufstellt. Durch das Wort „gelten" in Satz 2 löst deren Rechtsfolgen — auch ohne Nachweis des Vorliegens ihrer Tatbestandsmerkmale — jede der aufgezählten unternehmerischen Maßnahmen aus, die die schwerwiegendsten Fälle vorstellbarer Betriebsänderungen umfassen[62]. Die dadurch aufgestellte juristische Fiktion ordnet der Generalklausel auch solche Sachverhalte zu, die die Voraussetzungen des Satz 1 nicht erfüllen. Dieses gesetzestechnische Instrument ist regelmäßig mit der Verwendung des Wortes „gelten" verbunden[63]. Liegt einer der fünf Fiktionsfälle vor, so bedarf es keiner Prüfung wesentlicher Nachteile; auch wenn sie äußerst unwahrscheinlich sein sollten, gelten sie als möglich. Damit ist aber weder über den Begriff der Betriebsänderung etwas ausgesagt noch darüber, ob andere Maßnahmen wesentliche Nachteile mit sich bringen können. Für sie bleibt ein eigener Anwendungsbereich des § 111 S. 1 BetrVG.

Hierher gehört zum Beispiel die Stillegung der Kantine eines Großbetriebes. Da es sich nicht um einen wesentlichen Betriebsteil handelt,

---

[60] Vgl. dazu *Rumpff*, S. 232 f.

[61] So aber *Dietz / Richardi*, § 111 Anm. 8.

[62] Ebenso *Rumpff*, S. 231; *Fabricius* in GK-BetrVG, § 111 Anm. 38 f.

[63] Vgl. *Larenz*, Methodenlehre, S. 245 ff.

ist § 111 S. 2 Nr. 1 BetrVG nicht einschlägig. Da auch § 87 I Nr. 8 BetrVG nicht eingreift, bleibt nur der Weg über § 111 S. 1 BetrVG zu einer Mitwirkung des Betriebsrates, um die Nachteile zu mildern, die dadurch entstehen, daß die Arbeitnehmer in den umliegenden Gaststätten erheblich teurer essen müssen. Allein um diesen Ausgleich konkreter Nachteile geht es §§ 111 f. BetrVG, nicht um prinzipiellen Einfluß des Betriebsrates auf bedeutsame unternehmerische Entscheidungen bestimmter Art. Das ist aber die Konsequenz der hier abgelehnten Ansicht, die den Relativsatz des § 111 S. 1 BetrVG als überflüssig, als versehentlich in den Gesetzestext aufgenommenen Teil der Begründung auffaßt[64], eine schwerlich mit der von Art. 20 GG geforderten Gesetzestreue zu vereinbarende Meinung.

### 2. *Die Beteiligung des Betriebsrates*

Ein Betriebsübergang, der den Betrieb aus dem Unternehmensverband herausreißt, unterliegt der Beteiligung des Betriebsrates nach §§ 111 S. 1, 112 BetrVG, wenn er einen Betrieb mit mehr als 20 Arbeitnehmern betrifft, eine Betriebsänderung darstellt und wesentliche Nachteile für die Belegschaft oder erhebliche Teile der Belegschaft zur Folge haben kann.

a) Neben den schon erwähnten Nachteilen[65], insbesondere dem Verlust von Beteiligungsrechten, die von der Unternehmensgröße abhängen, kommen auch andere rechtliche oder tatsächliche Verschlechterungen gegenüber dem bisherigen Zustand in Betracht[66], wie umgekehrt entsprechende Verbesserungen auch, die aber im Rahmen des § 111 S. 1 BetrVG bedeutungslos sind. Die Arbeitnehmer verlieren Aufstiegschancen und berufliche Durchlässigkeit des bisherigen Unternehmens; Rabatte beim Kauf unternehmenseigener Erzeugnisse fallen weg, deren Ausnützung zu beträchtlichen Ersparnissen oder sogar Nebeneinkünften führen kann. Demgegenüber ist der Verlust der Zugehörigkeit zu einem bestimmten Unternehmen, die persönlich bedeutsam sein mag, als rein ideeller Wert in diesem Zusammenhang nicht erfaßbar.

Materielle Verschlechterungen dieser Art können neben den regelmäßig als Beispielen genannten Entlassungen, Versetzungen auf geringer entlohnte Tätigkeiten, längeren Anmarschwegen oder Erschwerungen der Arbeit[67] ebenfalls als wesentlich eingestuft werden, wenn ein durchschnittlicher vernünftiger Betroffener den Nachteil nicht hin-

---

[64] *Hanau*, ZFA 74 S. 89 (93).

[65] Vgl. oben, II. 2. b) und 1. Teil, III. 1. c).

[66] So die Definition des Nachteils bei *Rumpff*, S. 262 f.

[67] Vgl. *Fitting / Auffarth / Kaiser*, § 111 Anm. 6; *Rumpff*, S. 264; *Dietz / Richardi*, § 111 Anm. 11.

nähme, der ursprüngliche Zustand also mitbestimmend für seine Entscheidung zugunsten des konkreten Arbeitgebers und seine Arbeitsplatzzufriedenheit war[68].

b) Der Definition der Betriebsänderung i. S. v. § 111 S. 1 BetrVG widmen die Autoren keine Aufmerksamkeit mehr, die in § 111 S. 2 BetrVG eine abschließende Aufzählung sehen. Wie diese behandeln aber auch die Vertreter der Gegenmeinung den Betriebsübergang nur im Rahmen der Auslegung des § 111 S. 2 Nr. 1 BetrVG, so daß sie nicht mehr darauf eingehen, ob er unter den Begriff der Betriebsänderung zu fassen ist[69].

Sieht man in jeder Veränderung eines der Elemente, die zur Bestimmung des Betriebsbegriffes dienen[70], eine Betriebsänderung, so zählt dazu auch der Betriebsübergang, denn der jeweilige Betriebsinhaber ist als zweckbestimmender Unternehmer in die Definition einbezogen[71]. Jedoch führt diese Auffassung wieder dazu, im Betrieb einen Personenverband zu sehen, was mit der Rechtswirklichkeit unvereinbar ist. Eine Sachgesamtheit kann zwar erst dann Betrieb sein, wenn Unternehmer und Arbeitnehmer darauf bezogene, betriebliche Tätigkeit entfalten. Dadurch werden diese aber nicht Bestandteile des Betriebes, sondern lediglich notwendige Bezugssubjekte, die einer Zusammenfassung von Gegenständen Betriebsqualität vermitteln. Deshalb können nur solche Maßnahmen als Betriebsänderungen angesehen werden, die auf dieser gegenständlichen Ebene, nicht im personellen Bereich ein aliud schaffen. Dies entspricht auch der Aufgabe und dem Schutzzweck der §§ 111 f. BetrVG. Das Gesetz knüpft bewußt — im Gegensatz zu §§ 106—110 BetrVG — am Einzelbetrieb an, der als solcher die Mindestgröße haben muß, und verpflichtet zur Beteiligung des Betriebsrates nur, wenn sich eine unternehmerische Entscheidung auf die konkrete Situation der Arbeitnehmer in dem betroffenen Betrieb auswirkt. Ein Inhaberwechsel berührt aber derart betriebsindividuell weder Organisation, Tätigkeitsbereich oder Tätigkeitsart des Betriebes noch seine Struktur, Arbeitsweise oder örtliche Lage[72].

Erforderlich und ausreichend wäre, daß sich das interne Erscheinungsbild des Betriebes für die innerhalb seines Bereiches tätigen Personen

---

[68] Ähnlich *Rumpff*, S. 263 f.; *Fabricius* in GK-BetrVG, § 111 Anm. 62.

[69] Vgl. *Dietz / Richardi*, § 111 Anm. 28; *Galperin / Löwisch*, § 106 Anm. 57 einerseits; *Fitting / Auffarth / Kaiser*, § 111 Anm. 13; *Rumpff*, S. 250 andererseits.

[70] Vgl. oben, 1. Teil, II. 3.

[71] So *Fabricius* in GK-BetrVG, § 111 Anm. 98; zweifelnd *Seiter*, AR-Blattei, unter B VI 2 a.

[72] Kriterien einer Betriebsänderung nach *Fitting / Auffarth / Kaiser*, § 111 Anm. 5; *Rumpff*, S. 260; *Kreutz*, BlStSozArbR 71 S. 209 (210).

tatsächlich oder rechtlich ändert[73], also die betriebliche Binnenstruktur umgestaltet wird. Nicht aber genügt es, daß eine Maßnahme nur auf der Ebene des Gesamtunternehmens organisatorische oder strukturelle Folgen von nachteiliger Bedeutung für die Arbeitnehmer hat. Die Zugehörigkeit eines Betriebes zu einem bestimmten Unternehmen, die sein Übergang auf einen anderen Inhaber aufhebt, gehört in diesen Bereich und erfüllt deshalb die Voraussetzungen einer Betriebsänderung nicht. Daß ein Betriebsübergang keine Betriebsänderung i. S. v. § 111 S. 1 BetrVG ist, entspricht auch dem Willen des Gesetzgebers. In den Beratungen zum BetrVG 1972 wurden Vorschläge ausdrücklich abgelehnt, die vorsahen, den Betriebsübergang als Fall der Mitbestimmung in wirtschaftlichen Angelegenheiten in das Gesetz aufzunehmen[74].

### 3. *Die Beteiligung des Gesamtbetriebsrates*

Da sonach die Beteiligung des Betriebsrates bei einem Betriebsübergang daran scheitert, daß dieser den Betrieb nicht verändert, sondern lediglich den Aufbau des Unternehmens umgestaltet, ist zu erwägen, ob der Gesamtbetriebsrat bei dieser Unternehmensänderung — parallel zur Mitwirkung des Betriebsrates bei Betriebsänderungen — einzuschalten ist. Obwohl auch auf Unternehmensebene wesentliche Nachteile der Arbeitnehmer möglich sind, wenn sie durch das Absinken ihrer Gesamtzahl nach der Betriebsveräußerung Mitbestimmungs- und Beteiligungsrechte z. B. nach §§ 106, 110 BetrVG, 1 ff. MitbestG, 76 VI, 77 BetrVG 1952 verlieren, ermöglicht aber keine Befugnisnorm die Mitwirkung des Gesamtbetriebsrates.

a) Die Zuständigkeit des Gesamtbetriebsrates ist allein in § 50 BetrVG festgelegt. Er hat keine eigenen Rechte neben denen der einzelnen Betriebsräte, sondern nimmt die diesen gewährten Befugnisse immer dann wahr, wenn eine über den betrieblichen Bereich hinausgehende und einheitliche Regelung erforderlich ist[75].

Auch die in §§ 54, 107 II, 108, 109 BetrVG dem Gesamtbetriebsrat ausdrücklich zugewiesenen Aufgaben sind keine originär eigenen Zuständigkeiten, sondern hier geht das Gesetz von einem grundsätzlich vorhandenen Bedürfnis nach unternehmenseinheitlicher Regelung aus. In Unternehmen mit nur einem Betriebsrat ist dieser auch für die genannten Aufgaben zuständig. Die Pflicht zur Beteiligung des Gesamtbetriebsrates kann also nur abgeleitet sein von der Pflicht, einen oder

---

[73] So *Fabricius* in GK-BetrVG, § 111 Anm. 45.

[74] Begründung zu § 123 RegE eines BetrVG, BT-Dr. VI / 1786, S. 59.

[75] Vgl. *Fitting / Auffarth / Kaiser*, § 50 Anm. 9 ff.; *Dietz / Richardi*, § 50 Anm. 2 ff.

mehrere Betriebsräte zu beteiligen, deren Betriebe von einer Maßnahme betroffen sind. Da der Betriebsrat des veräußerten Betriebes keine Mitwirkung fordern kann, muß demnach auch ein entsprechendes Recht des Gesamtbetriebsrates ausscheiden. § 50 BetrVG enthält keine Ausweitung, sondern lediglich eine Verlagerung von Rechten[76], und wo zugunsten der Betriebsräte keine Befugnisse bestehen, können sie auch nicht auf den Gesamtbetriebsrat verlagert werden.

b) Ebenso kann über die analoge Anwendung der §§ 111 f. BetrVG dem Gesamtbetriebsrat kein eigenes Beteiligungsrecht bei Unternehmensänderungen gegeben werden. Eine Regelungslücke ließe sich zwar darin sehen, daß ein Betriebsübergang wesentliche Nachteile für die Arbeitnehmer des betroffenen Betriebes oder des Restunternehmens haben kann, ohne daß ein Ausgleich dieser Nachteile durch Beteiligung einer Arbeitnehmervertretung erzwungen werden kann. Da es sich um eine Unternehmensänderung handelt, wäre der Gesamtbetriebsrat der berufene Interessenwahrer für die Arbeitnehmer. Jedoch stehen einer entsprechenden Anwendung der §§ 111 f. BetrVG auf Unternehmensebene schwerwiegende Bedenken entgegen, die auch durch den Wunsch nach weitestgehender Ausdehnung von Mitwirkungsrechten der Arbeitnehmer nicht verdrängt werden können[77].

Allgemein ist es der Systematik des BetrVG fremd, dem Gesamtbetriebsrat eigene, unabgeleitete Befugnisse zuzuweisen. Er ist lediglich betriebs-, nicht unternehmensverfassungsrechtlich institutionalisiert, seine Rechte lassen sich daher nur aus betrieblichen Sachverhalten ableiten. Daneben hat der Gesetzgeber sich bewußt gegen die wirtschaftliche Mitbestimmung auch bei einem Betriebsübergang entschieden[78]. Aber auch der Regelungszweck der §§ 111 f. BetrVG erlaubt die Ausdehnung ihres Anwendungsbereiches auf rein unternehmensbezogene Maßnahmen nicht. Sie knüpfen am innerbetrieblichen Bereich an, weil sie Arbeitsplatzschutz und keinen allgemeinen Rechtsstellungsschutz bezwecken. Sobald eine unternehmerische Maßnahme nicht mehr die alltägliche betriebliche Situation verändert, soll sie frei von Arbeitnehmerbeteiligung bleiben, und der Schutzzweck der §§ 111 f. BetrVG greift nicht mehr ein. Eine Analogie zu diesen Vorschriften ist daher nicht möglich.

Im Ergebnis verlangt der Betriebsübergang lediglich die Einschaltung des Wirtschaftsausschusses gemäß § 106 III Nr. 10 BetrVG als einzige Form der Arbeitnehmerbeteiligung.

---

[76] So *Dietz / Richardi*, § 50 Anm. 20.

[77] Dieses Argument dient im modernen Schrifttum allzu häufig per se der juristischen Begründung politisch gewünschter Ergebnisse.

[78] Vgl. Begründung zu § 123 RegE eines BetrVG, BT-Dr. VI / 1786, S. 59.

## 2. Kapitel: Die Betriebsänderung im übertragenen Betrieb

### I. Der Zusammenhang mit dem Betriebsübergang

Der Betriebsübergang wäre unvollständig erfaßt, wenn neben dem eigentlichen Übertragungsvorgang solche Maßnahmen nicht behandelt werden, mit denen Veräußerer oder Erwerber Organisation, Lage oder Produktionszweck des Betriebes regelmäßig in unmittelbarem Zusammenhang mit dem Inhaberwechsel verändern. Bereits zu Anfang wurde auf die Notwendigkeit hingewiesen, zwischen beiden Vorgängen genau zu unterscheiden. Die Autoren, die das Kriterium der Betriebsidentität für die Kontinuität der Betriebsverfassung im Rahmen des Betriebsübergangs heranziehen, vermengen unzulässig dessen Rechtsfolgen mit denen einer Betriebsänderung[79]. Diese ist selbständig auf ihre betriebsverfassungsrechtliche Bedeutung hin zu untersuchen.

Die unmittelbare Aufeinanderfolge beider Maßnahmen schafft für die Durchführung betriebsverfassungsrechtlicher Mitwirkung bei Betriebsänderungen eine Unsicherheit über den richtigen Partner der Arbeitnehmervertretungen, da u. U. planender und durchführender Unternehmer i. S. v. § 111 BetrVG auseinanderfallen, so wenn der bisherige Inhaber den Betrieb nach den Wünschen des Erwerbers umgestaltet[80]. Jede Betriebsänderung unabhängig von der Verknüpfung mit einem Betriebsübergang wirft außerdem die Frage auf, ob der Betrieb als funktionierende Einheit bestehen bleibt oder aber nach einer Zwischenstillegung ein neuer an seine Stelle tritt, also nach anderem Sprachgebrauch die Betriebsidentität nicht gewahrt ist, so daß auch die Kontinuität der Betriebsverfassung zweifelhaft wird. Die Literatur geht auf institutionelle Folgen von Betriebsänderungen nur am Rande ein. Doch sind grundlegende Umgestaltungen, wie sie insbesondere ein Betriebserwerb aus der Konkursmasse zum Zweck der Sanierung erforderlich macht, auch in dieser Hinsicht durchaus erörterungsbedürftig.

### II. Die betriebsverfassungsrechtliche Mitwirkung

#### 1. *Die Mitwirkungstatbestände*

a) Die bedeutsamste Mitwirkungsmöglichkeit des Betriebsrates bei Betriebsänderungen ergibt sich aus §§ 111, 112 BetrVG. Als Auslöser kommen alle in § 111 S. 2 BetrVG angeführten Maßnahmen in Frage[81],

---

[79] Vgl. oben, 1. Teil, II. 2.

[80] Vgl. z. B. den Sachverhalt von BAG, 15. 12. 76, AP Nr. 3 zu § 611 BGB Arzt-Krankenhaus-Vertrag m. Anm. *Küchenhoff* = SAE 77 S. 220 m. Anm. *Grunsky* = AP Nr. 1 zu § 325 ZPO m. Anm. *Leipold*.

aber auch andere Betriebsänderungen, wenn sie wesentliche Nachteile für die Belegschaft oder erhebliche Teile der Belegschaft haben können[82].

Als Konsequenz aus der strikten Unterscheidung zwischen Betriebsübergang und Betriebsänderung können die Rechte des Betriebsrates aus §§ 111 f. BetrVG nicht deshalb ausgeschlossen sein, weil die Maßnahme zu einem Zeitpunkt durchgeführt wird, in dem ihm kein verpflichteter Unternehmer gegenübersteht. Jede Betriebsänderung fällt in die Inhaberschaft eines der Veräußerungsbeteiligten, daher gibt es während des Betriebsübergangs keinen mitbestimmungsfreien Raum ohne den gesetzlichen Zwang zur Berücksichtigung von Arbeitnehmerinteressen. Entweder der alte oder der neue Inhaber ist an §§ 111 f. BetrVG gebunden[83].

b) Gehört der Betrieb einem Unternehmen mit mehr als 100 Arbeitnehmern an, so ist auch die Unterrichtungspflicht des Wirtschaftsausschusses nach § 106 BetrVG zu beachten, die sich sowohl auf den Betriebsübergang selbst bezieht[84], wie auf jede Betriebsänderung in weiterem Umfang als nach § 111 BetrVG, da die besonderen Voraussetzungen dieser Vorschrift in § 106 BetrVG nicht enthalten sind. Zu unterrichten ist der Wirtschaftsausschuß desjenigen Unternehmens, dem der Betrieb zur Zeit der Maßnahme angehört, also vor dem Betriebsübergang der des Veräußererunternehmens und danach der im Unternehmen des neuen Inhabers.

c) Daneben kann auch die Mitbestimmung bei Individualmaßnahmen eingreifen, wenn die jeweilige Betriebsänderung mit Kündigungen oder Versetzungen verbunden ist, §§ 99, 102 BetrVG.

### *2. Der beteiligungspflichtige Unternehmer nach §§ 111 f. BetrVG*

a) Die Mitwirkungsrechte gemäß §§ 111 f. BetrVG richten sich bei unbefangener Lektüre der Vorschriften gegen denjenigen Unternehmer — das Gesetz gebraucht diesen Begriff statt den des Arbeitgebers, weil es sich um unternehmerische, nicht unmittelbar Arbeitsverhältnisse berührende Maßnahmen handelt, deren Folgen für die Arbeitnehmer die „Mitbestimmung in wirtschaftlichen Angelegenheiten“ abmildern soll —, der die Betriebsänderung plant.

---

[81] Vgl. dazu im einzelnen *Rumpff*, S. 235 ff. und die Kommentierungen zu § 111 BetrVG.

[82] Vgl. oben, 1. Kapitel, III. 1. b), c).

[83] Ebenso *Rumpff*, S. 250.

[84] Vgl. oben, 1. Teil, III. 2.

Diese gesetzliche Anordnung führt jedoch dazu, daß das Verfahren nach § 112 BetrVG undurchführbar wird, wenn der Erwerber eine Betriebsänderung unmittelbar nach der Übernahme des Betriebes durchzuführen vorhat; denn erst wenn er Inhaber geworden ist, entsteht seine Unterrichtungs- und Beratungspflicht. Vorher ist er den Bestimmungen des BetrVG im Hinblick auf diesen Betrieb nicht unterworfen[85]. Diese Einschaltung des Betriebsrates in einem Zeitpunkt, in dem das Verfahren nicht mehr vor der Betriebsänderung abgewickelt werden kann und die Maßnahme meist schon feststehen wird, die der neue Inhaber ergreifen will, kollidiert mit der Pflicht zu „rechtzeitiger" Unterrichtung und Beratung nach § 111 BetrVG, die vor dem endgültigen Entschluß des Unternehmers liegen muß[86].

Als Ausweg bietet sich an, den bisherigen Betriebsinhaber zu verpflichten, auch solche Maßnahmen mit dem Betriebsrat zu beraten, die sein Nachfolger plant, denn § 111 BetrVG spricht nur von „geplanten" Betriebsänderungen und verlangt nicht die Planung durch den derzeitigen Inhaber[87]. Allerdings erscheint es bedenklich, ihm auch die Kompetenz zum Abschluß eines Sozialplanes zu geben, der, da er einer Betriebsvereinbarung von § 112 I S. 3 gleichgestellt ist[88], in Analogie zu § 613 a BGB auch den Betriebserwerber binden müßte[89]. Denn nur dieser kann Vorteile und Risiken, Nutzen und Lasten der Betriebsänderung beurteilen und den durch Sozialplan festgelegten finanziellen Aufwand in Relation zum erreichbaren Erfolg setzen. Die Kompetenz zur verbindlichen Aufstellung eines Sozialplanes ist deshalb allein dem Unternehmer zuzuerkennen, der die Nachteile der Arbeitnehmer verursacht, die ausgeglichen werden sollen, und nicht dessen Vorgänger, der in die Planung eingeweiht ist. Die Einigung mit dem Betriebsrat über den Ausgleich oder die Milderung wirtschaftlicher Nachteile herbeizuführen, ist eine persönliche Pflicht nur des Unternehmers, der eine Betriebsänderung als eigene unternehmerische Maßnahme vornimmt.

Um trotzdem die erforderliche frühzeitige Information des Betriebsrates und die effektive Wahrnehmung seiner Rechte zu gewährleisten,

---

[85] Vgl. *Seiter*, AR-Blattei, unter B VI 2 b.

[86] BAG in ständiger Rechtsprechung, zuletzt BAG, 14. 9. 76, AP Nr. 2 zu § 113 BetrVG m. Anm. *Richardi*, das die Durchführung, zumindest aber Einleitung des Verfahrens nach § 112 BetrVG vor der Betriebsänderung verlangt; strenger noch BAG, 18. 7. 72, AP Nr. 10 zu § 72 BetrVG 52; vgl. *Fitting / Auffarth / Kaiser*, § 111 Anm. 26; *Fabricius* in GK-BetrVG, § 111 Anm. 23, 26.

[87] Ähnlich *Seiter*, AR-Blattei, unter B VI 2 b; vgl. auch *Becker-Schaffner*, BlStSozArbR 75 S. 305 (309 f.).

[88] Teilweise wird er sogar ausdrücklich als Betriebsvereinbarung bezeichnet, so BAG, 27. 8. 75, AP Nr. 2 zu § 112 BetrVG m. Anm. *Natzel*; BAG, 8. 12. 76, AP Nr. 3 zu § 112 BetrVG m. Anm. *Wiedemann*; *Galperin / Löwisch*, § 112 Anm. 47; einschränkend *Dietz / Richardi*, § 112 Anm. 24.

[89] Vgl. oben, 2. Teil, 4. Kapitel, III. 3. b).

ist es dann aber erforderlich, den zukünftigen Betriebsinhaber schon vor dem Übergang des Betriebes in das Verfahren nach § 112 BetrVG einzuschalten, wie es auch in der Praxis üblich ist[90]. Das BAG räumt ihm ohne nähere Begründung sogar das Recht ein, schon bevor er in die Arbeitgeberstellung eingerückt ist, Betriebsvereinbarungen mit dem Betriebsrat des zu übernehmenden Betriebes abzuschließen[91]. Diese Auffassung kann aber allenfalls für schuldrechtliche Vereinbarungen richtig sein — wie im entschiedenen Fall —; denn die Wirkung von § 77 IV BetrVG kommt ausschließlich solchen Betriebsvereinbarungen zu, die von den gesetzlich dazu befugten betrieblichen Sozialpartnern, also dem Betriebsrat und dem jeweiligen Arbeitgeber, abgeschlossen werden. Gegen schuldrechtliche Verpflichtungen zwischen Betriebsrat und zukünftigem Betriebserwerber erheben sich aber diese Bedenken aus § 77 BetrVG nicht, auch die Abrede, einen bestimmten Sozialplan nach Betriebsübergang abzuschließen, oder eine bedingte Vereinbarung, die in Kraft treten soll, sobald beide Parteien die Rechtsmacht dafür haben, sind deshalb möglich[92].

Sie scheitern auch nicht an der Unfähigkeit des Betriebsrates, über den innerbetrieblichen Bereich hinaus Rechte und Pflichten einzugehen. Denn im Rahmen seiner Befugnisse kann er auch mit außenstehenden Dritten Abmachungen treffen, z. B. Sachverständige im Rahmen des § 80 III BetrVG beauftragen oder Beisitzer der Einigungsstelle gemäß § 76 II BetrVG bestellen, denen er sogar Honorarzusagen machen darf, die den Arbeitgeber verpflichten[93].

b) Hat der Betriebserwerber nun das Recht, schon vor dem Betriebsübergang im Verfahren nach §§ 111 f. BetrVG mitzuwirken oder es in Gang zu setzen, so bedeutet dies noch nicht, daß er dazu auch verpflichtet ist. Die gefundene Lösung hängt also vom guten Willen der Beteiligten ab. Als Sanktion, diesen guten Willen zu erzwingen, steht nur § 113 BetrVG zur Verfügung, der ebenfalls nur denjenigen zur Abfindungszahlung verpflichten kann, der bereits in die Inhaberschaft eingerückt ist. Plant der Betriebserwerber aber eine Betriebsänderung unmittelbar nach seinem Eintritt in diese Stellung und versucht er nicht schon vorher, Interessenausgleich und Sozialplan herbeizuführen, so nimmt er damit in Kauf, daß eine sachgerechte Einigung mit dem Betriebsrat zwischen Übernahme und Betriebsänderung unmöglich ist, schon weil

---

90 Vgl. den Sachverhalt in BAG, 24. 3. 77, AP Nr. 6 zu § 613 a BGB m. Anm. *Blomeyer* = SAE 78 S. 57 m. Anm. *Schwerdtner*.

91 BAG, 24. 3. 77, AP Nr. 6 zu § 613 a BGB, Bl. 2 R entgegen der Auffassung des Berufungsgerichts.

92 Grundsätzlich, aber ohne Begründung ablehnend *Schwerdtner*, Anm. zu BAG, 24. 3. 77, SAE 78 S. 57 (65).

93 Vgl. BAG, 6. 4. 73, AP Nr. 1 zu § 76 BetrVG.

der Betriebsrat die notwendigen Informationen nicht rechtzeitig erhält. Leitet er daher nach dem Betriebsübergang das Verfahren nach §§ 111 f. BetrVG ein, so geschieht dies in voller Kenntnis dessen, daß es nicht vor der Betriebsänderung vollständig durchgeführt werden kann. Der Versuch des Interessenausgleichs i. S. v. § 113 BetrVG verlangt aber gerade, daß der Abschluß des Verfahrens bei seiner Einleitung noch möglich erschien[94]. Deshalb erfüllt auch ein solches Verhalten des neuen Inhabers die Voraussetzungen des § 113 III BetrVG, da er die Möglichkeit zur rechtzeitigen Verfahrenseinleitung nicht nützte, und er ist zum Nachteilsausgleich verpflichtet.

### III. Die Kontinuität der Betriebsverfassung

Unabhängig vom Eingreifen eines Mitwirkungsrechtes sind die Folgen einer Betriebsänderung für die bestehende Betriebsverfassung zu beurteilen. Lediglich daß von den in § 111 S. 2 BetrVG katalogmäßig erfaßten Maßnahmen eine Betriebsstillegung das Amt des Betriebsrates und die Geltung der Betriebsvereinbarungen enden läßt, ist unumstritten[95]; andere innerbetriebliche Umgestaltungen wie auch Zusammenlegungen von Betrieben führen dagegen zu erheblicher Unsicherheit.

#### 1. *Innerbetriebliche Maßnahmen*[96]

a) Das Merkmal der Betriebsidentität, das für die Rechtsfolgen eines Betriebsübergangs keine Bedeutung haben kann[97], verwenden manche auch zur Bestimmung der Auswirkungen einer Betriebsänderung. Bleibt sie nach der Maßnahme nicht erhalten, so folgt daraus das Ende des bisherigen Betriebes und seiner Betriebsverfassung. Die Kennzeichnung einer Betriebsänderung als Vorgang bestimmter Art, also als Maßnahme im Sinne einer der Ziffern des § 111 S. 2 BetrVG, bringt dabei keine Klarheit über ihre Folgen für die Betriebsidentität. Ob nämlich beispielsweise Zweckänderung oder Verlegung zum Verlust der Identität führen oder diese trotzdem erhalten bleiben kann, wird nicht einheitlich entschieden[98]. Aber auch wenn auf die Voraussetzungen näher eingegangen wird, unter denen die Betriebsidentität berührt sein soll,

---

[94] *Fitting / Auffarth / Kaiser*, § 113 Anm. 6; *Dietz / Richardi*, § 113 Anm. 11; *Galperin / Löwisch*, § 113 Anm. 44; vgl. auch BAG, 14. 9. 76, AP Nr. 2 zu § 113 BetrVG m. Anm. *Richardi* = EzA Nr. 2 zu § 113 BetrVG m. Anm. *Schwerdtner* = SAE 77 S. 282 m. Anm. *Otto*.

[95] Vgl. die Nachweise oben, 2. Teil, Fn. 107.

[96] Zu den Folgen der Ausgliederung eines Betriebsteiles vgl. unten, 3. Kapitel, II. 3.

[97] Vgl. oben, 1. Teil, II. 1. d), 2.

[98] Vgl. RAG, 3. 7. 29, ARS Bd. 6 S. 331; RAG, 31. 1. 31, ARS Bd. 11 S. 223

ist eine allgemein oder nur überwiegend anerkannte Regel nicht erkennbar, nach der sich auch die Kontinuität der Betriebsverfassung beurteilen ließe[99].

Verlangen die einen zur Wahrung der Betriebsidentität, daß Betriebsorganisation und Arbeitnehmerschaft erhalten bleiben[100], so nehmen andere Identitätsaufhebung schon an, wenn Organisation oder Aufgabenstellung völlig verändert werden[101]. Jede Betriebsänderung, die in den Bereich des § 111 S. 2 BetrVG fällt, muß für die Autoren die Betriebsidentität berühren, die den Erhalt der Betriebsorganisation, des Betriebszweckes und der sozialen Betriebsgemeinschaft im Sinne einer Summe aller Arbeitgeber-Arbeitnehmer-Beziehungen verlangen[102].

Zusätzlich fordert *Gaul*, allerdings nur im Rahmen des Betriebsübergangs, die gleiche räumliche Verbundenheit der Produktionsmittel, also den Ausschluß einer Ortsveränderung[103]. An anderer Stelle wird auf die Beibehaltung des arbeitstechnischen Zweckes, der Organisationsmethoden und der sächlichen Betriebsmittel abgestellt und dem Austausch der Belegschaft keine Bedeutung zugestanden[104]. *Schnorr v. Carolsfeld* hält den allgemeinen visuellen Eindruck für maßgebend, den der Betrieb vor und nach der Veränderung auf den Betrachter macht[105]. *Nikisch* will die Frage der Betriebsidentität nur nach der Verkehrsauffassung von Fall zu Fall entscheiden; den Wechsel allein eines Merkmals im Betriebsbegriff — Inhaber, arbeitstechnischer Zweck, sachliche Betriebsmittel und Arbeitnehmerschaft — läßt er nicht hinreichen, um die Identität aufzuheben[106]. Es bleibt aber offen, ob dies angenommen werden kann, sobald zwei der Merkmale verändert werden.

Das Kriterium der Betriebsidentität erweist sich angesichts der Uneinheitlichkeit seiner näheren Konkretisierung als nicht verwendbar zur umfassenden Klärung betriebsverfassungsrechtlicher Folgen einer Betriebsänderung. Diese ist stattdessen wie der Betriebsübergang auch daraufhin zu untersuchen, ob die konkrete Maßnahme Einfluß auf die

---

einerseits; *Dietz / Richardi*, § 1 Anm. 67, 81; *Fitting / Auffarth / Kaiser*, § 1 Anm. 16 andererseits.

[99] So auch *Seiter*, AR-Blattei, unter B IV 3 c.

[100] *Dietz / Richardi*, § 1 Anm. 81; *Erdmann / Jürging / Kammann*, § 1 Anm. 4; ähnlich *Sahmer*, § 1 Anm. 4 a. E., der Betriebsidentität ausschließt, wenn Organisation oder Belegschaft völlig wechseln.

[101] *Fitting / Auffarth / Kaiser*, § 1 Anm. 16.

[102] *Galperin*, BB 52 S. 321; *ders.*, Beiträge zum Betriebsverfassungsrecht S. 106 (116); *Dietz*, § 1 Anm. 51; *A. Hueck* in Hueck / Nipperdey, I, § 16 IV, S. 94 in Fn. 8; *Stege / Weinspach*, S. 3.

[103] *Gaul*, S. 37 ff.; ähnlich *Bobrowski / Gaul*, K I 5, S. 605.

[104] *Wiese*, S. 24 ff.

[105] *Schnorr v. Carolsfeld*, S. 30.

[106] *Nikisch*, I, § 18 II 5, S. 153; ihm folgend *Schwarz*, S. 46 f.

jeweiligen rechtlichen und tatsächlichen Amts- und Geltungsgrundlagen hat.

b) Das Amt des Betriebsrates wurde als allein abhängig von dem Bestand der Belegschaft erkannt, durch deren Wahl und Repräsentation er sich legitimiert[107]. Es kann daher ebenso wie nach dem Wechsel des Arbeitgebers wegen einer Veränderung in Erscheinungsbild oder Struktur des Betriebes nur dann enden, wenn dadurch diese Legitimationsgrundlage beseitigt wird. So macht eine völlige Stillegung des Betriebes mit Entlassung sämtlicher Arbeitnehmer deren weitere gemeinschaftliche Arbeitsleistung an einer einzigen Arbeitsstätte unmöglich, zerstört dadurch die repräsentierbare Einheit der Belegschaft[108] und entzieht dem Betriebsrat auf diese Weise sein Mandat, für die bisher in dieser Gemeinschaft zusammengefaßten Arbeitnehmer des Betriebes aufzutreten. Der Amtsverlust des Betriebsrates nach einer Stillegung läßt sich also systemgerecht erklären.

Doch auch andere Betriebsänderungen, sei es in der Organisationsstruktur, im Zweck oder Ort können diesen Einfluß auf die Belegschaft haben. Immer dann führt deshalb eine Betriebsänderung zum Ende des Betriebsrates, wenn sie den Betrieb als Arbeitsort für die bisherige Belegschaft unbrauchbar macht, also der wesentliche Teil der Arbeitnehmer unter den neuen Bedingungen keine Arbeitsleistung mehr erbringen kann und daher auszuscheiden hat, und dafür andere in den veränderten Betriebsablauf eingegliedert werden müssen. Bleibt die Zusammensetzung der Belegschaft dagegen — auch in wesentlich kleinerem Umfang — erhalten, so behält auch der Betriebsrat sein Amt, wenn nicht die Verpflichtung zur Neuwahl aus § 13 II Nr. 1 BetrVG eingreift[109].

Ob eine Betriebsänderung, die zur Auflösung der Belegschaft führt, immer auch gleichzeitig das Ende des bisherigen Betriebes bedeutet, sei es als endgültige Stillegung, sei es als Stillegung mit anschließender Eröffnung eines anderen, oder ob man die Arbeitnehmer als austauschbar ohne Bedeutung für die allein den Betrieb ausmachende organisatorische Einheit beliebiger Betriebsmittel ansehen kann, so daß etwa eine Verlegung unter völligem Austausch der Arbeitnehmer den Betrieb als solchen bestehen bleiben läßt, braucht hier nicht entschieden zu werden, da der Betriebsrat vom Schicksal der Belegschaft abhängt, auch wenn der Betrieb selbst nicht untergeht.

Nur aus dieser Belegschaftsabhängigkeit erklärt sich auch, daß der Betriebsrat nach einer Stillegung, also dem unzweifelhaften Ende

[107] Vgl. oben, 2. Teil, 3. Kapitel, II. 2.

[108] Vgl. dazu oben, 2. Teil, 3. Kapitel, II. 2., 3.

[109] Ähnlich *Dietz / Richardi*, § 1 Anm. 67, 81 f., § 111 Anm. 17, die Identität der Belegschaft verlangen; vgl. auch BAG, 29. 10. 75, AP Nr. 2 zu § 613 a

des Betriebes selbst, solange im Amt bleibt, wie noch Arbeitsverhältnisse und damit die Belegschaft oder zumindest Reste von ihr bestehen[110].

Da Betriebsvereinbarungen als Vertrag zwischen Betriebsrat und Arbeitgeber abgeschlossen werden und gelten[111], sind sie in erster Linie von deren Kontinuität abhängig. Deshalb muß mittelbar auch für sie der Belegschaftsbestand nach einer Betriebsänderung ausschlaggebend sein, der sich über den Betriebsrat auf Betriebsvereinbarungen auswirkt. Auf die Person oder Parteistellung des Arbeitgebers hat eine Betriebsänderung keinesfalls Einfluß, er führt sie lediglich durch, wird aber nicht selbst in seiner Existenz davon berührt. Demnach läßt sich einheitlich für die gesamte Betriebsverfassung allein auf die Auswirkungen einer Betriebsänderung auf Zusammensetzung und Kontinuität der Belegschaft abstellen.

Allerdings sind die Mehrzahl der Betriebsvereinbarungen auf derzeit bestehende betriebliche Strukturen abgestimmt, so daß sie nach einer Betriebsänderung teilweise auf die neuen Verhältnisse nicht mehr passen. Regelungen über Akkordsätze oder Arbeitssicherheit können durch eine Produktionsumstellung obsolet werden, Arbeitszeitvereinbarungen, die an die Fahrpläne öffentlicher Verkehrsmittel angepaßt sind, durch Verlegung des Betriebes. Dem muß aber nicht unbedingt damit begegnet werden, daß sämtliche Betriebsvereinbarungen nur fortgelten, solange der Betrieb unverändert bleibt; sondern als Abhilfe stehen Betriebsrat und Arbeitgeber die Rechte zur ordentlichen oder außerordentlichen Kündigung sowie zur Anpassung nach den Grundsätzen über den Wegfall der Geschäftsgrundlage offen[112]. Dadurch wird das System innerbetrieblicher Rechte und Pflichten zwar flexibel an die veränderten Arbeitsbedingungen angepaßt, jedoch nicht mehr als notwendig durch eine von Arbeitnehmerseite rechtlich nicht zu verhindernde[113] unternehmerische Maßnahme aus den Angeln gehoben.

### 2. *Zusammenschluß von Betrieben*

a) Während innerbetriebliche Maßnahmen anläßlich eines Betriebsübergangs beide beteiligten Unternehmer durchführen können, folgt

---

BGB = SAE 76 S. 196 m. Anm. *Roemheld*, das für erheblich ansieht, ob die Arbeitsplätze der Arbeitnehmer nach einer Ortsveränderung erhalten bleiben.

[110] Vgl. BAG, 29. 3. 77, AP Nr. 11 zu § 102 BetrVG m. Anm. *G. Hueck;* ähnlich *Galperin / Löwisch*, § 21 Anm. 20; zu weitgehend *Fitting / Auffarth / Kaiser*, § 21 Anm. 30 a; anders aber wohl BAG, 15. 8. 58, AP Nr. 15 zu § 13 KSchG a. F. m. Anm. *Dietz; Dietz / Richardi*, § 21 Anm. 30.

[111] Vgl. oben, 2. Teil, 4. Kapitel, II. 4.

[112] Vgl. oben, 1. Kapitel, I. 2. c).

[113] Vgl. oben, 1. Teil, III. 3.

der Zusammenschluß eines übertragenen Betriebes mit einem oder mehreren Betrieben des Erwerbers notwendig dem Inhaberwechsel nach. Denn erst dieser als Verfügungsberechtigter über mehrere Betriebe kann sie zu einem einzigen zusammenfassen und dadurch betriebsverfassungsrechtliche Folgen auslösen. Insbesondere die Planung einer Betriebszusammenlegung durch den Erwerber führt also zu der schon erörterten Problematik, ob dieser auch vor dem Betriebsübergang sich in das Verfahren nach § 112 BetrVG einschalten kann, das wegen § 111 S. 2 Nr. 3 BetrVG auf jeden Fall erforderlich ist[114]. Zwar findet sich gelegentlich die Auffassung, Betriebe verschiedener Unternehmen könnten zusammengeschlossen werden[115], jedoch wird dabei übersehen, daß der neue Betrieb, soll er einheitlich bestehen können, einer einheitlichen unternehmerischen Leitung bedarf[116].

Vor der Vereinigung der Betriebe muß daher immer ein Betriebsübergang liegen, der entweder einen der Betriebe auf den Inhaber des anderen übergehen läßt oder beide auf einen dritten Unternehmer, möglicherweise eine Arbeitsgemeinschaft der bisherigen Betriebsinhaber.

b) Über die Auswirkungen eines Betriebszusammenschlusses auf die Kontinuität der bestehenden betriebsverfassungsrechtlichen Ordnungen besteht in der Literatur weitgehende Einigkeit. Analog zu den §§ 339 ff. AktG unterscheidet man zwischen Verschmelzung und Aufnahme. Letztere läßt einen der betroffenen Betriebe fortbestehen, der den anderen aufnimmt. Anlagen und Belegschaft des aufgenommenen Betriebes gehören nach dem Zusammenschluß zum aufnehmenden Betrieb. Dessen Betriebsvereinbarungen und die Befugnisse seines Betriebsrates erstrecken sich auf jenen, da nur eine, die um die Arbeitnehmer des aufgenommenen Betriebes erweiterte Belegschaft des aufnehmenden Betriebes vorhanden ist.

Die Verschmelzung dagegen führt zur Neubildung eines Betriebes aus Bestandteilen zweier alter, die beide zu existieren aufhören. Ihre Betriebsverfassungen enden, so daß in dem fortgeführten Betrieb ein Betriebsrat gemäß § 13 II Nr. 6 BetrVG neu zu wählen ist. Bis dahin sind die Arbeitnehmer ohne betriebliche Vertretung gegenüber dem Arbeitgeber[117]. Nach einer solchen Betriebsverschmelzung wurde wäh-

---

[114] Vgl. oben, 2. Kapitel, II. 2.

[115] So z. B. *Dietz / Richardi*, § 111 Anm. 36; *Fabricius* in GK-BetrVG, § 111 Anm. 108; *Rumpff*, S. 253.

[116] Vgl. *Fitting / Auffarth / Kaiser*, § 111 Anm. 17; *Galperin / Löwisch*, § 106 Anm. 68.

[117] *Dietz / Richardi*, § 1 Anm. 78, § 21 Anm. 38 f., § 111 Anm. 36; *Fitting / Auffarth / Kaiser*, § 1 Anm. 17, § 111 Anm. 17; *Galperin / Löwisch*, § 21 Anm. 22 ff., § 106 Anm. 66; kritisch *Fabricius* in GK-BetrVG, § 111 Anm. 109;

rend der Geltung des BRG verbreitet angenommen, daß die beiden bisherigen Betriebsräte bis zur Konstituierung der neugewählten Arbeitnehmervertretung nebeneinander, je zuständig für die bisher von ihnen repräsentierten Arbeitnehmer analog § 43 BRG weiter im Amt bleiben, um eine vertretungslose Zwischenzeit zu vermeiden[118]. Die entsprechende Vorschrift des § 22 BetrVG zählt jedoch die Fälle der Amtsbeendigung einzeln auf, in denen der Betriebsrat die Geschäfte weiterführen kann, so daß sich eine solche Analogie heute verbietet.

c) Die dargestellte allgemeine Ansicht wird regelmäßig auf die dem Gesamtzusammenhang des BetrVG zu entnehmende Aussage gestützt, daß jeder Betrieb nur einen einzigen Betriebsrat und eine einzige Betriebsverfassung haben kann. Jedoch ist ein solcher Grundsatz schon wegen § 4 S. 1 BetrVG zweifelhaft und auch aus anderen Gründen erheben sich Bedenken dagegen. Besonders wenn man für die Entscheidung, ob die Betriebe selbständig bestehen bleiben oder zusammengeschlossen sind, vornehmlich auf das Organisationsbild abstellt[119], gibt man einem Unternehmer mit mehreren Betrieben ein Mittel in die Hand, lediglich durch Zusammenfassung dieser Betriebe unter einer neuen einheitlichen Leitung ohne arbeitstechnische Änderung des Betriebsablaufs unliebsame Betriebsvertretungen aus den Angeln zu heben. Weiterhin wird der Gedanke der Betriebsverfassung als Belegschaftsverfassung und die Bedeutung der Kontinuität der Belegschaft für den Betriebsrat[120] zu sehr vernachlässigt, wenn nur der Betriebszusammenschluß, die arbeitstechnische, organisatorische oder räumliche Zusammenfassung mehrerer Betriebe für ausschlaggebend gehalten wird. Diese muß nicht in jedem Fall, zumindest nicht sofort, sich auf die Belegschaften der betroffenen Betriebe auswirken.

§ 4 BetrVG zeigt, daß innerhalb einer organisatorischen Einheit Betrieb verschiedene betriebsverfassungsrechtliche Ordnungen möglich sind. Die Vorschrift will besonderen Belegschaftsgruppen mit einem Mindestmaß an Eigenständigkeit ihre Interessenvertretung selbst in die Hand geben. Dieser Gedanke kann auch bei Zusammenschlüssen von Betrieben fruchtbar gemacht werden, wenn bisher eigenständig vertretene Belegschaften zu Gruppen innerhalb eines Betriebes werden. Dann besteht zumindest für eine Übergangszeit ebenfalls ein Bedürfnis nach gesonderter Interessenwahrung, solange die bisherigen Belegschaften

---

*Posth*, S. 204 f., der sich auf § 613 a BGB stützt, damit jedoch die Rechtsfolgen von Betriebsübergang und -zusammenschluß unzulässig vermengt.

[118] So RAG, 15. 2. 28, ARS Bd. 2 S. 76 m. Anm. *Flatow; Flatow / Kahn-Freund*, § 9 Anm. 8 IV; *A. Hueck*, NZfA 28 Spalte 663 (665 f.); *Herschel*, Das Arbeitsgericht 27 Spalte 333 (335 f.); a. A. *Kaskel*, NZfA 28 Spalte 659 (664).

[119] So insbesondere *Dietz / Richardi*, § 1 Anm. 78.

[120] Vgl. dazu oben, 2. Teil, 3. Kapitel, II. 2.

noch unterscheidbar voneinander innerhalb eines größeren Ganzen bestehen. Zu berücksichtigen ist daneben, daß ein Betriebszusammenschluß kein abrupter Vorgang, sondern ein kontinuierliches Geschehen ist, dessen Rechtsfolgen für die Betriebsverfassung nicht pauschal in einem bestimmten Stadium der Vereinigung eintreten müssen, sondern nach der jeweiligen Gestaltung differenzierend entschieden werden können. Ebenso wie die unterschiedliche individualrechtliche Ausgestaltung der Arbeitsverhältnisse zusammengeschlossener Betriebe nur allmählich aneinander angeglichen werden kann, also kein Zwang zu sofortiger Gleichbehandlung besteht[121], ist nicht einzusehen, warum eine solche schrittweise Anpassung nicht auch betriebsverfassungsrechtlich möglich sein soll.

d) Aus diesen Gründen ist eine differenzierende Entscheidung über die weitere Existenz eines oder beider Betriebsräte der zusammengeschlossenen Betriebe erforderlich, die aufgrund der Folgen des Vorgangs für die Legitimationsgrundlage der Betriebsräte, die jeweilige Betriebsbelegschaft getroffen werden muß. Ein Betriebszusammenschluß kann in drei Gestaltungen von unterschiedlicher betriebsverfassungsrechtlicher Bedeutung vollzogen werden, wobei davon ausgegangen wird, daß ein einziger Betrieb i. S. v. § 1 BetrVG entstanden ist, von dem kein Teil die Voraussetzungen des § 4 S. 1 BetrVG erfüllt.

Wenn beiden betroffenen Betrieben lediglich ein übergeordnetes organisatorisches Dach gegeben wird, sie also in ihrem Arbeitsablauf nicht miteinander verwoben werden, so bleibt die durch die gemeinsame Betriebsratswahl manifestierte Zusammengehörigkeit jeder der bisherigen Belegschaften innerhalb von Abteilungen des neuen Betriebes erhalten. Dadurch wird zwar nicht ausgeschlossen, daß eine übergeordnete Arbeitnehmergemeinschaft als Gesamtbelegschaft entsteht, die nach einheitlicher Vertretung verlangt. Diese ist aber solange nicht möglich, solange kein Grund zur Amtsbeendigung der bisherigen Betriebsräte eingetreten ist. Wenn also die Arbeitnehmerschaften der zusammengeschlossenen Betriebe als repräsentationsfähige Einheiten innerhalb ihrer Abteilungen bestehen bleiben, tritt ein solcher Grund für das Ende des Amtes ihrer Betriebsräte erst mit Ablauf der Wahlperiode ein. Bis dahin sind sie weiterhin die berufenen Interessenvertreter ihrer jeweiligen Wähler, müssen aber bei neuen Vereinbarungen § 75 I BetrVG beachten, so daß eine betriebseinheitliche Regelung getroffen werden muß.

---

121 BAG, 25. 8. 76, AP Nr. 41 zu § 242 BGB Gleichbehandlung m. zust. Anm. *G. Hueck* = SAE 77 S. 164 m. zust. Anm. *Neumann-Duesberg;* zustimmend auch *Kreutz*, ZFA 77 S. 447 (500); a. A. die Vorinstanz LAG Düsseldorf, 16. 6. 75, BB 76 S. 1370.

Vor der ersten Betriebsratswahl nach dem Zusammenschluß sind dann wie vor jeder Neuwahl die Voraussetzungen der §§ 1, 4 BetrVG für die alten Amtsbereiche zu prüfen. Wird dabei die Existenz eines einheitlichen Betriebes festgestellt — dies ist i. d. R. ohnehin umstritten —, so muß ein gemeinsamer Betriebsrat als Nachfolger der mehreren früheren gewählt werden. Dieses Verfahren, das bei einem Zusammenschluß nach Betriebsübergang zumeist anwendbar sein wird, weil damit selten Änderungen in der Organisation des Arbeitsablaufes verbunden sind, hat gegenüber den von der h. L. angenommenen Rechtsfolgen von Eingliederung und Verschmelzung den Vorzug, daß es flexibel zu handhaben ist und Übergangsregelungen für beide bisher selbständigen betriebsverfassungsrechtlichen Ordnungen ermöglicht. Im Gegensatz zur h. L. werden auch vertretungslose Zwischenzeiten sowie die Interessenvertretung durch einen Betriebsrat vermieden, der von der möglicherweise sogar größeren Zahl der hinzugekommenen Arbeitnehmer nicht legitimiert ist und ihr Vertrauen nicht besitzt.

Nach den dargestellten Grundsätzen kann jedoch nicht verfahren werden, wenn sich die Arbeitnehmer eines Betriebes derart unter die des anderen vermischen, daß eine eigene Belegschaft innerhalb der des aufnehmenden Betriebes nicht mehr bestehen kann. Dies ist immer dann der Fall, wenn die Arbeitnehmer des aufgenommenen Betriebes nicht mehr aufeinander bezogene Arbeitsleistung erbringen können, sondern in verschiedene Arbeitsgruppen des aufnehmenden Betriebes ohne Zusammenhang untereinander aufgeteilt werden. Die Vermischung unter die Arbeitnehmer eines bestehenden Betriebes erscheint als reine Vergrößerung des Umfangs dieses Betriebes, die der Neueinstellung von Arbeitnehmern gleichzusetzen ist und daher die Betriebsverfassung des aufgenommenen Betriebes enden läßt. Dieser in der h. L. der Aufnahme entsprechende Fall ist jedoch immer nach den Auswirkungen des Zusammenschlusses für die Arbeitnehmer, nicht nach dem organisatorischen Erscheinungsbild zu beurteilen.

Bei der dritten Gruppe, die mit derselben Einschränkung der Verschmelzung nach der h. L. entspricht, wird der interne Belegschaftszusammenhang beider Betriebe durch den Zusammenschluß aufgelöst. Dies erfordert die Zerschlagung der bisherigen Betriebseinheiten und die Neubildung eines Betriebes aus den einzelnen Arbeitsmitteln, so daß die innerhalb dieser neuen Einheit fortgesetzten Arbeitsverhältnisse nicht mehr in dem ursprünglichen gemeinschaftsbegründenden Bezug untereinander stehen, sondern wieder neu sich zugeordnet werden. Hier fehlt es am kontinuierlichen Übergang zweier Betriebe in einen gemeinsamen bzw. am Erhalt eines, nur vergrößerten Betriebes. Die Zerschlagung der alten Einheiten bedeutet Stillegung beider Betriebe, aus deren Bestandteilen wird dann ein neuer gebildet. Betriebsverfassungsrechtlich führen diese Stillegungen zum Ende der bisherigen Betriebsverfassungen, denn der weitergeführte Betrieb ist nicht Nachfolger der bisherigen, sondern wie ein neugegründeter zu behandeln, in dem die Neuwahlverpflichtung für einen Betriebsrat gemäß § 13 II Nr. 6 BetrVG besteht.

e) Dem Schicksal der Betriebsräte folgen auch nach einem Betriebszusammenschluß die Betriebsvereinbarungen nach[122], so daß unterschiedliche Arbeitsbedingungen in einem einheitlichen Betrieb gelten, wenn die Arbeitnehmer weiterhin unterscheidbare Gruppen bilden. Die Übertragung der Maxime von der Einheit der Rechtsordnung vom staatlichen auf den betriebsverfassungsrechtlichen Regelungsbereich steht dem nicht entgegen. Denn selbst das öffentliche Recht kennt die Weitergeltung unterschiedlicher Normenkomplexe im bisherigen Geltungsbereich nach einem Gemeindezusammenschluß, z. B. Art. 12 II S. 2 Bayerische Gemeindeordnung. Das beweist die Praktikabilität und Vertretbarkeit der hier entwickelten Auffassung. In zwei Richtungen muß jedoch für Betriebsvereinbarungen von den zum Fortbestand des Betriebsrates nach einem Betriebszusammenschluß gefundenen Ergebnissen abgewichen werden.

Mit dem Ende des Amtes der Betriebsräte in zusammengeschlossenen Betrieben fallen von diesen abgeschlossene Betriebsvereinbarungen insoweit nicht weg, als sie sich nicht auf die Ordnung des Betriebes beziehen, sondern für die einzelnen Arbeitsverhältnisse geltende Bestimmungen enthalten. Erworbene Rechte können zwar ohnehin als Inhalt der Arbeitsverhältnisse nicht mehr berührt werden[123], aber auch sofern Leistungen noch nicht fällig geworden sind, wirken anspruchsbegründende Regelungen gemäß § 77 VI BetrVG für die ihnen bisher unterworfenen Arbeitnehmer nach, bis eine sie ablösende einzel- oder kollektivvertragliche Vereinbarung abgeschlossen wird. Denn der Arbeitgeber kann nicht die rechtliche Situation der Arbeitnehmer unter Umgehung des Kündigungsschutzes bei Änderungskündigungen nach § 2 KSchG mittelbar dadurch umgestalten, daß er den Betrieb in einem anderen aufgehen läßt, in dem nicht notwendig schlechtere, aber andere Bedingungen gelten. Ebensowenig können Arbeitnehmer einer aufgesogenen Belegschaft verlangen, daß ihnen sofort alle Leistungen gewährt werden, die in dem Betrieb vereinbart sind, dem sie vor dem Zusammenschluß nicht angehörten. Dies würde zu einer Meistbegünstigung der Arbeitnehmer führen, die nur noch die Rosinen aus den Leistungskomplexen in beiden beteiligten Betrieben gelten lassen könnten. Eine Rechtsnorm, die dazu zwingt, besteht aber nicht[124]. Deshalb ist den Betriebsvereinbarungen der

[122] Vgl. für interne Maßnahmen oben, 1. b).

[123] Vgl. oben, 1. Kapitel, I. 3. a).

[124] *G. Hueck*, Anm. zu BAG, 25. 8. 76, AP Nr. 41 zu § 242 BGB Gleichbehandlung, Bl. 3 R.

zusammengeschlossenen Betriebe in ergänzender Vertragsauslegung zu entnehmen, daß sich ihre Geltung auf den zur Zeit ihres Abschlusses erkennbaren Regelungsbereich der Betriebspartner beschränken soll[125]. Wegen der Verbindlichkeit des status quo der Arbeitsbedingungen sind also nach einem Betriebszusammenschluß rechtlich verschieden zu behandelnde Arbeitnehmer innerhalb einer einheitlichen Belegschaft möglich. In der Herkunft aus mehreren Betrieben liegt dann ein nicht willkürlicher sachlicher Differenzierungsgrund, der während einer Übergangszeit bis zur ausdrücklichen Angleichung der Rechtsverhältnisse beider Herkunftsgruppen einen Verstoß gegen den Gleichbehandlungsgrundsatz ausschließt[126].

Sind nach dem unter d) Ausgeführten bei einer Betriebszusammenlegung innerhalb eines Betriebes zwei verschiedene betriebsverfassungsrechtliche Systeme anzuerkennen, so können differierende Betriebsvereinbarungen über die betriebliche Ordnung jedoch dann nicht mehr nebeneinander bis zur Ablösung durch eine einheitliche Vereinbarung weitergelten, wenn nur eine einzige Regelung praktiziert werden kann. Regelmäßig gilt dies für Bestimmungen über Beginn und Ende der täglichen Arbeitszeit, aber auch in anderen Bereichen muß dem Arbeitgeber die Möglichkeit offenstehen, eine der unterschiedlichen Betriebsvereinbarungen fristlos zu kündigen und ausschließlich nach der anderen zu verfahren. Materielle Arbeitsbedingungen sind dagegen grundsätzlich solange verbindlich, wie sie nicht durch eine Gesamtregelung abgelöst werden, die der Arbeitgeber entweder mit den weiter amtierenden bisherigen Betriebsräten gemeinsam abschließen kann, oder mit deren Nachfolger, der von allen Arbeitnehmern des einheitlichen zusammengeschlossenen Betriebes gewählt wurde.

## 3. Kapitel: Der Übergang eines Betriebsteiles

In der bisherigen Rechtsprechung zu § 613 a BGB nimmt die Problematik nicht vollständiger Betriebsveräußerungen breiten Raum ein[127]. Ob

---

[125] Vgl. zum entsprechenden Fall der Aufnahme eines Betriebes in ein Unternehmen oben, 1. Kapitel, I. 3. b).

[126] So für unterschiedliche vertragliche Einheitsregelungen BAG, 25. 8. 76, AP Nr. 41 zu § 242 BGB Gleichbehandlung m. Anm. *G. Hueck* = SAE 77 S. 164 m. Anm. *Neumann-Duesberg;* zustimmend *Kreutz,* ZFA 77 S. 447 (500); a. A. die Vorinstanz LAG Düsseldorf, 16. 6. 75, BB 76 S. 1370; vgl. auch BAG, 6. 12. 78, DB 79 S. 896.

[127] Vgl. BAG, 2. 10. 74, AP Nr. 1 zu § 613 a BGB m. Anm. *Seiter* = EzA Nr. 1 zu § 613 a BGB m. Anm. *Birk* = SAE 76 S. 74 m. Anm. *Stratmann* = AuR 75 S. 379 m. Anm. *Herschel;* BAG, 29. 10. 75, AP Nr. 2 zu § 613 a BGB = SAE 76 S. 196 m. Anm. *Roemheld;* ArbGer Paderborn, 5. 2. 74, BB 74 S. 786;

es sich bei dem Veräußerungsgegenstand um den ganzen Betrieb, einen Betriebsteil, der ebenso die Folgen des § 613 a BGB auslöst, oder lediglich um einzelne Wirtschaftsgüter ohne eigenen betrieblichen Zusammenhang handelt, wird in den Fallgestaltungen zweifelhaft, in denen ein Betrieb dadurch verkleinert wird, daß ein Teil gleichartiger Produktionsmittel veräußert wird, wenn nur einzelne Gegenstände oder Grundstücke übertragen oder von dem Übergang ausgenommen werden oder wenn der Betriebsinhaber durch neue ersetzte Anlagen abstößt. Dagegen geht unstreitig ein Betriebsteil über, wenn relativ eigenständige Produktionsbereiche verselbständigt oder aus steuerlichen Gründen die Betriebsfunktionen auf mehrere Unternehmen aufgespalten werden[128].

Neben der tatbestandlichen Problematik des Betriebsteiles vernachlässigen Literatur und Rechtsprechung die Folgen des Betriebsteilübergangs für die Kontinuität der Betriebsverfassung, die hier insbesondere daraufhin untersucht werden sollen, wer zur Interessenvertretung der Arbeitnehmer eines von seinem Hauptbetrieb abgetrennten Betriebsteiles befugt ist, und ob in ihm Betriebsvereinbarungen weitergelten, die für den Hauptbetrieb abgeschlossen wurden.

## I. Der Betriebsteil

### 1. *Arbeitsrechtliche Bedeutung*

Außer in § 613 a BGB findet sich der Betriebsteil als Tatbestandsmerkmal in §§ 4, 42, 106, 111 BetrVG, 10 MitbestG. Von Betriebsabteilung sprechen §§ 5 III Nr. 1, 15 I BetrVG, 15 V KSchG. Diese faßt der Gesetzgeber als organisatorisch oder räumlich abgegrenzten Betriebsteil auf, da in einem solchen gemäß §§ 42 II, 43 BetrVG „Abteilungs“versammlungen durchzuführen sind. Daraus ergibt sich, daß Betriebsteil als weitergehender Oberbegriff zu Betriebsabteilung anzusehen ist, so daß die Gleichsetzung beider in der Definition des Betriebsteiles als Abteilung eines Betriebes, die organisatorisch unselbständig ist und wegen ihrer Eingliederung in den Betrieb allein nicht zu bestehen vermag, nicht zutreffen kann[129].

Der Betriebsteil ist ebensowenig wie der Betrieb gesetzlich definiert, ein Umkehrschluß zu § 42 II BetrVG ergibt lediglich, daß er räumliche

LAG Schleswig-Holstein, 19. 3. 76, BB 76 S. 1369; LAG Frankfurt, 17. 8. 76, AR-Blattei (D) Betriebsinhaberwechsel Entscheidung 19 (LS); ArbGer Herford, 30. 9. 76, AuR 77 S. 347 (LS); LAG Baden-Württemberg, 22. 11. 76, DB 77 S. 826.

[128] Vgl. zum letzteren *Birk*, BB 76 S. 1227.

[129] So aber Erman / *Küchenhoff*, § 613 a Anm. 17; ähnlich *Fitting / Auffarth / Kaiser*, § 4 Anm. 2; Gleichsetzung auch bei *Dietz / Richardi*, § 15 Anm. 3; dagegen wie hier *Birk*, AuR 78 S. 226 (229).

und organisatorische Abgrenzung zum Hauptbetrieb nicht erfordert[130]. Die häufige Verknüpfung des Betriebsteiles mit weiteren Tatbestandsmerkmalen im Gesetz, so in §§ 4, 42 II, 111 S. 2 Nr. 1, 2 BetrVG führt dazu, daß Kommentare und Rechtsprechung über den Betriebsteil selbst leicht hinweggehen, um lediglich die einschränkenden Zusätze eingehend auszulegen. Werden darüber hinaus auch noch die Voraussetzungen wesentlich, § 111 S. 2 Nr. 1, 2 BetrVG, organisatorisch und räumlich abgegrenzt, § 42 II BetrVG, und räumlich weit entfernt oder durch Aufgabenbereich und Organisation eigenständig, § 4 S. 1 BetrVG, mit der Begriffsbestimmung des Betriebsteiles selbst vermengt, so führt dies zu der Ansicht, jede Vorschrift sei unterschiedlich auszulegen, und eine einheitliche Definition nicht möglich[131]. Mühsame Differenzierung nach der im Einzelfall zutreffenden Betriebsteilabgrenzung läßt sich aber vermeiden und die einheitliche Auslegung des BetrVG sichern, wenn eindeutig zwischen den an einen Betriebsteil zu stellenden Voraussetzungen und den jeweiligen Zusätzen unterschieden wird[132].

Zu untersuchen, ob die für die Übertragung eines Betriebsteiles zu entwickelnde Begriffsbestimmung in allen Fällen anwendbar ist, in denen das Gesetz eine Regelung bezüglich eines Betriebsteiles trifft, würde den Rahmen dieser Arbeit sprengen; es muß hier bei einer entsprechenden Vermutung bleiben.

### *2. Der Betriebsteil i. S. v. § 613 a BGB*

a) Grundbedingung einer eigenen Betriebsverfassung des Betriebsteiles nach der Übertragung oder anderer betriebsverfassungsrechtlicher Folgen seiner Abtrennung vom Hauptbetrieb ist, daß ihm Arbeitsverhältnisse zugeordnet werden können. Denn ohne die dadurch vermittelte arbeitsrechtliche Relevanz des Betriebsteiles scheidet die Anwendung des BetrVG auf ihn ebenso aus wie die des § 613 a BGB, der zum Eintritt des Erwerbers in Arbeitsverhältnisse nur führt, wenn diese innerhalb des Betriebsteiles angesiedelt sind. Wegen dieser Parallelität können auch für die betriebsverfassungsrechtliche Fragestellung die Voraussetzungen des Betriebsteilübergangs anhand des § 613 a BGB erörtert werden.

---

[130] So aber *Galperin / Löwisch*, § 4 Anm. 10, § 106 Anm. 59; mit dem Begriff „Hauptbetrieb" folgt der Text § 4 S. 1 BetrVG.

[131] Vgl. *Dietz / Richardi*, § 42 Anm. 38; *Fitting / Auffarth / Kaiser*, § 42 Anm. 34; ausdrücklich so *v. Hoyningen-Huene / Windbichler*, RdA 77 S. 329 (331); Vermischung der Tatbestandsvoraussetzungen des § 4 S. 1 BetrVG z. B. bei *Dietz / Richardi*, § 4 Anm. 11 ff.; *Säcker* in Hueck / Nipperdey, II 2, § 53 A I 2, S. 1113; ArbGer Berlin, 23. 2. 73, AP Nr. 1 zu § 4 BetrVG; vgl. dazu auch *Birk*, AuR 78 S. 226.

[132] So etwa BAG, 24. 2. 76, AP Nr. 2 zu § 4 BetrVG = SAE 77 S. 52 m. Anm. *Fabricius / Decker*, das zuerst die Eigenschaft einer Filiale als Betriebsteil

b) Das arbeitsrechtliche Definitionsproblem ist mit betriebswirtschaftlichen Erwägungen nicht zu lösen, wenn dabei der Arbeitnehmerbezug der behandelten Gegenstände vernachlässigt wird. Deshalb überzeugen die Kriterien der wirtschaftlichen Übertragbarkeit oder des einen wirtschaftlichen Eigenwert repräsentierenden Zusammenhangs zur Bestimmung eines Betriebsteiles nicht[133].

Ebensowenig kann den Abgrenzungsschwierigkeiten durch die Annahme ausgewichen werden, Betriebsteil i. S. v. § 613 a BGB sei mit Teilbetrieb gleichzusetzen und damit eine geschlossene, eigenständige Organisationseinheit zu bezeichnen, die ein beliebiger Inhaber selbständig fortführen kann, so daß im Ergebnis nur nach § 4 S. 1 BetrVG selbständige Betriebsteile erfaßt werden[134]. Neben der sprachlichen Unzulässigkeit dieses Vorgehens werden dabei auch die besonderen Voraussetzungen außer acht gelassen, die § 4 S. 1 BetrVG im Gegensatz zu § 613 a BGB an die Eigenständigkeit eines Betriebsteiles stellt. Das Argument, eine andere Auslegung führe zu beträchtlicher Mehrbelastung des Erwerbers, der oft lediglich ein Grundstück, nicht aber Männer und Frauen suche[135], überschreitet die Grenze zulässiger Interpretation, da es sich gegen den rechtspolitischen Sinn des § 613 a BGB richtet, der gerade verhindern will, daß zusammenhängende Betriebsmittel ohne Rücksicht auf die Belegschaft erworben werden können, um unter Umgehung von Arbeitnehmer-Schutzrechten einzelne Gegenstände zu verwerten. Verliert der bisherige Arbeitgeber die Möglichkeit zu sinnvoller Weiterbeschäftigung nicht nur nach der Veräußerung des ganzen Betriebes, sondern schon durch die Übertragung eines Betriebsteiles, so sichert § 613 a BGB den betroffenen Arbeitnehmern den Erhalt ihrer Arbeitsplätze umfassend und unabhängig von den Voraussetzungen des § 4 S. 1 BetrVG[136].

---

bejaht, da sie die Voraussetzungen eines Betriebes nicht erfüllt, und sodann das Merkmal räumlich weiter Entfernung verneint; vgl. auch BAG, 29. 3. 77, AuR 78 S. 254.

[133] So aber *Seiter*, AR-Blattei, unter B IV 3 b; *Birk*, Anm. zu BAG, 2. 10. 74, EzA Nr. 1 zu § 613 a BGB, S. 13.

[134] So aber *Hasford*, BB 73 S. 526 (528); zum selben Ergebnis kommt *Krejci*, S. 244 ff. aufgrund der betriebsverfassungsrechtlichen Entstehungsgeschichte des § 613 a BGB; vgl. dazu auch oben, 1. Teil, IV. 2. b).

[135] So *Hasford*, BB 73 S. 526 (527).

[136] Gegen die Anwendung des § 613 a BGB nur beschränkt auf Betriebsteile i. S. v. § 4 S. 1 BetrVG auch BAG, 2. 10. 74, AP Nr. 1 zu § 613 a BGB m. Anm. *Seiter* = EzA Nr. 1 zu § 613 a BGB m. Anm. *Birk* = SAE 76 S. 74 m. Anm. *Stratmann* = AuR 75 S. 379 m. Anm. *Herschel;* BAG, 7. 11. 75, AP Nr. 3 zu § 99 BetrVG, Bl. 2 R m. Anm. *Kraft / Geppert; Seiter*, AR-Blattei, unter B IV 3 b; Erman / *Küchenhoff*, § 613 a Anm. 18; *Posth*, S. 74; *v. Hoyningen-Huene / Windbichler*, RdA 77 S. 329 (332); *Palme*, BlStSozArbR 77 S. 386.

c) Aus dem Übergang der Beschäftigungsmöglichkeit von Arbeitnehmern auf den Erwerber nach der Veräußerung eines Betriebes oder Betriebsteiles zieht § 613 a BGB die Konsequenz, auch die Arbeitsverhältnisse der betroffenen Arbeitnehmer auf den neuen Inhaber überzuleiten. Die Anwendung der Vorschrift ist immer dann gerechtfertigt, wenn die Grundlage für die Erbringung der Arbeitsleistung bestimmter Arbeitnehmer weiterbesteht, aber nicht mehr vom bisherigen Arbeitgeber zur Verfügung gestellt werden kann[137]. Durch die Tätigkeit am konkreten Arbeitsplatz entwickelt sich ein Zugehörigkeitsinteresse des Arbeitnehmers zu seiner Betriebsmitteleinheit, für die im Rahmen der Bestandssicherung des Arbeitsverhältnisses Betrieb oder Betriebsteil gleichwertige Synonyme sind[138].

Den Schutz dieses Interesses bezweckt § 613 a BGB. Die Gleichbehandlung mit dem Betriebsübergang verlangt jedoch, daß nicht jeder einzelne Arbeitsplatz gesichert werden kann, sondern der veräußerte Betriebsbereich durch seinen inneren funktionellen Zusammenhang zu eigener betriebsmäßiger Tätigkeit brauchbar sein muß[139], das Zusammenwirken der ihm zuzuordnenden Betriebsangehörigen also ein verwendbares Arbeitsergebnis hervorbringt[140].

Die Belastung des Erwerbers mit der Übernahme von Arbeitsverhältnissen findet darin angemessenen Ausgleich, daß er die Tätigkeit der im veräußerten Betriebsteil Beschäftigten, deren Arbeitgeber er kraft Gesetzes wird, sinnvoll verwerten kann. Die Einordnung einer Untereinheit des Hauptbetriebes als Betriebsteil erfordert deshalb zwar nicht notwendigerweise räumlichen oder organisatorischen Zusammenhang der Einzelgegenstände, aber ihren eigenen arbeitstechnischen Funktionszusammenhang, so daß die Anwendung des § 613 a BGB jedenfalls auf die Veräußerung einzelner Maschinen ausscheidet, obwohl auch dazu ein Zugehörigkeitsgefühl von Arbeitnehmern denkbar ist[141]. Unabhängig von der Größe löst dagegen jede Übertragung rechtsgeschäftlich veräußerbarer Sachen oder Sachgesamtheiten, die die genannten Voraussetzungen erfüllen, die Rechtsfolgen des § 613 a BGB aus.

---

[137] *Seiter*, AR-Blattei, unter B IV 3 c.

[138] Vgl. *Steckhan* in Festschrift für Schnorr v. Carolsfeld, S. 463 (479 f., Fn. 39).

[139] *V. Hoyningen-Huene / Windbichler*, RdA 77 S. 329 (333).

[140] Als „Teilzweck" gegenüber dem arbeitstechnischen (Gesamt-)Zweck des ganzen Betriebes bezeichnen dies *Kraft* in GK-BetrVG, § 4 Anm. 17; *ders.*, BAG-Festschrift, S. 299 (304); *Fabricius* in GK-BetrVG, § 111 Anm. 78; *Fitting / Auffarth / Kaiser*, § 111 Anm. 14.

[141] Die Möglichkeit, daß der Erwerber eines LKW den Chauffeur des Veräußerers gemäß § 613 a BGB übernehmen muß, veranlaßt *Krejci*, S. 246, neben anderem zur Beschränkung auf Betriebsteile i. S. v. § 4 S. 1 BetrVG.

d) Regelmäßig sind Betriebsteile vor einer Veräußerung einbezogen in die Betriebsverfassung ihres Hauptbetriebes, aus der sie herausgelöst werden müssen. Darin liegt die hauptsächliche betriebsverfassungsrechtliche Problematik des Betriebsteilüberganges. Deshalb können selbständige Betriebsteile nach § 4 S. 1 BetrVG in diesem Zusammenhang unberücksichtigt bleiben. Kraft gesetzlicher Fiktion gelten sie als Betriebe und haben eine eigene Betriebsverfassung. Wird ein solcher Betriebsteil übertragen, so bleiben Betriebsrat und Betriebsrecht ebenso unberührt wie bei einem gewöhnlichen Betrieb. Erst nach dem Inhaberwechsel können Maßnahmen des Erwerbers seine betriebsverfassungsrechtliche Ordnung beeinträchtigen, nicht jedoch allein der Übergang als solcher. Dagegen werfen Nebenbetriebe, wenn sie gemäß § 4 S. 2 BetrVG dem Hauptbetrieb zugeordnet sind, im Falle ihrer Veräußerung die gleichen Fragen auf wie nicht eigenständige Betriebsteile. Sie unterfallen zwar fraglos § 613 a BGB, sind aber betriebsverfassungsrechtlich Bestandteile des Hauptbetriebes, so daß sie zur Veräußerung aus diesem herausgebrochen werden müssen.

## II. Aus- und Eingliederung des Betriebsteiles

### *1. Verhältnis zur Veräußerung*

Im Rahmen des Betriebsteilüberganges wird die Notwendigkeit genauer Unterscheidung zwischen dem eigentlichen Inhaberwechsel und vorangehenden oder nachfolgenden organisatorischen Maßnahmen besonders deutlich[142]. Nicht der Übertragungsvorgang bewirkt, daß der Betriebsteil aus dem Hauptbetrieb und dessen Betriebsverfassung herausgelöst wird, sondern eine notwendig vorausgehende betriebsändernde Maßnahme des Veräußerers, mit der dieser den Betriebsteil ausgliedert.

Bezieht sich eine Übertragungsvereinbarung nur auf den Teilbereich eines Betriebes, so verlangt ihr Vollzug die vorherige Verselbständigung des Veräußerungsgegenstandes, denn ein einheitliches Rechtsgeschäft setzt einen einheitlichen Gegenstand voraus. Diese Ausgliederung des zu übertragenden Betriebsteiles stellt einen Organisationsakt des bisherigen Betriebsinhabers dar, der dadurch die Einheit des Betriebes in mehrere Teilsysteme auflöst. Sie ist auch unabhängig von einem Inhaberwechsel möglich, wenn der Unternehmer einen Betriebsbereich verselbständigen oder in einen anderen eigenen Betrieb einbringen will.

Der Veräußerungsvorgang erfaßt dann den ausgegliederten Betriebsteil und kann nur hinsichtlich der dort anzusiedelnden Arbeitsverhältnisse oder einer etwaigen Betriebsteilverfassung Rechtsfolgen auslösen.

---

[142] Vgl. dazu oben, 1. Teil, II. 2.

Die Eingliederung in einen Betrieb des Erwerbers ist wiederum unabhängig von der Übertragung zu behandeln und ähnelt dem Zusammenschluß zweier selbständiger Betriebe.

### 2. *Beteiligungsrechte nach §§ 111 f. BetrVG*

a) Die Ausgliederung von Betriebsteilen ist wie der Betriebsübergang auch nicht als benannte Form einer Betriebsänderung in den Katalog des § 111 S. 2 BetrVG aufgenommen. Betrifft sie Teile, die das Erscheinungsbild des Betriebes wesentlich prägen, so kann § 111 S. 2 Nr. 4 BetrVG herangezogen werden, da die Ausgliederung dann als grundlegende Änderung der Betriebsorganisation einzuordnen ist[143]. Jedoch führt die Beschränkung auf grundlegende Änderungen dazu, daß nicht jede Herauslösung von Betriebsteilen erfaßt wird. Nur wenn sie Auswirkungen auf alle Arbeitnehmer des Betriebes nach sich zieht, kann § 111 S. 2 Nr. 4 BetrVG eingreifen[144]. Deshalb muß für die Ausgliederung kleinerer oder nur locker in die Betriebsorganisation eingefügter Betriebsteile auf § 111 S. 1 BetrVG zurückgegriffen werden, dessen selbständige Bedeutung auch hier zum Tragen kommt[145]. Die Zugehörigkeit eines Betriebsteiles zum Betrieb ist Element der betrieblichen Binnenstruktur, deren Umgestaltung eine Betriebsänderung bedeutet[146], so daß die Herauslösung unter § 111 S. 1 BetrVG fällt[147]. Der Betriebsrat ist demnach an dieser Maßnahme zu beteiligen, wenn sie wesentliche Nachteile für die Belegschaft oder erhebliche Teile der Belegschaft haben kann. Ob diese Voraussetzung erfüllt ist, läßt sich nur im konkreten Einzelfall entscheiden. Außer der abstrakten Möglichkeit rechtlicher oder wirtschaftlicher Nachteile muß dabei die Bedeutung des Betriebsteiles für den Restbetrieb und dessen Belegschaft einerseits[148] und das zahlenmäßige Verhältnis der Gesamtbelegschaft zu den im Betriebsteil Beschäftigten andererseits berücksichtigt werden.

b) Entsprechend der Ausgliederung ist auch die Eingliederung in einen Erwerberbetrieb zu behandeln. Bei grundlegender Bedeutung des Betriebsteiles für den aufnehmenden Betrieb unterfällt sie § 111 S. 2 Nr. 4

---

[143] So auch *Dietz / Richardi*, § 111 Anm. 42; *Fitting / Auffarth / Kaiser*, § 111 Anm. 21.

[144] Das Tatbestandsmerkmal grundlegend wird i. d. R. nur beispielhaft umschrieben, vgl. *Dietz / Richardi*, § 111 Anm. 42; *Galperin / Löwisch*, § 111 Anm. 30; *Rumpff*, S. 258; auf die Betroffenheit der Belegschaft stellt auch *Fabricius* in GK-BetrVG, § 111 Anm. 119 ab.

[145] Vgl. oben, 1. Kapitel, III. 1. b), c); für Betriebsteile ebenso *Kreutz*, BlStSozArbR 71 S. 209 (211 f.).

[146] Vgl. oben, 1. Kapitel, III. 2. b).

[147] Ebenso *Fabricius* in GK-BetrVG, § 111 Anm. 46; *Kreutz*, BlStSozArbR 71 S. 209 (210).

[148] Vgl. das Beispiel oben, 1. Kapitel, III. 1. c).

BetrVG; andernfalls ist der Vorgang nur beteiligungspflichtig, wenn er für dessen Belegschaft wesentliche Nachteile haben kann. Nur in Ausnahmefällen wird diese Voraussetzung erfüllt sein.

### *3. Betriebsverfassungsrechtliche Folgen der Ausgliederung*

Die Qualifizierung eines abgrenzbaren Tätigkeitsbereiches von Arbeitnehmern als Betriebsteil hat solange keine betriebsverfassungsrechtliche Bedeutung, wie dessen Eingebundenheit in den Gesamtbetrieb bestehen bleibt und keine der in §§ 4 und 42 BetrVG genannten zusätzlichen Merkmale ihm in gewissen Bereichen eine Sonderstellung gegenüber dem Betrieb verschaffen. Die auch die Arbeitnehmer des Betriebsteiles umfassende soziologische Einheit der Betriebsbelegschaft zieht die Einheit der Betriebsverfassung nach sich. Die Ausgliederung des Betriebsteiles sprengt aber die Belegschaft und damit die Grundlage einheitlicher Betriebsverfassung. Diese muß sowohl auf ihren Fortbestand im Restbetrieb wie auf Geltung oder Nachwirkung im abgetrennten Betriebsteil hin untersucht werden.

a) Regelmäßig beeinflußt die Ausgliederung eines Betriebsteiles die Betriebsverfassung des abgebenden Betriebes nur im Rahmen des § 13 II Nr. 1 BetrVG; wenn also der Verlust der dort beschäftigten Arbeitnehmer die Gesamtzahl der Belegschaftsangehörigen im erforderlichen Ausmaß abnehmen läßt, ist ein neuer Betriebsrat für den Hauptbetrieb zu wählen. Auf die Geltung von Betriebsvereinbarungen wirkt sich dies aber nicht aus. Sie wird nur dann beeinflußt, wenn mit der Ausgliederung des Betriebsteiles die Stillegung des Hauptbetriebes verbunden ist, die dessen Betriebsverfassung vollständig zerstört. Neben der Einstellung seiner Tätigkeit liegt eine Stillegung des Hauptbetriebes auch in der Zerschlagung in mehr als zwei Teile vergleichbarer Größe, von denen keiner die den bisherigen Betrieb prägende Tätigkeit fortzusetzen vermag. Die durch gemeinschaftliche Arbeitsleistung innerhalb einer einheitlichen gegenständlichen Grundlage zusammengefaßte Betriebsbelegschaft besteht nach der Zerschlagung nicht mehr und verliert deshalb auch ihre bisherige Rechtsstellung nach dem BetrVG.

b) Der abgetrennte Betriebsteil kann nach der Ausgliederung auch betriebsverfassungsrechtlich nicht mehr dem Hauptbetrieb angehören. Dessen Betriebsrat repräsentiert ausschließlich betriebsangehörige Arbeitnehmer, nicht aber ausgeschiedene, sei es aufgrund von Kündigung, Eintritts in den Ruhestand oder eines Organisationsaktes des Arbeitgebers[149].

---

[149] Für Ruheständler ist dies umstritten, vgl. BAG, 16. 3. 56, AP Nr. 1 zu

Sind in dem Betriebsteil Mitglieder des Betriebsrates beschäftigt, so verlieren diese mit der Ausgliederung ihr Amt, da sie der Betriebsbelegschaft nicht mehr angehören und deshalb nicht mehr wählbar sind. Gemäß § 24 I Nr. 4 i. V. m. § 8 BetrVG müssen sie aus dem Betriebsrat ausscheiden. Abweichend davon wird der Amtsverlust in Fällen des Betriebsteilübergangs regelmäßig damit begründet, daß das Arbeitsverhältnis mit dem bisherigen Arbeitgeber ende und deshalb § 24 I Nr. 3 BetrVG eingreife[150]. Neben der Vermengung von Ausgliederungs- und Übertragungsfolgen wird dabei jedoch übersehen, daß im Anwendungsbereich von § 613 a BGB das Erlöschen der Betriebsratsmitgliedschaft nicht mit dem Ende des Arbeitsverhältnisses begründet werden kann, da diese Vorschrift gerade die Kontinuität der Betriebsverfassung dadurch sichern will, daß sie das Arbeitsverhältnis übergehen, also im Verhältnis zum bisherigen Arbeitgeber enden läßt. § 613 a BGB behandelt Betriebs- und Betriebsteilübergang gleich, deshalb kann der Eintritt des Erwerbers in das Arbeitsverhältnis nicht hier Ende und dort Fortbestand der Mitgliedschaft im Betriebsrat bedeuten. Im Rahmen des Betriebsteilübergangs muß also die Ausgliederung, nicht erst die Veräußerung, zum Amtsverlust führen.

Dieses Ergebnis führt dazu, daß ein Unternehmer durch Organisationsakte im Betrieb unter Umgehung des Kündigungsschutzes nach §§ 15 KSchG, 103 BetrVG und ohne Aufgabe eines betrieblichen Tätigkeitsbereiches unbequeme Mitglieder aus dem Betriebsrat ausschließen kann, indem er den Betriebsteil abtrennt und verselbständigt, in dem sie beschäftigt sind. Ein solches Vorgehen ließe sich dadurch verhindern, daß man § 15 V KSchG auf die Ausgliederung eines Betriebsteiles analog anwendet. Diese Vorschrift zwänge den Unternehmer, ein Betriebsratsmitglied im Rahmen des Möglichen in einen anderen Betriebsteil zu versetzen, wenn seine bisherige Arbeitsstätte abgetrennt wird. Nur wo dies aus betrieblichen Gründen scheitert, muß es aus Betrieb und Betriebsrat ausscheiden.

§ 15 KSchG ist eine Ausprägung des Benachteiligungsverbotes nach § 78 BetrVG, er soll die Unabhängigkeit der Betriebsratsmitglieder vom Arbeitgeber sichern, schützt aber gleichzeitig, insbesondere durch § 15 V KSchG das Betriebs- und Belegschaftsinteresse an einem funktionierenden Betriebsrat und das Amt der einzelnen Mandatsträger[151]. Dieser

§ 57 BetrVG 52; BAG, 18. 5. 77, AP Nr. 175 zu § 242 BGB Ruhegehalt einerseits; *Säcker*, S. 363 ff.; *ders.*, AR-Blattei (D) Betriebsvereinbarung I, unter C II 2 a; *Schwerdtner*, ZFA 75 S. 171 (176 ff.) jeweils m. w. N. andererseits.

[150] So BAG, 2. 10. 74, AP Nr. 1 zu § 613 a BGB, Bl. 3 R; *Posth*, S. 196; wohl auch *Birk*, BB 76 S. 1227 (1232).

[151] Vgl. BAG, 6. 11. 59, AP Nr. 15 zu § 13 KSchG a. F., Bl. 2 R m. Anm. *Dietz*; *Hueck / Hueck*, § 15 Anm. 76 a. E.

Schutzzweck erfordert neben dem eigentlichen Kündigungsverbot nicht nur die Übernahmeverpflichtung bei Teilstillegungen, sondern ebenso bei der Ausgliederung eines Betriebsteiles. Anderenfalls wäre der Bestandsschutz des Betriebsrates verkürzt. Die dargestellte Umgehungsmöglichkeit hat der Gesetzgeber nicht gesehen; der Arbeitgeber könnte im Extremfall alle Betriebsteile verselbständigen, in denen Betriebsratsmitglieder beschäftigt sind und sich dadurch ganz aus den Bindungen des BetrVG lösen. Deshalb ist die Analogie zu § 15 V KSchG erforderlich, um die Lücke im Bestandsschutz zu schließen[152].

Der Betriebsteil hat nach der Ausgliederung keine eigene Arbeitnehmervertretung. Als solche können nicht dort beschäftigte ehemalige Mitglieder im Betriebsrat des Hauptbetriebes angesehen werden, deren Übernahme in einen anderen Betriebsteil gescheitert ist[153]. Diese wurden durch die Wahl der ganzen Belegschaft des Hauptbetriebes legitimiert, nicht aber repräsentieren sie die Angehörigen des Betriebsteiles. Dieser ist auch nicht betriebsratsfähig nach §§ 1 oder 4 BetrVG, so daß eine Arbeitnehmervertretung rechtlich ausgeschlossen ist. Die Bildung eines eigenen Betriebsrates für den bisher unselbständigen Betriebsteil wird erst dann möglich, wenn in ihm — vor oder nach einer Veräußerung — unabhängige Betriebstätigkeit entfaltet wird. Dadurch wächst er zum selbständigen Betrieb, in dem nach §§ 1, 13 II Nr. 6, 17 ff. BetrVG ein Betriebsrat zu wählen ist. Diese Verpflichtung entsteht auch dann, wenn der Erwerber den zum Betrieb gewordenen Betriebsteil nicht selbständig fortführen will, sondern die Eingliederung schon zu einem Zeitpunkt plant, in dem das Wahlverfahren noch nicht abgeschlossen ist. Das BetrVG strebt für jeden Betrieb einen Betriebsrat an, sei er auch nur vorübergehend selbständig, sobald die Voraussetzung für seine Errichtung eingetreten ist. Dieser Tendenz ist auch dann Rechnung zu tragen, wenn der Betrieb nur auf absehbare Zeit besteht[154].

c) Wenn auch ein Betriebsteil nach seiner Ausgliederung erst und nur dann einen eigenen Betriebsrat erhalten kann, wenn er als selbständige Betriebseinheit weitergeführt wird, so ist deshalb noch nicht jede betriebsverfassungsrechtliche Ordnung für seinen Bereich ausgeschlossen. Auch ohne daß ein zuständiger Betriebsrat als Vereinbarungspartner

---

152 So auch *Seiter*, AR-Blattei, unter B VI 3 b; *ders.*, Anm. zu BAG, 2. 10. 74, AP Nr. 1 zu § 613 a BGB, Bl. 6; *Herschel*, Anm. zu BAG, 2. 10. 74, AuR 75 S. 379 (384); *Birk*, Anm. zu BAG, 2. 10. 74, EzA Nr. 1 zu § 613 a BGB, S. 18; *Palme*, BlStSozArbR 77 S. 386 (388) jeweils aber für den Betriebsteil*übergang;* a. A. *Posth*, S. 208 ff.; *v. Hoyningen-Huene / Windbichler*, RdA 77 S. 329 (335), die den Zweck des § 15 KSchG nur in der Bestandssicherung für das Arbeitsverhältnis des Mandatsträgers sehen.

153 So aber wohl *Roemheld*, BB 76 S. 845 (847).

154 Vgl. *Dietz / Richardi*, § 1 Anm. 68; *Kraft* in GK-BetrVG, § 4 Anm. 11.

besteht, können Betriebsvereinbarungen verpflichtend bleiben, deren Geltungsbereich bis zur Ausgliederung den Gesamtbetrieb umfaßte. Die Interessenlage ist vergleichbar dem bereits erörterten Ausscheiden eines Betriebes aus seinem bisherigen Unternehmen, in diesem Fall wurde die Fortgeltung von Gesamtbetriebsvereinbarungen kraft Nachwirkung in analoger Anwendung des § 77 VI BetrVG angenommen[155].

Entsprechend laufen auch im hier behandelten Fall Betriebsvereinbarungen zwar nicht mit Ausgliederung eines Betriebsteiles ab — sie gelten im Restbetrieb weiter —; die Wirkung dieses Vorganges ist für seinen Bereich aber die gleiche, da er aus der Regelungskompetenz der Betriebspartner und damit der Geltung ihrer Vereinbarungen ausscheidet. Um den gesetzgeberischen Normzweck des § 77 VI BetrVG zu erreichen, die zeitliche Kontinuität kollektiver Regelung der Arbeitsbedingungen, müssen auch in einem abgetrennten Betriebsteil Betriebsvereinbarungen analog dieser Vorschrift nachwirken, soweit sie nach der Bildung eines Betriebsrates in seinem Bereich mit diesem abgeschlossen werden könnten und ihre Regelung unter die Kompetenz eines verbindlichen Spruches der Einigungsstelle fällt[155]. Deshalb gelten weder freiwillige noch solche Betriebsvereinbarungen weiter, die von einem Betriebsrat des bisherigen Betriebsteiles etwa wegen zu geringer Arbeitnehmerzahl nicht abgeschlossen werden können, hier fehlt es an der Kompetenz zu erzwingbarer kollektiver Anschlußregelung. In diesem Bereich läßt sich nur über individualrechtliche Konstruktionen, etwa eine Vertrauenshaftung für bisherige Arbeitsbedingungen[156], vollständiger Bestandsschutz für die im Betriebsteil beschäftigten Arbeitnehmer erreichen.

### *4. Betriebsverfassungsrechtliche Folgen der Eingliederung*

a) Sobald ein abgetrennter Betriebsteil durch Entfaltung eigener Betriebstätigkeit zum selbständigen Betrieb gewachsen ist, ist keine Eingliederung mehr möglich, sondern nur ein Betriebszusammenschluß, der in seinen Auswirkungen bereits behandelt wurde[157].

b) Ohne zwischenzeitliche Betriebstätigkeit ist kein Raum für die Bildung einer besonderen Arbeitnehmervertretung des Betriebsteiles. Seine Arbeitnehmer unterfallen nach der Eingliederung in einen anderen Betrieb sofort der Zuständigkeit des dort bestehenden Betriebsrates. Diesen haben die Angehörigen des Betriebsteiles zwar nicht unmittelbar

---

155 Vgl. oben, 1. Kapitel, I. 3. a).

156 So *v. Hoyningen-Huene / Windbichler*, RdA 77 S. 329 (335), die diese allerdings für sämtliche in Betriebsvereinbarungen festgelegte Arbeitsbedingungen vertreten.

157 Vgl. oben, 2. Kapitel, III. 2.

durch ihre Wahl legitimiert, darin gleichen sie aber einzeln in den Betrieb neu eingetretenen Arbeitnehmern. Wie diese gehen sie durch die Eingliederung ihres Betriebsteiles in der Belegschaft des neuen Hauptbetriebes auf, da sie durch die Ausgliederung die eigene Kollektivität verlieren, die ihnen nur als Angehörigen der Belegschaft des bisherigen Hauptbetriebes verliehen war. Arbeitnehmer in einem abgetrennten Betriebsteil bilden keine verfaßte Gruppe, nur eine Mehrzahl einzelner Beschäftigter. Darin unterscheidet sich die Eingliederung von einem Betriebszusammenschluß, durch den zwei jeweils zu einer unabhängigen Einheit zusammengefaßte Belegschaften aufeinandertreffen.

Mandatsträger im früheren Hauptbetrieb, die dem Betriebsteil angehören, können die Interessenvertretung der dort Beschäftigten auch nicht als weitere Mitglieder des Betriebsrates im neuen Hauptbetrieb übernehmen[158]. Weder sind sie von den Angehörigen des Betriebsteiles legitimiert[159], noch können sie die Belegschaft des aufnehmenden Betriebes repräsentieren. Ihr Amt ist mit Ausgliederung des Betriebsteiles beendet, und es ist nicht ersichtlich, wie ein erloschenes Mandat wieder aufleben könnte. Auch aus § 613 a BGB läßt sich nichts anderes herleiten, da im Zeitpunkt der Veräußerung die Arbeitnehmer des Betriebsteiles bereits durch die Ausgliederung vertretungslos geworden sind. Es fehlt deshalb an einem Schutzobjekt, das § 613 a BGB in seinem Bestand erhalten könnte.

c) In ihren Folgen für die durch nachwirkende Betriebsvereinbarungen gebildete kollektive Ordnung des Betriebsteiles kann dessen Eingliederung dagegen mit einem Betriebszusammenschluß gleichbehandelt werden; auch soweit die Arbeitsbedingungen der Angehörigen des eingegliederten Betriebsteiles in nachwirkenden Betriebsvereinbarungen festgelegt sind, bleiben sie bestehen, da sie nicht allein durch eine organisatorische Maßnahme unter Umgehung des Kündigungsschutzes bei Änderungskündigungen nach § 2 KSchG umgestaltet werden können[160]. Nach dem Grundgedanken des § 77 VI BetrVG soll keine kollektive Statusänderung für Arbeitnehmer ohne Beteiligung einer Arbeitnehmervertretung möglich sein, soweit die Ersatzkompetenz der Einigungsstelle reicht. Deshalb bleiben nachwirkende Betriebsvereinbarungen im Bereich des eingegliederten Betriebsteiles solange maßgebend, bis sie durch Erstreckung der Geltung von Betriebsvereinbarungen des Hauptbetriebes ausdrücklich abgelöst werden. Die Befugnis zur Angleichung der beiden Ordnungskomplexe hat der Betriebsrat des neuen

---

[158] So aber *Posth*, S. 197; wohl auch *Roemheld*, BB 76 S. 845 (847).

[159] Vgl. oben, 3. b).

[160] Vgl. oben, 2. Kapitel, III. 2. e).

Hauptbetriebes, dessen Zuständigkeit die Arbeitnehmer des Betriebsteiles von der Eingliederung an unterfallen.

Lediglich wenn die Funktionsfähigkeit eines Betriebes von einheitlichen Arbeitsbedingungen abhängt, so z. B. bei der Regelung der täglichen Arbeitszeit, muß die nur nachwirkende Betriebsvereinbarung der des aufnehmenden Betriebes weichen. Andere voneinander abweichende Arbeitsbedingungen gelten dagegen jeweils in ihrem bisherigen Umfang weiter, ohne daß dies einen Verstoß gegen das Gleichbehandlungsgebot bedeutete. Denn Differenzierungen nach unterschiedlicher früherer Betriebszugehörigkeit sind sachlich gerechtfertigt, während einer Übergangszeit sogar erforderlich, um weder die Arbeitnehmer des Betriebsteiles noch die Belegschaft des aufnehmenden Betriebes zu benachteiligen oder zu bevorzugen[161].

### III. Die Übertragung des Betriebsteiles

Die spezifischen Probleme, die der Betriebsteilübergang in Rechtsprechung und Literatur bisher verursachte, liegen bei sorgfältiger Betrachtung in seiner Aus- und Eingliederung, also im Verhältnis der Hauptbetriebe zu dem Betriebsteil, nicht aber von Veräußerer und Erwerber untereinander. Der eigentliche Übertragungsakt ist nicht anders zu behandeln, wie wenn er einen selbständigen Betrieb beträfe. Durch die Ausgliederung wird der Betriebsteil zu einer unabhängigen betrieblichen Einheit, der lediglich das Merkmal eigener Betriebstätigkeit fehlt, um zum Betrieb zu werden. Diesem stellt sie der Gesetzgeber in § 613 a BGB gleich, soweit es die Rechtsfolgen der Veräußerung betrifft. Deshalb gehen alle innerhalb des Betriebsteiles anzusiedelnden Rechte und Pflichten als Arbeitgeber auf den Erwerber über, es lassen sich die bisherigen Ergebnisse auf den Betriebsteil übertragen, soweit sie nicht die Existenz eines Betriebsrates voraussetzen, der in einem Betriebsteil nur bestehen kann, wenn bereits ein selbständiger Betrieb daraus geworden ist.

---

161 Vgl. oben, 2. Kapitel, III. 2. e) m. w. N.; *Birk*, Anm. zu BAG, 2. 10. 74, EzA Nr. 1 zu § 613 a BGB, S. 19 schneidet das Problem nur an; a. A. wohl *Hasford*, BB 73 S. 526 (527).

## Zusammenfassung

1. Betriebsübergang bedeutet Wechsel in der Person des zwecksetzenden Unternehmers i. S. d. allgemeinen Betriebsdefinition. Unabhängig von den Eigentumsverhältnissen ist er vollzogen, sobald das Arbeitsergebnis des Betriebes dem Betriebserwerber zusteht.

2. Ein Betriebsübergang aufgrund Gesamtrechtsnachfolge führt zur Übernahme aller Rechte und Pflichten des bisherigen Inhabers als Arbeitgeber durch den Erwerber.

3. Durch einen Betriebsübergang aufgrund Einzelrechtsnachfolge geht die individualarbeitsrechtliche Arbeitgeberstellung gegenüber den bisher im übernommenen Betrieb beschäftigten Arbeitnehmern nach § 613 a BGB vom bisherigen Inhaber auf den Erwerber über. Diese Vorschrift ist weit auszulegen und auch auf Betriebe außerhalb des Geltungsbereiches des BetrVG sowie auf einen Betriebsübergang im Konkurs anwendbar. Ihre Rechtsfolgen können weder durch Vereinbarungen zwischen Veräußerer und Erwerber noch durch Widersprüche der betroffenen Arbeitnehmer verhindert werden, sondern lediglich durch Versetzungsvereinbarungen des bisherigen Arbeitgebers mit den Arbeitnehmern vor dem Betriebsübergang.

4. Ein Betriebsübergang aufgrund Einzelrechtsnachfolge führt zum Eintritt des Erwerbers auch in die betriebsverfassungsrechtliche Arbeitgeberstellung. Das Mandat des Betriebsrates bleibt ihm gegenüber bestehen; in Betriebsvereinbarungen tritt er in Analogie zu § 613 a BGB anstelle des bisherigen Betriebsinhabers als Partei ein.

5. Ein Betriebsübergang ist nicht beteiligungspflichtig nach §§ 111 f. BetrVG, sondern nur nach § 106 BetrVG. Erst hinzutretende Maßnahmen, insbesondere der Zusammenschluß mit anderen Betrieben oder die Ausgliederung eines Betriebsteiles zum Zwecke der Übertragung können Mitwirkungsrechte nach §§ 111 f. BetrVG auslösen.

6. Eine Betriebsänderung wirkt sich auf das bisherige betriebsverfassungsrechtliche System des betroffenen Betriebes nur aus, wenn sie die Belegschaftskontinuität beeinträchtigt. Sind in einem ausgegliederten Betriebsteil Betriebsratsmitglieder beschäftigt, so können sie in Analogie zu § 15 V KSchG im Rahmen des Möglichen ihre Verset-

zung in einen anderen Teil des Hauptbetriebes verlangen. Scheitert diese, so müssen sie mit der Ausgliederung aus dem Betriebsrat ausscheiden, die Veräußerung des Betriebsteiles läßt dann auch ihre Arbeitsverhältnisse auf den Erwerber übergehen.

7. Ein Betriebsübergang beeinflußt nicht die Geltung betriebsverfassungsrechtlicher Normenverträge für den Bereich des übertragenen Betriebes, auch wenn er einem Unternehmen eingegliedert wird, in dessen Gesamtbetriebsvereinbarungen abweichende Regelungen enthalten sind. Betriebsvereinbarungen bleiben in Kraft und Gesamtbetriebsvereinbarungen des abgebenden Unternehmens wirken analog § 77 VI BetrVG nach, bis andere Regelungen ausdrücklich in ihrer Geltung auf den übertragenen Betrieb erstreckt werden. — Entsprechend wirken in einem ausgegliederten und übertragenen Betriebsteil Betriebsvereinbarungen seines früheren Hauptbetriebes nach, solange nicht Regelungen auf ihn erstreckt werden, die in dem ihn aufnehmenden Betrieb gelten.

8. Der Zusammenschluß von Betrieben führt immer dann zum Nebeneinander verschiedener betriebsverfassungsrechtlicher Systeme innerhalb des einen neugebildeten Betriebes, wenn ihm nicht die Stillegung eines oder aller zusammengeschlossener Betriebe vorausgeht. — Entsprechend sind nach der Eingliederung eines Betriebsteiles nebeneinander unterschiedliche Betriebsvereinbarungen innerhalb eines Betriebes möglich.

9. Der Übergang eines Betriebsteiles nach seiner Ausgliederung hat entsprechende arbeitsrechtliche Folgen wie der Übergang eines ganzen Betriebes. Ohne die Entfaltung eigener Betriebstätigkeit ist der Betriebsteil nach seiner Ausgliederung allerdings nicht betriebsratsfähig, so daß für ihn keine Arbeitnehmervertretung besteht. Umgestaltung oder Eingliederung des Betriebsteiles in einen anderen Betrieb lösen daher in seinem Bereich keine Mitwirkungsrechte aus.

## Literaturverzeichnis

Soweit nicht anders angegeben, sind selbständige Schriften nur mit den Verfassernamen, Aufsätze und Beiträge mit Verfasser und Fundstelle zitiert.


*Adomeit*, Klaus: Zur Rechtsnatur der Betriebsvereinbarung; BB 62 S. 1246

— Rechtsquellenfragen im Arbeitsrecht; 1969

*Ananiadis*, Antonios: Die Auslegung von Tarifverträgen; 1973

*Ballerstedt*, Kurt: Mitbestimmungsrecht, Gesellschaftsrecht und Unternehmensverfassung; BB 50 S. 269

— Unternehmen und Wirtschaftsverfassung; JZ 51 S. 486

— Besprechung von: Thomas Raiser, Das Unternehmen als Organisation; ZHR 134 (1970) S. 251

*Baumbach*, Adolf / *Duden*, Konrad: Handelsgesetzbuch; 23. Aufl. 1978

*Baumbach*, Adolf / *Hueck*, Alfred: Aktiengesetz; 13. Aufl. 1968

*Baur*, Fritz: Lehrbuch des Sachenrechts; 10. Aufl. 1978

*Becker-Schaffner*, Reinhard: Rechtsfragen zu § 613 a BGB; BlStSozArbR 75 S. 305

*Biebrach-Nagel*, Hannelore: Leitfaden zum BetrVG; 1975

*Birk*, Rolf: Tarifrechtliche Folgen von Strukturveränderungen im Unternehmens- und Betriebsbereich; AuR 75 S. 314

— Arbeitsrechtliche Probleme der Betriebsaufspaltung; BB 76 S. 1227

— Die betriebsverfassungsrechtliche Zuordnung von Arbeitnehmern von Betriebsteilen; AuR 78 S. 226

*Bobrowski*, Paul / *Gaul*, Dieter: Das Arbeitsrecht im Betrieb; 6. Aufl. 1970

*Böhle-Stamschräder*, Aloys: Konkursordnung; 12. Aufl. 1976

*Boettcher*, Erik / *Hax*, Karl / *Kunze*, Otto / *Nell-Breuning*, Oswald v. / *Ortlieb*, Heinz-Dietrich / *Preller*, Ludwig: Unternehmensverfassung als gesellschaftspolitische Forderung; 1968

*Böttcher*, Eduard: Zum Übergang des Arbeitsverhältnisses auf den Betriebsnachfolger; Festschrift für Nikisch (1958) S. 3

*Bogs*, Walter: Autonomie und verbandliche Selbstverwaltung im modernen Arbeits- und Sozialrecht; RdA 56 S. 1

*Borngräber*, Helmut: Arbeitsverhältnis bei Betriebsübergang; 1977

*Brecher*, Fritz: Das Unternehmen als Rechtsgegenstand; 1953

— Vertragsübergang, Betriebsnachfolge und Arbeitsverhältnis; Festschrift für Schmidt-Rimpler (1957) S. 181

— Besprechung von: Thomas Raiser, Das Unternehmen als Organisation; AcP 171 (1971) S. 378

*Brecht*, Hans-Theo: Kommentar zum BetrVG nebst Wahlordnung; 1972

*Buchner*, Herbert: Kooperation als Leitmaxime des Betriebsverfassungsrechts; DB 74 S. 530

*Canaris*, Claus-Wilhelm: Die Feststellung von Lücken im Gesetz; 1964

*Derleder*, Peter: Ist der Übergang der Arbeitnehmerrechte bei einer Betriebsveräußerung im Konkurs ausgeschlossen?; AuR 76 S. 129

*Dietz*, Rolf: Betriebsvereinbarung und Dienstvereinbarung; Festschrift für Sitzler (1956) S. 131

— Betriebsverfassungsgesetz; 4. Aufl. 1967

*Dietz*, Rolf / *Richardi*, Reinhard: Betriebsverfassungsgesetz; 5. Aufl. 1973

*Duden*, Konrad: Zur Methode der Entwicklung des Gesellschaftsrechts zum „Unternehmensrecht"; Festschrift für Schilling (1973) S. 309

*Enneccerus*, Ludwig / *Nipperdey*, Hans C.: Allgemeiner Teil des Bürgerlichen Rechts, erster Halbband; 15. Aufl. 1959

*Erdmann*, Ernst-Gerhard / *Jürging*, Claus / *Kammann*, Karl-Udo: Betriebsverfassungsgesetz, Kommentar für die Praxis; 1972

*Erman*, Walter: Handkommentar zum BGB; 6. Aufl. 1975

*Everhardt*, Karl-Hans: Die Bedeutung des § 613 a BGB für die Insolvenzsicherung der betrieblichen Altersversorgung; BB 76 S. 1611

*Fabricius*, Fritz: Relativität der Rechtsfähigkeit; 1963

*Fabricius*, Fritz / *Kraft*, Alfons / *Thiele*, Wolfgang / *Wiese*, Günther: Gemeinschaftskommentar zum Betriebsverfassungsgesetz; Stand: September 1978 (zitiert: *Bearbeiter* in GK-BetrVG)

*Fitting*, Karl / *Auffarth*, Fritz / *Kaiser*, Heinz: Betriebsverfassungsgesetz; 12. Aufl. 1977

*Fitting*, Karl / *Wlotzke*, Otfried / *Wißmann*, Hellmut: Mitbestimmungsgesetz; 2. Aufl. 1978

*Flatow*, Georg / *Kahn-Freund*, Otto: Betriebsrätegesetz; 13. Aufl. 1931

*Frey*, Helmut: Die Rechtsnatur der Belegschaft und des Betriebsrats; RdA 60 S. 89

*Fuchs*, Hanns Michael: Die Stellung des Arbeitnehmers bei der Betriebsnachfolge nach dem BetrVG vom 15. 1. 1972; Diss. Würzburg 1974

*Galperin*, Hans: Betriebsnachfolge; BB 52 S. 322

— Der Wegfall der Geschäftsgrundlage im Arbeitsrecht; Teil I Betriebsverfassung 58 S. 41, Teil II Betriebsverfassung 58 S. 61

— Die Organstellung des Betriebsrates; RdA 59 S. 321

— Betriebsnachfolge und Betriebsinhaberwechsel, Eine Begriffsbestimmung; Beiträge zum Betriebsverfassungsrecht, 10 Jahre BetrVG (1962) S. 106

— Betriebsnachfolge und Betriebsinhaberwechsel; DB 62 S. 1078, 1113

— Begriff und Wesen des Betriebsverbandes; ArbRdGgnw Bd. 1 (1963) S. 75

— Der Regierungsentwurf eines neuen Betriebsverfassungsgesetzes, eine kritische Analyse; 1971
(zitiert: Regierungsentwurf)

*Galperin,* Hans / *Löwisch,* Manfred: Kommentar zum BetrVG; 5. Aufl. 1975/76

*Galperin,* Hans / *Siebert,* Wolfgang: Betriebsverfassungsgesetz 1952; 4. Aufl. 1963

*Gamillscheg,* Franz: „Betrieb" und „Bargaining unit", Versuch des Vergleichs zweier Grundbegriffe; ZFA 75 S. 357

*Gaul,* Dieter: Betriebsinhaberwechsel und Arbeitsverhältnis; 1966

— Auswirkungen des Betriebsinhaberwechsels auf bestehende Arbeitsverhältnisse und Betriebsvereinbarungen; BUV 72 S. 181

*Gester,* Heinz: Zur Rechtsnatur des Betriebsrates; RdA 60 S. 406

— Die betriebsverfassungsrechtliche Stellung von Belegschaft und Betriebsrat; 1960

*Gitter,* Wolfgang: Betriebsübergang und Arbeitsverhältnis unter besonderer Berücksichtigung der Zustimmung des Arbeitnehmers; BAG-Festschrift (1979) S. 133

*Gnade,* Albert / *Kehrmann,* Karl / *Schneider,* Wolfgang: Betriebsverfassungsgesetz, Kommentar für die Praxis; 1973

*Grell,* Dieter: Der Betriebsinhaberwechsel; 1957

*Hanau,* Peter: Probleme der Mitbestimmung des Betriebsrates über den Sozialplan; ZFA 74 S. 89

*Hanau,* Peter / *Adomeit,* Klaus: Arbeitsrecht; 5. Aufl. 1978

*Hartmann,* Josef: Der Übergang von Arbeitsverhältnissen beim Betriebsinhaberwechsel in seiner Entwicklung bis zum Betriebsverfassungsgesetz vom 15. 1. 1972; Diss. Würzburg 1972

*Hasford,* Alfred: Die Wirkungen des rechtsgeschäftlichen Übergangs von Betriebsteilen auf bestehende Arbeitsverhältnisse; BB 73 S. 526

*Heckelmann,* Dieter: Die Entwicklung des arbeitsrechtlichen Schrifttums im Jahre 1972; ZFA 73 S. 425

*Heilmann,* Hans: Die Rechtslage des Arbeitnehmers im Konkurs des Arbeitgebers; NJW 75 S. 1758

— Die Rechtslage des Arbeitnehmers bei Insolvenz seines Arbeitgebers; 1977

*Hellner,* Hans-Thorwald: Die Anwendung des arbeitsvertraglichen Gleichbehandlungsgrundsatzes im überbetrieblichen Bereich des Unternehmens; Diss. Köln 1960

*Herschel,* Wilhelm: Vorläufiges Weiterbestehen der Betriebsvertretungen bei Betriebsverschmelzung; Das Arbeitsgericht 27 Spalte 333

— Betriebsvereinbarung oder Betriebssatzung; RdA 48 S. 47

— Entwicklungstendenzen des Arbeitsrechts; RdA 56 S. 161

— Betriebsübergang und Arbeitsvertrag, Besprechung des gleichnamigen Buches von Heinz Krejci; ZFA 77 S. 219

— Zur Absicherung gewerkschaftlicher Vertrauensleute durch Firmentarifvertrag; AuR 77 S. 137

*Hess,* Arnold: Die Einwirkung des Betriebsübergangs auf das Arbeitsverhältnis; Diss. Gießen 1932

*Hess*, Harald: Die Betriebsmittelveräußerung des Konkursverwalters als Veräußerung i. S. v. § 613 a BGB?; DB 76 S. 1154
— Gesetzlicher Übergang des Arbeitsverhältnisses bei Betriebsveräußerung nur mit Einwilligung des Arbeitnehmers?; BB 77 S. 501

*Hessel*: Zum Begriff des Betriebes; RdA 51 S. 450

*Hommelhoff*, Peter: Die Sachmängelhaftung beim Unternehmenskauf; 1975

*Hoyningen-Huene*, Gerrick v.: Die Billigkeit im Arbeitsrecht; 1978

*Hoyningen-Huene*, Gerrick v. / *Windbichler*, Christine: Der Übergang von Betriebsteilen nach § 613 a BGB; RdA 77 S. 329

*Huber*, Ernst-Rudolf: Wirtschaftsverwaltungsrecht, Bd. 2; 2. Aufl. 1954

*Hueck*, Alfred: Betriebsvertretung und Fusion; NZfA 28 Spalte 663
— Das Recht der OHG; 4. Aufl. 1971

*Hueck*, Alfred / *Hueck*, Götz: Kündigungsschutzgesetz; 9. Aufl. 1974

*Hueck*, Alfred / *Nipperdey*, Hans C.: Lehrbuch des Arbeitsrechts; Bd. 1, 7. Aufl. 1963; Bd. 2, 1. Halbband, 7. Aufl. 1967; Bd. 2, 2. Halbband, 7. Aufl. 1970, bearbeitet von Franz-Jürgen Säcker

*Hueck*, Götz: Die Betriebsvereinbarung; 1952 (zitiert: Betriebsvereinbarung)
— Die Betriebsvereinbarung nach dem Betriebsverfassungsgesetz des Bundes; RdA 52 S. 366
— Der Grundsatz der gleichmäßigen Behandlung im Privatrecht; 1958 (zitiert: Gleichbehandlung)
— Gleichbehandlung und Billigkeitskontrolle; Gedächtnisschrift für Dietz (1973) S. 241

*Jacobi*, Ernst: Betrieb und Unternehmen als Rechtsbegriffe; 1926 (zitiert: Rechtsbegriffe)
— Grundlehren des Arbeitsrechts; 1927 (zitiert: Grundlehren)

*Kaskel*, Walter: Betriebsvertretung und Fusion; NZfA 28 Spalte 659

*Kaskel*, Walter / *Dersch*, Hermann: Arbeitsrecht; 5. Aufl. 1957

*Kehrmann*, Karl: Betriebsübergang und Inhaberwechsel; MitbestGspr 75 S. 88

*Kirschner*: Betriebsnachfolge und Betriebsinhaberwechsel; DB 64 S. 1061

*Kraft*, Alfons: Betriebsübergang und Arbeitsverhältnis in der Rechtsprechung des Bundesarbeitsgerichtes; BAG-Festschrift (1979) S. 299

*Krause*: Haftungsfragen beim Mitbestimmungsrecht; BB 51 S. 677

*Krejci*, Heinz: Betriebsübergang und Arbeitsvertrag, 1972

*Kreutz*, Peter: Mitbestimmungsrecht des Betriebsrates bei der Ausgliederung von Betriebsteilen; BlStSozArbR 71 S. 209
— Die Rechtsprechung des BAG im Jahre 1976; ZFA 77 S. 447

*Küchenhoff*, Günther: Das Arbeitsverhältnis im Gemeinschaftsstaat würdigen Schaffens; AuR 64 S. 225

*Kunze*, Otto: Bemerkungen zum Verhältnis von Arbeits- und Unternehmensrecht; Festschrift für Schilling (1973) S. 333

— Änderungen auf der Arbeitgeberseite von Kollektivvereinbarungen; RdA 76 S. 31

— Unternehmensverband und Unternehmensrecht; Festschrift für Duden (1977) S. 201

*Lahr*, Ingeborg: Die Funktions- und Betriebsnachfolge, Eine Abgrenzung; Diss. Köln 1962

*Larenz*, Karl: Geschäftsgrundlage und Vertragserfüllung; 3. Aufl. 1963 (zitiert: Geschäftsgrundlage)

— Methodenlehre der Rechtswissenschaft; 3. Aufl. 1975 (zitiert: Methodenlehre)

*Lauprecht*, Gottfried: Zivilrechtliche Probleme bei der Veräußerung von Betrieben und Mitunternehmeranteilen; 1976

*Leinemann*, Wolfgang: Die „Betriebsgemeinschaft"; BUV 71 S. 49

*Lepke*, Achim: Begünstigter Personenkreis bei Betriebsübergang; BB 79 S. 526

*Lieb*, Manfred: Arbeitsrecht; 1975

*Mangoldt*, Hermann v. / *Klein*, Friedrich: Das Bonner Grundgesetz; 2. Aufl. 1957 ff.

*Martens*, Eckehard Christian: Zur Haftung des Erwerbers bei Betriebsveräußerungen durch den Konkursverwalter nach § 613 a BGB, insbesondere für Versorgungsanwartschaften; DB 77 S. 495

*Matthes*, Hans-Christoph: Das Mitbestimmungsrecht des Betriebsrates bei Betriebsänderungen; DB 72 S. 286

*Maunz*, Theodor / *Dürig*, Günter / *Herzog*, Roman / *Scholz*, Rupert: Grundgesetz, Kommentar; Stand Juni 1978

*Maurer*, Kurt: Betriebsänderungen im Sinne des § 111 BetrVG; DB 74 S. 2305

*Mayer-Maly*, Theo: Grundsätzliches und Aktuelles zum „Tendenzbetrieb"; BB 73 S. 761

— Tendenzbetrieb; AR-Blattei (D) Tendenzbetrieb I

*Mentzel*, Franz / *Kuhn*, Georg: Konkursordnung; 8. Aufl. 1976

*Mösenfechtel*, Ludwig / *Schmitz*, Gabriele: Zur Nachfolge des Erwerbers in die Tarifgebundenheit des Veräußerers bei Betriebsveräußerungen; RdA 76 S. 108

*Molitor*, Erich: Über die Rechtsnatur der Betriebsvertretungen; Festschrift für Herschel (1955) S. 105

*Müller*, Gerhard: Die Stellung des Gesamtbetriebsrates und des Konzernbetriebsrates nach dem neuen Betriebsverfassungsgesetz; Festschrift für Küchenhoff (1972), 1. Halbband S. 283

*Nell-Breuning*, Oswald v.: Unternehmensverfassung; Festschrift für Kronstein (1967) S. 47

*Neumann*, Dirk: Kollektivvereinbarungen und Unternehmenskonzentration; DB 60 S. 60

*Neumann-Duesberg*, Horst: Betriebsverfassungsrecht; 1960

— Probleme des Betriebsverfassungsrechts; RdA 62 S. 404

— Gesetzliche Neuordnung des Übergangs von Arbeitsverhältnissen bei Betriebsinhaberwechsel; BB 71 S. 969

— Arbeitgeberkündigungen bei Betriebsübergang (§ 613 a BGB); NJW 72 S. 665

*Nikisch*, Arthur: Arbeitsrecht; Bd. 1, 3. Aufl. 1961; Bd. 2, 2. Aufl. 1959; Bd. 3, 2. Aufl. 1966

*Nikisch*, Arthur / *Seiter*, Hugo: Betriebsinhaberwechsel; AR-Blattei (D) Betriebsinhaberwechsel I
(zitiert: *Seiter*, AR-Blattei)

*Nipperdey*, Hans Carl / *Säcker*, Franz-Jürgen: Die Tarifgebundenheit; AR-Blattei (D) Tarifvertrag III

*Ott*, Claus: Recht und Realität der Unternehmenskorporation; 1977

*Palandt:* BGB; 38. Aufl. 1979
(zitiert: Palandt / *Bearbeiter*)

*Palme*, Antonie: Betriebsübergang nach § 613 a BGB in der neueren Rechtsprechung; BlStSozArbR 77 S. 386

*Posth*, Martin: Arbeitsrechtliche Probleme beim Betriebsinhaberwechsel (§ 613 a BGB); 1978

*Raiser*, Thomas: Das Unternehmen als Organisation; 1969

— Das Arbeitsverhältnis aus der Sicht der Organisationssoziologie; ZRP 73 S. 13

*Richardi*, Reinhard: Kollektivgewalt und Individualwille bei der Gestaltung des Arbeitsverhältnisses; 1968
(zitiert: Kollektivgewalt)

— Sozialplan und Konkurs; 1975
(zitiert: Sozialplan)

— Übergang von Arbeitsverhältnissen bei Zwangsvollstreckungsmaßnahmen im Rahmen der Konkursabwicklung; RdA 76 S. 56

*Riedel*, Johannes: § 613 a BGB und die Betriebsveräußerung durch den Konkursverwalter; NJW 75 S. 765

*Rittner*, Fritz: Die werdende juristische Person; 1973

*Roemheld*, Bernhard: Zum Übergang der Arbeitsverhältnisse nach § 613 a BGB; BB 76 S. 845

*Rumpff*, Klaus: Mitbestimmung in wirtschaftlichen Angelegenheiten; 2. Aufl. 1978

*Säcker*, Franz-Jürgen: Die Betriebsvereinbarung; AR-Blattei (D) Betriebsvereinbarung I

— Gruppenautonomie und Übermachtkontrolle im Arbeitsrecht; 1972

*Säcker*, Franz-Jürgen / *Joost*, Detlev: Auswirkungen des Betriebsübergangs auf Ruhestandsverhältnisse; Teil 1 DB 78 S. 1030, Teil 2 DB 78 S. 1078

*Sahmer*, Heinz: Betriebsverfassungsgesetz; Stand August 1978

*Schaub*, Günther: Arbeitsrechtshandbuch; 3. Auflage 1977

*Schlüter*, Wilfried: Die Rechtsprechung des BAG im Jahre 1974; ZFA 75 S. 437

*Schmidt*, Klaus: Der Betriebsinhaberwechsel im Regierungsentwurf eines Betriebsverfassungsgesetzes; BB 71 S. 1199

*Schmitt*, Heidi: Übergang des Arbeitsverhältnisses und Haftung des Betriebserwerbers gemäß § 613 a BGB bei Betriebsveräußerung durch einen Konkursverwalter; BB 78 S. 1724

*Schnorr v. Carolsfeld*, Ludwig: Arbeitsrecht; 2. Aufl. 1954

*Schoenborn*, Albert v.: Die Beteiligung des Betriebsrates bei Betriebsänderungen; Diss. Würzburg 1976

*Schwarz*, Walter: Das Arbeitsverhältnis bei Übergang des Unternehmens; 1967

*Schwerdtner*, Peter: Die Änderung kollektivrechtlich begründeter Ruhegeldberechtigungen; ZFA 75 S. 171

*Seiter*, Hugo: siehe *Nikisch / Seiter*

*Siebert*, Wolfgang: Die Mitwirkung und Mitbestimmung der Arbeitnehmer nach dem Betriebsverfassungsgesetz; BB 52 S. 832

*Soergel*, H. Th. / *Siebert*, Wolfgang: Bürgerliches Gesetzbuch, 2. Bd.; 10. Aufl. 1967
(zitiert: Soergel / Siebert / *Bearbeiter*)

*Staudinger*: Kommentar zum Bürgerlichen Gesetzbuch, II. Bd., 3. Teil; 11. Aufl. 1958
(zitiert: Staudinger / *Bearbeiter*)

*Stebut*, Dietrich v.: Die Rechtsstellung von Arbeitnehmern bei Betriebsveräußerungen im Konkurs oder Vergleich (§ 613 a BGB); DB 75 S. 2438

*Steckhan*, Hans-Werner: Der Bestandsschutz des Arbeitnehmers beim Betriebsübergang; Festschrift für Schnorr v. Carolsfeld (1972) S. 463

*Stege*, Dieter / *Weinspach*, F. K.: Betriebsverfassungsgesetz, Handbuch für die betriebliche Praxis; 3. Aufl. 1978

*Steinmann*, Horst: Das Großunternehmen im Interessenkonflikt; 1969

*Uhlenbruck*, Wilhelm: Zur Anwendbarkeit des § 613 a BGB bei Betriebsveräußerungen durch den Konkursverwalter; KTS 74 S. 1

*Vollmer*, Lothar: Die Entwicklung partnerschaftlicher Unternehmensverfassungen; 1976

*Wahsner*, Roderich: Betrieb — Unternehmen — Betriebsteil im Sinne des BetrVG; 1976

*Weber*, Max: Wirtschaft und Gesellschaft; 5. Aufl. 1972

*Weitnauer*, Hermann: Zivilrechtliche Grundstrukturen im Betriebsverfassungsrecht; Festschrift für Duden (1977) S. 705

*Wiedemann*, Herbert / *Stumpf*, Hermann: Tarifvertragsgesetz; 5. Aufl. 1977

*Wiese*, Leo: Die Betriebsübernahme; Diss. Saarbrücken 1959

*Wolff*, Hans Julius / *Bachof*, Otto: Verwaltungsrecht I; 9. Auflage 1974

*Ziege*, Hans-Joachim: Nochmals: Widerspruch des Arbeitnehmers bei Betriebsveräußerung; BB 78 S. 203

*Zöllner*, Wolfgang: Arbeitsrecht; 2. Auflage 1979

— Die Stellung des Arbeitnehmers in Betrieb und Unternehmen; BAG-Festschrift (1979) S. 745

*Zöllner*, Wolfgang und andere: Kölner Kommentar zum AktG; 1970 ff. (zitiert: *Bearbeiter* in Kölner Kommentar)